ullstein

THOMAS KEHL & MONA LINKE

DAS EINZIGE BUCH DAS DU ÜBER FINANZEN LESEN SOLLTEST

DER ENTSPANNTE WEG ZUM VERMÖGEN

Ullstein

Besuchen Sie uns im Internet:
www.ullstein.de

Originalausgabe im Ullstein Taschenbuch
1. Auflage Januar 2022
20., aktualisierte Auflage 2024
23. Auflage 2025

Bei Fragen zur Produktsicherheit wenden
Sie sich bitte an produktsicherheit@ullstein.de

Abbildungen und Grafiken: © Anna Roschker, Finflow GmbH
Lektorat: Thorsten Schulte
Satz: Pinkuin Satz und Datentechnik, Berlin
Gesetzt aus der Scala OT
Druck und Bindearbeiten: ScandBook, Litauen
ISBN 978-3-548-06584-7

Für die Finanzfluss-Community.

Ihr habt durch eure Fragen, den unermüdlichen Austausch und eure ungebremste Unterstützung all unserer Projekte dieses Buch erst ermöglicht.

Inhalt

Vorwort

Während des Studiums starteten mein ehemaliger Schulfreund Arno und ich ein unscheinbares Projekt: Finanzvideos für Laien auf YouTube hochladen. Wir nannten den Kanal *Finanzfluss*, die deutsche Übersetzung für *Cashflow*. Uns war nämlich aufgefallen, dass es kaum leicht verständliche Inhalte zum Umgang mit Geld und zur Börse gab, vor allem nicht auf YouTube. Schon damals war ich überzeugt davon, dass sich jeder Mensch um seine eigenen Finanzen kümmern sollte. Das Thema ist einfach zu wichtig, um es anderen zu überlassen. Wir fingen also an, Erklär-Videos zu allen wichtigen Finanzthemen zu produzieren, von denen Einsteiger genauso profitieren können wie Leute, die sich schon mit der Börse beschäftigt haben. Und wir luden diese Videos Woche für Woche hoch.

Meine Faszination für Finanzen wurde vermutlich schon früh geweckt: Mein Lieblingscharakter in der Comic-Serie »Lustiges Taschenbuch« war schon immer der abenteuerfreudige, aber knausrige Dagobert Duck gewesen. Früh fing ich an, meinen eigenen »Geldspeicher« anzulegen und erste Erfahrungen an der Börse zu sammeln. Damals noch unter dem Welpenschutz meiner Eltern. Später machte ich eine Ausbildung zum Bankkaufmann und studierte parallel Betriebswirtschaft, zuerst in Frankfurt, dann an einer Pariser Business School. Nach dem Studium begann ich als Analyst in einer französischen Investmentbank. Das war eine spannende und lehrreiche Zeit – doch meine Karriere als Banker hielt nicht lange an. Denn das kleine Projekt Finanzfluss war inzwischen so groß geworden, dass wir es nicht mehr nebenbei betreiben konnten. Ich kündigte meinen Job, um mich in Berlin ganz dem Aufbau unserer finanziellen Bildungsplattform zu widmen.

Wir hätten uns damals nie vorstellen können, dass wir damit sechs Jahre später einmal Millionen Menschen erreichen würden. Heute erklären und zeigen wir alle möglichen Aspekte zum Thema Finanzen nicht mehr nur über zwei YouTube-Kanäle, sondern auch auf unserer Webseite, per Podcast, in Ratgeber- und Blogartikeln, in unserem wöchentlichen Newsletter, Livestreams und auf diversen Social-Media-Kanälen. Unterstützt werden wir dabei von einem bunten Team aus Redakteuren, Designern und Programmierern. Zu diesem Team zählt auch Mona Linke, gelernte Journalistin, die bei uns Ratgeber und Berichte aus der Finanzwelt für Blog und Newsletter verfasst. Mit ihr habe ich dieses Buch gemeinsam geschrieben. Über die Jahre haben wir es mit unserem Team geschafft, eine unglaublich große Community von ganz unterschiedlichen Menschen aufzubauen, die Spaß daran haben, ihre Finanzen selbst in die Hand zu nehmen, und die sich auch untereinander austauschen und unterstützen. Mit diesem Buch hältst du also die Welt von Finanzfluss in komprimierter Form in deinen Händen. Ich möchte dir unsere Erfahrungen bündeln und Antworten geben auf einige der vielen Tausend Fragen und Problemstellungen, die uns über die Jahre erreicht haben. Das Schöne ist: Du musst kein BWL-Studium und keine Karriere als Investmentbanker hinter dir haben, um intelligente finanzielle Entscheidungen zu treffen. Jeder kann das: Menschen, die noch nie mit dem Thema in Berührung gekommen sind, genauso wie viele meiner ehemaligen Kollegen und Studienfreunde, die in der Finanzbranche arbeiten. Die schauen sich auch heute noch unsere Videos an, um zu erfahren, wie sie es mit ihrem eigenen privaten Vermögensaufbau am besten anstellen.

Ziel dieses Buches ist es, dir das Wissen und die praktische Anleitung zu geben, damit du das Beste aus deinem Geld herausholen kannst. Du wirst in der Lage sein, dich selbst um deine Finanzen zu kümmern. Auf dieser Grundlage kannst du anschließend selbst entscheiden, wie tief du dich in die Materie eingraben möchtest und wie viel Zeit du mit deinen Geldangelegenheiten verbringst. Denn entscheidend für deinen finanziellen Erfolg ist nicht, wie viel Mühe du dir machst. Ich selbst verbringe vermutlich nicht mehr als ein bis zwei Stunden im Monat mit meinen eigenen Finanzen. Entscheidend ist, dass du die richtige Strategie fährst – und auf ein paar fundamentale Fragen die richtigen Antworten hast, die du in diesem Buch finden wirst. Also lass uns das Thema jetzt zusammen anpacken und schauen, worauf es wirklich ankommt!

Das erwartet dich in neun Kapiteln

Dieses Buch ist in neun Kapitel gegliedert. Zunächst geht es um einige Glaubenssätze, die dich davon abhalten, mit einem gesunden Selbstvertrauen das Thema Geld und Vermögen selbst anzugehen. Im zweiten Kapitel nehmen wir deine finanzielle Situation unter die Lupe. Wir schauen uns an, wo du aktuell stehst und wo du gerne hinmöchtest. Du lernst, klare und realistische Ziele zu formulieren – und was du konkret tun musst, um sie zu erreichen. Ich verrate dir, mit welchen Hilfsmitteln du völlig automatisch sparen und investieren kannst, ohne dass du auf etwas verzichten musst. Du erfährst auch, welche Versicherungen du wirklich brauchst und warum du alle anderen vernachlässigen kannst. Im dritten Kapitel wagen wir uns in kleinen Schritten in die Welt des Geldanlegens und schauen uns die beliebtesten Klassiker der Geldanlage an, vom Tagesgeldkonto über die Lebensversicherung bis hin zum Bausparvertrag. In Kapitel vier sehen wir uns das Thema Immobilien durch die Brille des Eigenheimbesitzers und des Anlegers an und klären eine der wichtigsten finanziellen Entscheidungen. Im fünften Kapitel steigen wir dann in die für viele Leser vielleicht neue, aber auch sehr spannende Welt der Aktien ein. Wir werden feststellen, dass die Börse kurzfristig betrachtet tatsächlich das Casino ist, für das sie so oft gehalten wird. Aber wir zeigen dir in Kapitel sechs auch, wie du durch das Beachten einiger Regeln die Anlageklasse Aktien lukrativ für dich nutzen kannst, indem du dein Geld langfristig in ETFs anlegst. In Kapitel sieben machen wir dich in vier einfachen Schritten zum Investor, bauen dein Portfolio, suchen passende ETFs und verraten dir, worauf du bei der Depotsuche achten musst. In Kapitel acht klären wir einige brennende Fragen, die unserer Erfahrung nach viele Menschen zögern lassen, endlich loszulegen. Wir sprechen über Steuern, Crashs, den richtigen Einstiegszeitpunkt und über grüne Geldanlage. Im letzten Kapitel möchte ich dich dann noch einmal motivieren und dir zeigen, wie eine geordnete finanzielle Situation und der

Beginn deines Vermögensaufbaus sich auf andere Aspekte deines Lebens auswirken werden: auf Glück, Gesundheit und Freiheit.

Viel Spaß mit diesem Buch!

Thomas Kehl
Berlin/Paris, Oktober 2021

1

Sieben finanzielle Denkfehler

Warum schieben eigentlich so viele Menschen das Thema Finanzen vor sich her? Es dürfte zum einen mit dem verstaubten Image zu tun haben, das Stichworten wie Hausratversicherung, Rentenlücke und Investmentfonds anhaftet. Zum anderen existiert noch immer eine Reihe von Mythen und Vorurteilen zu dem Thema. In diesem ersten Kapitel räumen wir mit den sieben größten finanziellen Irrtümern auf, von denen dir der ein oder andere vermutlich bekannt vorkommen wird. Und vielleicht hat er auch dich bislang davon abgehalten, das Ganze endlich mal anzugehen.

Die Rente wird schon irgendwie reichen

Beginnen wir direkt auf dem Boden der Tatsachen: Viele Menschen, die heute gut mit ihren Einkünften auskommen, werden mit der Rente finanzielle Probleme bekommen. Und selbst wer heute zu den Gutverdienern gehört und sich ein Leben mit vielen Annehmlichkeiten leisten kann, wird seinen Lebensstandard mit Eintritt in den Ruhestand aufgeben müssen – zumindest, wenn er sich einzig und allein auf das staatliche Rentensystem verlässt.

Das gilt erst recht für die Mittelschicht, zu der nach Definition des Instituts der deutschen Wirtschaft gehört, wer zwischen 1.410 Euro und 2.640 Euro netto pro Monat verdient,[1] also im Schnitt etwa 25.000 Euro netto im Jahr. Dazu ein kleines Rechenbeispiel: Alexander Müller ist 45 Jahre alt und hat seit 25 Jahren einen festen Job, wofür er aktuell 35.000 Euro brutto im Jahr bekommt. Im Jahr 2043 wird er in den Ruhestand gehen und bis dahin in die gesetzliche Rentenversicherung einzahlen. Gehen wir einmal davon aus, dass sich sein Gehalt jedes Jahr um 2 Prozent steigern wird, auch wenn das in der Realität natürlich nicht bei jedem Arbeitnehmer so laufen wird. Mit 67 Jahren bleiben Alexander nach Abzug von Steuern und inflationsbereinigt gerade einmal etwas mehr als 1.200 Euro zum Leben übrig.[2] Eine Summe, die in vielen Großstädten gerade mal für die Miete reicht. Die Rentenlücke, also die Differenz zwischen dem letzten Monatslohn (in seinem Fall etwa 2.800 Euro netto) und der zu erwartenden Rente, beträgt also 1.600 Euro nach Abzug von Steuern.

Ein höheres Einkommen bedeutet prinzipiell auch eine höhere Rente. Dadurch sinkt zwar die Wahrscheinlichkeit, mit 67 Jahren in die Altersarmut zu rutschen. Trotzdem schützt ein höherer Verdienst nicht davor, dass der Lebensstandard mitunter dramatisch sinkt.

Machen wir dazu noch eine Rechnung auf: Tanja Schmidt ist 40 Jahre alt, hat nach der Schule sechs Jahre studiert und arbeitet seither. Aktuell kommt sie auf ein Brutto-Jahresgehalt von 50.000 Euro. Nehmen wir an, dass sich ihr Einkommen im Laufe ihres Arbeitslebens ebenfalls pro Jahr um 2 Prozent erhöhen wird. Bevor sie in Rente geht, wird sich ihr monatliches Einkommen also auf 7.200 Euro gesteigert haben. Als Rente bekommt sie aber nur knapp 3.300 Euro brutto, nach Abzug von Steuern entspricht das inflationsbereinigt 2.030 Euro. Das ist nicht einmal halb so viel, wie sie zuvor verdient hat.

Selbst wenn im Alter viele Kosten wegfallen, etwa weil der Nachwuchs aus dem Haus ist, weil Leasingraten oder Kredite abbezahlt sind, dann bedeutet eine Rentenlücke von beinahe 50 Prozent unter Umständen dennoch, seinen Lebensstil extrem einschränken zu müssen. Viele ältere Menschen wohnen nach wie vor in dem Einfamilienhaus mit den fünf Zimmern, das sie theoretisch nicht mehr bräuchten, an dem sie aber nun mal hängen. Oder sie träumen von einem »aktiven Ruhestand«: Die Zeit der Rente wollen sie dazu nutzen, um Dinge nachzuholen: noch einmal um die Welt zu reisen, sich ein Leben im Ausland aufzubauen oder gar eine Ferienimmobilie anzuschaffen. Ohne privat vorgesorgt und sich selbst Rücklagen für später gebildet zu haben, wird all das aber unmöglich bleiben.

Was sagt das Rentenniveau aus?

Inwieweit die spätere Rente einmal den Lebensstandard sichern wird, darüber soll das Rentenniveau Auskunft geben. Dabei wird die durchschnittliche Rente nach 45 Jahren Erwerbstätigkeit mit dem durchschnittlichen Einkommen ins Verhältnis gesetzt. Je höher das Rentenniveau ist, desto näher liegt die Standardrente am aktuellen Durchschnittslohn.

Je niedriger das Niveau, desto größer der Bedarf, selbst vorzusorgen. Ende der 1970er-Jahre lag das Rentenniveau noch bei knapp 60 Prozent. Im Jahre 2020 war das Rentenniveau bereits auf 48 Prozent abgesunken, bis 2030 soll es sogar unter die 45-Prozent-Marke fallen.

Wer mehr einzahlt, bekommt mehr Rente

Wie berechnet sich die Rente? Im deutschen Rentensystem gilt das Äquivalenzprinzip: Wer vorher mehr eingezahlt hat, bekommt später mehr heraus. Klingt zunächst einmal ganz fair. Das Problem ist: Vielen wird es mit ihrem Einkommen nicht gelingen, eine angemessene Rente zu erzielen und sich damit vor der Altersarmut zu schützen. Betroffen sind vor allem Beschäftigte im Niedriglohnsektor, Langzeitarbeitslose, Soloselbstständige oder Arbeitnehmer, die in Teilzeit arbeiten, sei es auch nur für eine gewisse Zeit. Im Geschlechtervergleich sind es insbesondere die Frauen, die von Altersarmut bedroht sind. Denn Frauen arbeiten nach wie vor häufiger in sozialen und damit schlechter bezahlten Berufen als Männer. Und mehrheitlich sind es auch immer noch Frauen, die aufgrund von Familienplanung und Elternzeit das Arbeitsleben für eine Zeit auf Eis legen oder in die Teilzeitbeschäftigung wechseln, um sich um Haushalt und Kinder zu kümmern. Fakt ist auch, dass in vielen Fällen Frauen trotz gleicher Qualifikation und Position schlechter bezahlt werden als ihre männlichen Kollegen. So betrug die durchschnittliche Rente von Frauen im Jahr 2019 gerade einmal 764,27 Euro, Männer kamen auf eine Rente von im Schnitt 1.186,74 Euro.[3]

Auf eine niedrige Rente musst du dich insbesondere dann einstellen, wenn du erst in ein paar Jahrzehnten in den Ruhestand gehen wirst. Warum ist das so? Weil beim deutschen Rentensystem auch das Umlageverfahren gilt. Das bedeutet: Wer heute beschäftigt ist und in die Rentenkasse einzahlt, finanziert damit den Ruhestand der aktuellen Rentner. Deine eingezahlten Beiträge werden also nicht für dich auf die Seite gelegt, sondern quasi gleich weitergereicht. Dieses System würde gut funktionieren – wäre da nicht der demografische Wandel. Denn weil die Menschen immer älter werden, müssen auch immer mehr Ruheständler finanziert werden, für immer längere Zeit. Die Zahl der Erwerbstätigen dagegen schrumpft seit Jahrzehnten. Das Verhältnis zwischen künftigen Beitragszahlern und Rentnern ist damit sehr ungünstig. Aktuell wird ein Rentner von 1,8 Erwerbstätigen finanziert. Anfang der 1960er-Jahre sicherten noch sechs Erwerbstätige das Auskommen eines Rentenbeziehers. Bis 2050 sollen Prognosen zufolge auf einen zu finanzierenden Ruheständler nur noch 1,3 Erwerbstätige kommen.[4]

Private Vorsorge lautet also das Gebot der Stunde. Sich heute darauf zu verlassen, dass die Rente einmal so üppig ausfallen wird wie die der Elterngeneration, kann später für eine böse Überraschung sorgen. Das Rentenniveau sinkt seit Jahren, und mit dem bisherigen System, das auf dem Umlageverfahren basiert und zudem zu knapp einem Viertel über Steuergelder finanziert wird, ist ein baldiger Anstieg nicht zu erwarten. Mach dich deswegen lieber unabhängig von den staatlichen Beiträgen, einem sinkenden Rentenniveau oder eventuellen gesetzlichen Anpassungen wie beispielsweise einer Erhöhung des Rentenalters. Es führt kein Weg daran vorbei, die Rente in die eigenen Hände zu nehmen und ein Vermögen aufzubauen. Das geht auch mit kleineren Beiträgen, wie du später sehen wirst.

Geld hat die Welt zu einem schlechteren Ort gemacht

»Eher kommt ein Kamel durch ein Nadelöhr, als ein Reicher in den Himmel«, soll angeblich schon Jesus gesagt haben. Selbst wenn es sich hierbei nur um eine Legende handeln dürfte, zeigt doch der Blick in die Geschichte immer wieder: Seit Anbeginn unserer Zeitrechnung sind Reichtum und Besitz schlecht beleumundet. Und das Stigma vom »schmutzigen« Geld, vom Wohlstand als etwas Verwerflichem und Unmoralischem, hat sich bis heute in weiten Teilen der Gesellschaft gehalten.

Es stimmt: Die Gier nach Geld lässt Menschen auch Dinge tun, die moralisch fragwürdig sind. Seit Jahrtausenden vernichten sich Menschen gegenseitig, um ihren Reichtum oder den ihres Landes zu vermehren. Die Meere sind verschmutzt und überfischt, während rund um die Uhr Regenwälder abgeholzt oder Löcher in den Boden gebohrt werden, um Öl und Gas aus der Erde herauszupressen. Und doch wäre es falsch zu behaupten, dass Geld der Ursprung allen Übels ist und sich die Welt mit seiner Einführung verschlechtert hat. Das Gegenteil ist der Fall – denn Geld ist zunächst einmal neutral. Was damit geschieht, ist nicht von vornherein ausgemacht, sondern liegt in der Hand seines Besitzers.

Geld, sei es in Papier- und Münzform oder virtuell in

Form von Ziffern auf dem Konto, ist ein Zahlungs- und Rechenmittel, mit dem Waren und Dienstleistungen erst messbar wurden. Dadurch hat Geld den Tauschhandel revolutioniert. Nur mithilfe von Geld konnten Erzeuger und Händler aus unterschiedlichen Branchen oder Orten miteinander ins Geschäft kommen, ohne sich dafür persönlich begegnen zu müssen. Geld ist die Grundlage der modernen Arbeitsteilung, von Innovation und technischem Fortschritt. Ohne Geld würde die leistungsfähige und produktive Wirtschaft, wie wir sie heute kennen, nicht existieren.

Geld ist außerdem ein Wertspeicher. Es speichert Kaufkraft und ermöglicht uns, dass wir Einnahmen zurücklegen und erst später verwenden können. Somit schaffen wir uns Freiheiten für die Zukunft und waren überhaupt erst in der Lage, in größeren Dimensionen zu denken, Banken, Kredite und Wertpapiere zu erfinden, Wirtschaftstreibende zu Gläubigern und Schuldnern zu machen und letztlich große Investitionen zu realisieren: den Aufbau von Häusern und Städten, von Schulen, Universitäten und Straßen. Mithilfe von Geld gelang es, eine Welt zu erschaffen, die sich im Laufe der Zeit zu einem besseren Ort entwickelt hat.

Geld ist die Grundlage dafür, dass wir Krankheiten und Epidemien überstehen, an denen wir vor ein paar Hundert Jahren zugrunde gegangen wären. Dass wir mit dem Flugzeug in ein paar Stunden um den Erdball fliegen oder innerhalb von Sekunden auf einem viereckigen Mini-Bildschirm alles Wissen der Welt abrufen können. Es ist die Basis dafür, dass wir in Städten zusammenleben, Flüsse überqueren und Universitäten besuchen, dass wir inzwischen an die 90 Jahre alt werden – oder älter.

Weltweit haben sich die Lebensbedingungen innerhalb

von ein paar Jahrhunderten um ein Vielfaches verbessert. Gerade einmal 30 Jahre alt wurde ein Mensch im Schnitt um 1800. Inzwischen liegt die Lebenserwartung eines Weltbürgers bei 72 Jahren. Bei 90 Prozent lag der Anteil an Analphabeten Anfang des 19. Jahrhunderts, heute können fast 90 Prozent der Erwachsenen weltweit lesen und schreiben.[5] Und das Geld als Grundlage wirtschaftlichen Handelns, von Innovation und Fortschritt hat daran einen großen Anteil.

Fakt ist: Das Geld mit all seinen Eigenschaften und Einsatzmöglichkeiten hat den Grundstein dafür gelegt, dass wir heute, im 21. Jahrhundert, unter weit besseren Bedingungen leben als früher und von einer global vernetzten und in weiten Teilen hochtechnologisierten Welt profitieren.

Gut mit Geld umgehen kann nur, wer es früh gelernt hat

Es ist richtig: Viele Menschen haben nie beigebracht bekommen, wie man mit Geld umgeht. Deshalb haben sie Probleme, sich aktiv selbst um ihre Finanzen, ihren Vermögensaufbau und ihre Altersvorsorge zu kümmern. Und daher ist es immer wieder eine heftig diskutierte Frage: Sollte man Finanzen nicht in der Schule lehren? Ist es nicht der gesellschaftliche Auftrag der Schule, die Arbeitnehmer von morgen auf die Herausforderungen des wirklichen Lebens vorzubereiten? Steuern zu erklären und Börsenwissen zu vermitteln?

Klar, das wäre hervorragend – und die Vorstellung, dass

jeder junge Erwachsene mit dem Schulabschluss die Steuererklärung im Schlaf macht und mit 18 Jahren einfach berechnen kann, ob sich der angebotene Riester-Vertrag lohnt oder nicht, würde wohl niemandem missfallen. So spräche auch grundsätzlich nichts dagegen, jungen Erwachsenen ein solides, objektives Grundwissen über die Funktionsweise der Finanzmärkte oder den Unterschied zwischen guten und schlechten Produkten zu vermitteln. Millionen junger Erwachsener würde dieses Wissen entscheidenden Vorteil verschaffen auf dem Weg hin zu Wohlstand und finanzieller Unabhängigkeit.

Doch die Situation ist eine andere, und momentan sieht es nicht danach aus, dass in absehbarer Zeit ein Schulfach namens Finanzbildung in den deutschen Stundenplänen auftauchen wird. Nebenbei bemerkt könnte sich die Einführung eines solchen Schulfachs als eine ziemliche Herausforderung erweisen – und müsste auch nicht zwingend zu einer Besserung führen. Wer sollte das neue Fach denn unterrichten? Im Lehrerkollegium fände sich bestimmt jemand, der der Überzeugung ist, den Schülern die richtigen Ratschläge geben zu können. Im schlimmsten Fall könnte dann aber ein eiserner Verfechter von unrentablen Kapitallebensversicherungen vor der Klasse referieren oder ein Hobby-Trader seine zweifelhaften Analyse-Techniken zum Besten geben. Keine allzu attraktive Vorstellung.

Dass der Umgang mit Finanzen an der Schule nicht gelehrt wird, bedeutet aber noch lange nicht, dass deswegen niemand die Möglichkeit hat, sich finanzielles Wissen anzueignen und ein Vermögen aufzubauen. Es gibt viele Kompetenzen, die für das gesellschaftliche Leben relevant sind und die in keinem speziellen Schulfach thematisiert werden: etwa die Steuererklärung, die Anmietung einer Wohnung, der Umgang mit dem Internet und Social Media, die Jobsuche, das Schreiben einer Bewerbung, das Führen einer erfolgreichen Beziehung oder die Erziehung von Kindern. All diese Dinge bewältigen die meisten dennoch – weil sie sich selbst informiert und Erfahrungen gesammelt haben.

Denke ich an meine eigene Schulzeit zurück, erscheint mir meine (französische) Englischlehrerin vor dem inneren Auge, deren eigene Sprachkompetenz keineswegs ausgereicht hätte, mich auf spätere berufliche Herausforderungen vorzubereiten. Dazu gehörte beispielsweise, einen Bewerbungsprozess auf Englisch zu durchlaufen, für den ich dann eben privat gelernt habe: mit Abendkursen an der Volkshochschule, Tandem-Training mit Muttersprachlern oder stundenlangen Serienmarathons mit Untertiteln. Das war völlig in Ordnung.

Beim Thema Finanzen funktioniert das ebenfalls. Jeder kann den Umgang mit Geld lernen, und das in jedem Alter. Dafür brauchst du weder ein Schulfach, noch musst du dich jahrelang durch Finanz- und Rechnungswesen-Seminare schleppen. Du musst lediglich damit anfangen. Das Wissen ist vorhanden und für jeden zugänglich, du musst es nur abrufen: auf Websites und Blogs, in Podcasts oder Videos, in Fachliteratur oder Finanznetzwerken im Internet. Die einzige Kompetenz, die du dafür benötigst, ist kritisches Denken. Bist du in der Lage, fundierte Fakten von wahrheitsverzerrendem Clickbaiting zu unterscheiden, ist das schon die halbe Miete.

Dass Börse und Co. in der Schule nicht genau wie Deutsch und Mathe behandelt wurden und werden, ist also keine Ausrede. Schade ist es, ja. Aber jetzt ist es Zeit, dass du das Thema selbst angehst, egal wie jung oder alt, erfahren oder unerfahren, vermögend oder nicht vermögend du bist. Du allein bist dafür zuständig, dir das Wissen anzueignen, das du gerne hättest. Denn letztlich sind es deine Finanzen, die du regeln möchtest, und es sind deine Ziele, die du erreichen willst. Und das wirst du!

Die Politik wird schon für mich sorgen

Nicht wenige Menschen neigen dazu, sich in Finanzfragen auf den Staat zu verlassen. Zum Beispiel, indem sie darauf warten, dass das Rentensystem reformiert wird oder die Regierung einen Bürgerfonds einrichtet. Und das ist gar nicht mal überraschend. In der Tat schafft der Staat die grundlegenden Bedingungen, unter denen wir leben und arbeiten – und in vielen Belangen sorgt er bereits dafür, dass es uns sehr gut geht: Seit mehr als 70 Jahren sichert er den Frieden in unserem Land. Er sorgt für Rechtsstaatlichkeit und steht für eine unabhängige Justiz ein. Mit seinen Investitionen in die Infrastruktur hält er komplexe Produktionsketten und damit die Wirtschaft am Laufen – und sorgt dafür, dass wir sicher und schnell auf Straßen und Schienen reisen, rund um die Uhr Elektrizität haben und so belastbare Daten- und Telekommunikationsnetze wie in kaum einem Land. Wir genießen freien Zugang zu erstklassiger Bildung – zu staatlichen Schulen und Universitäten, von denen nicht wenige zu den renommiertesten akademischen Einrichtungen der Welt gehören. Natürlich bezahlen wir für all diese staatlichen Leistungen und Förderungen Steuern – doch das tun andere Gesellschaften ebenfalls, und bekommen von dem Wohlstand ihres Landes häufig wenig zu spüren.

Es ist also gar nicht so weit hergeholt, sich den Staat auch als »Kümmerer« für unsere Finanzen zu wünschen. Und sichern nicht Staaten wie Schweden, Holland oder Norwegen die Zukunft ihrer Bürger durch Staatsfonds ab, über die sie deren Renten- und Sozialbeiträge zum Teil am Kapitalmarkt anlegen? Das stimmt. Und doch reicht es nicht aus, in finanziellen Fragen allein auf den Staat zu vertrauen. Gerade Deutschland ist ein Beispiel dafür: Die von der deutschen Politik erst durch Steuervergünstigungen geförderten Produkte wie Lebensversicherung oder Riester-Sparplan werfen inzwischen keine oder kaum eine Rendite mehr ab. Die Geldanlage ist ein Bereich, um den wir uns selbst kümmern müssen – und sollten. Eigenverantwortliches Denken und Handeln sind der Grundstein dafür, dass unsere Gesellschaft funktioniert.

Erstens ist es nicht Aufgabe des Staates, das bestmögliche aus deinem und meinem Geld herauszuholen. Und zweitens wird man sich mit einer solchen Anspruchshaltung – wie auch in anderen Lebensbereichen – nur selbst Steine in den Weg legen. Du wirst nicht damit anfangen, die eigenen Finanzen selbst in die Hand zu nehmen, wenn du der Meinung bist, dass jemand anderes eigentlich dafür verantwortlich ist. Und selbst wenn andere Regierungen das Geld ihrer Bürger erfolgreich anlegen, so könntest du dir selbst am Ausland ein Beispiel nehmen und mit deinem Ersparten genau das Gleiche anstellen – denn das ist viel leichter als gedacht. Um beim Beispiel Skandinavien zu bleiben: Sowohl der schwedische als auch der norwegische Pensionsfonds, die die Renten der Bevölkerung sichern sollen, machen nichts anderes, als breit gestreut in Aktien zu investieren – und damit etwas, das du und ich auch selbst tun könnten. (Wie das genau funktioniert, erkläre ich dir weiter hinten im Buch ausführlich.)

Du hast die Möglichkeiten dazu, dein Erspartes zu vermehren, und es liegt allein in deiner Hand, ob du es tust.

Die niedrigen Zinsen sind schuld, dass mein Geld sich nicht vermehrt

»Die Zinsen befinden sich auf einem Rekordtief.« So liest und hört man es immer wieder, und das seit Jahren. Ist es da kein Wunder, dass kaum jemand mehr ein Vermögen aufbauen kann? Auf den ersten Blick mag das plausibel klingen. Doch in der Realität waren die Zinsen für das Geld auf dem Sparbuch, in der Lebensversicherung oder in dem Bausparvertrag noch nie ausreichend, um ein Vermögen aufzubauen. Selbst Negativzinsen gab es schon vor 40 Jahren. Noch dazu ist es nicht (und war es nie) Aufgabe einer Zentralbank, dem Sparer hohe Guthabenzinsen zu bescheren. In der Kritik steht sie wegen der niedrigen Zinsen dennoch immer wieder.

Was sind Negativzinsen und wie entstehen sie?

Von negativen Zinsen spricht man, wenn die Verzinsung so niedrig ist, dass sie bereits im Minusbereich liegt. Für einen Gläubiger bedeutet das, dass er also nicht dafür belohnt wird, dass er sein Erspartes verleiht, sondern im Gegenteil dafür bezahlt. Mit seiner Geldanlage macht er entsprechend keine Gewinne, sondern Verluste.

Ein besonders unangenehmes Beispiel haltloser Kritik an der Europäischen Zentralbank (EZB) lieferte eine Illustration der *Bild*-Zeitung im Jahr 2019: »So saugt Graf Draghila unsere Konten leer«, titelte das Boulevard-Blatt damals, und wer die Zeitung aufschlug, dem grinste ein düster dreinblickender Mario Draghi, damals EZB-Präsident, mit entblößten Vampir-Zähnen entgegen. Es dürfte allen klar sein, dass der Mann keine »Konten leer gesaugt« hat.

Eine andere weit verbreitete These beklagt die angebliche »Enteignung« der Sparer, die ihr Geld in klassischen Anlagen wie dem Sparbuch, der Kapitallebensversicherung oder auf dem Tagesgeldkonto geparkt haben. Auch sie ist nicht ganz richtig – und sie vernebelt den Blick auf die Wirklichkeit. Denn dass jene Produkte schlecht oder gar negativ verzinst sind, ist alles andere als eine neue Entwicklung. Schaut man sich die Zinsentwicklung in den vergangenen 50 Jahren an, waren bescheidene Zinsen sogar eher die Regel als die Ausnahme. Entscheidend sind nämlich nicht die Nominalzinsen, wie sie in den meisten Statistiken zur Zinsentwicklung angegeben werden, sondern die Realzinsen. Um diese Unterscheidung zu verstehen, braucht es einen kurzen Exkurs.

Wenn wir Zinsen oder Renditen vergleichen wollen, müssen wir uns die realen Zinsen anschauen. Diese sind vom nominalen Zins zu unterscheiden: Steht in den Unterlagen deiner Versicherung, dass du bisher 1,4 Prozent Zinsen pro Jahr verdient hast, sind damit die nominalen Zinsen gemeint. Um den realen Zins zu ermitteln, musst du von diesem Nominalzins den durch die Inflation entstandenen Wertverlust abziehen. Die Inflationsrate beschreibt die Entwicklung der Kaufkraft. Beträgt die Inflationsrate in einem Jahr beispielsweise 2 Prozent, dann steigen die Preise für Waren und Dienstleistungen pro Jahr um etwa 2 Prozent. Entsprechend nimmt auch deine Kaufkraft, also das, was du dir von deinem Geld letztendlich kaufen kannst, um 2 Prozent ab. Nehmen wir eine Inflation von 2,4 Prozent an, dann liegt die *reale* Rendite einer Lebensversicherung mit 1,4 Prozent *nominaler* Verzinsung also bei minus 1 Prozent. Das bedeutet, dass dein Erspartes von Jahr zu Jahr um 1 Prozent an Wert verliert. Du kannst dir weniger davon kaufen. Das ist nichts Neues, denn Inflation hat es immer schon gegeben. Für sichere, also risikoarme Geldanlagen wie das Sparbuch, das Girokonto oder das Tagesgeldkonto sind eine negative reale Verzinsung und damit eine negative tatsächliche Rendite also eher der Normalzustand.

Schauen wir uns die Entwicklung der Realzinsen auf dein deutsches Sparbuch in Abbildung 1 auf der nächsten Seite an. Es wird deutlich: Das Phänomen der (realen) Negativzinsen hat es immer schon gegeben, beispielsweise in den Jahren 1973 oder 1981. Wie kann das sein? Es liegt ganz einfach daran, dass die Preise in diesen Jahren um bis zu 7 Prozent gestiegen sind. Die Guthabenzinsen fürs Sparbuch reichten

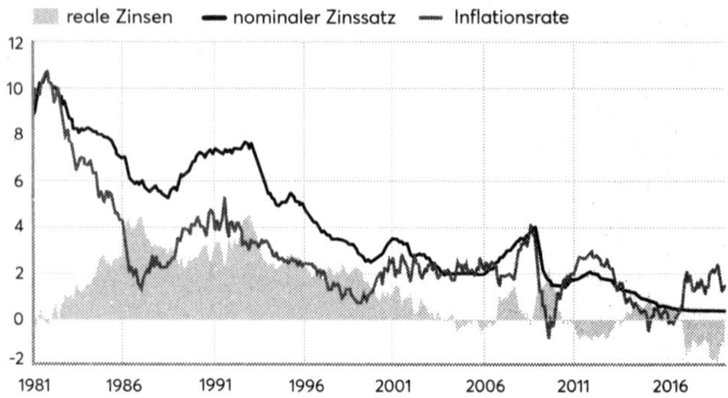

Abbildung 1: Vergangene Entwicklung der Zinsen vor und nach Inflation[6]

nicht aus, um die Inflation auszugleichen, das Sparguthaben hat an Wert verloren.

Vorderstes Ziel der EZB ist es, für Preisstabilität zu sorgen: Die Preise für Waren und Dienstleistungen sollen nicht zu stark steigen, aber auch nicht stagnieren oder gar fallen. Hingegen ist es nicht Aufgabe der EZB, den Sparern ordentliche Guthabenzinsen zu ermöglichen. Du bist selbst für deine Geldanlage verantwortlich und kannst dein Geld vermehren – ganz egal, was die EZB tut. Es gibt heute genauso wie früher schon Möglichkeiten, sein Geld intelligent anzulegen.

Durch die jahrelange Debatte und Suche nach einem Schuldigen für die Niedrigzinsen geht etwas anderes völlig unter: Niedrige Zinsen können auch von Vorteil sein. Für Unternehmen und Staaten ergeben sich dadurch attraktive Konditionen, weil sie sich zu kleinem Preis Geld leihen können, um sich oder ihren Haushalt zu finanzieren.

Auch hat die Niedrigzinspolitik dafür gesorgt, dass anderswo die Kurse gestiegen sind: Immobilien oder Aktien haben seit der letzten Finanzkrise 2007/2008 beinahe konstant an Wert gewonnen. Zum einen, weil es nie so einfach war wie heute, an frisches Geld zu kommen, wodurch auch mehr investiert wird: In das eigene Unternehmen, in neue Projekte – oder ganz einfach an der Börse. Zum anderen, weil es dadurch zu einem Anlagenotstand gekommen ist: Deutsche Staatsanleihen oder Produkte wie ein Sparbuch lohnen sich heute nicht mal mehr auf dem Papier (vor ein paar Jahren waren zumindest die nominalen Zinsen noch hoch) – und dadurch drängt es immer mehr Investoren an die Börse, oder sie investieren in Sachwerte, Immobilien oder Edelmetalle wie Gold.

Wichtig ist allein, dass du dich auf die positiven Seiten konzentrierst. Es hat immer Anlageklassen gegeben, mit denen sich kaum Gewinne machen ließen, und solche, die ertragreicher waren. Ganz unabhängig davon, wie streng oder locker die Geldpolitik der EZB war. Es gilt, das beste aus der Situation zu machen. Will heißen: sich darauf zu fokussieren, wo es heute hohe Renditen gibt, statt dauernd das Tagesgeldkonto zu wechseln, um aus einer ohnehin schon wenig ertragreichen Anlage noch Zinsen herauszuquetschen. Du möchtest ein Vermögen aufbauen. Und das war damals möglich und ist es heute noch – ganz egal, wie hoch oder wie niedrig die Zinsen stehen.

Ohne Finanzberater geht es nicht

Hast du dich schon einmal mit einem Kundenberater deiner Bank getroffen? Und falls ja: Erinnerst du dich noch, mit welchem Gefühl du damals die Filiale verlassen hast? Vielleicht möchtest du darauf antworten wie die Mehrheit der Teilnehmer einer Umfrage, denen man diese Frage gestellt hat. Knapp 60 Prozent der Befragten waren überzeugt, der Berater habe sich mit seinen Empfehlungen an den individuellen Kunden-Bedürfnissen orientiert. Gut die Hälfte meinte sogar, dass die Kundenwünsche für den Berater an erster Stelle gestanden hätten.[7]

Und damit dürften sie einer Illusion aufgesessen sein. Denn in Wahrheit spielt es für viele Berater keine Rolle, was für den Kunden das Beste wäre. Nicht ohne Grund: Jedem Kunden stets das für ihn passendste und günstigste Produkt zu empfehlen würde für die meisten den finanziellen Ruin bedeuten. Doch um es gleich vorneweg zu sagen: Es wäre unfair, der gesamten Beratungsbranche den Schurkenstempel aufzudrücken, steht doch für einige Experten tatsächlich das Wohlergehen ihrer Kunden im Fokus. Und für einige Menschen kann das Gespräch mit dem Berater durchaus von Vorteil sein: Wer vorher noch nie mit finanziellen Themen in Berührung gekommen ist, beschäftigt sich dann immerhin mit den eigenen Finanzen – was schon einmal besser ist, als gar nichts zu tun.

Der Berater ist eigentlich ein Verkäufer

Bank- und Finanzberater haben ein anderes Interesse als ihre Kunden, die sie in einem verglasten Besprechungsraum zu einem »kostenlosen« Gespräch empfangen. Und das hat einen einfachen Grund: Sie sind keine Berater, wie die Berufsbezeichnung es suggeriert, sondern Verkäufer.

Ziel des Kunden ist es, das Beste aus seinem Geld herauszuholen und in ein für ihn passendes Finanzprodukt zu investieren. Das Ziel eines Bank- oder Finanzberaters dagegen besteht darin, bestimmte Produkte zu verkaufen – aber längst nicht alle, die der Markt zu bieten hat. Stattdessen wird er seinen Kunden hauptsächlich jene Produkte anbieten, von deren Verkauf das Bankhaus profitiert, weil es an den Gewinnen des Produktanbieters beteiligt wird. Dabei kann es sich zum Beispiel um eine private Rentenversicherung handeln, die die Bank im Auftrag einer Versicherungsgesellschaft vermittelt. Oder um Anteile an einem Investmentfonds, dessen Herausgeber eine Tochtergesellschaft der Bank ist. Selbst wenn es also im Sinne des Beraters wäre, seinen Kunden bestmöglich entgegenzukommen – und das ist bei vielen Beratern der Fall –, dann wird er dazu häufig nicht in der Lage sein – weil er eben nur aus einem beschränkten, oft sehr teuren Produktportfolio wählen kann, das ihm sein Bankhaus zur Verfügung stellt. Warum der Bankberater handelt, wie er handelt, ist also nachvollziehbar.

Der ungezwungene Besuch in der Bankfiliale kann dann auch ziemlich ins Geld gehen. Überzeugt ein Berater einen Kunden beispielsweise von einem hauseigenen Investmentfonds, fällt direkt beim Kauf einmalig ein Ausgabeaufschlag an. Das ist eine Art Vertriebsprovision: eine Prämie dafür, dass das Produkt erfolgreich vermittelt wurde. Bei Rentenfonds beträgt der Ausgabeaufschlag schon mal 5 Prozent der angelegten Summe. Werden also beispielsweise 20.000 Euro direkt in den Investmentfonds investiert, ist der Kunde bereits bei Abschluss des Vertrages um 1.000 Euro ärmer.

Wir sehen also: Die Ziele eines angestellten Bankberaters sind Vertriebsziele, er und sein Unternehmen profitieren von den Abschlussprämien und -provisionen. Der Kunde möchte dagegen erfahren, welche Versicherungen sich für ihn lohnen oder wie er sein Geld am besten anlegt. Der Interessenkonflikt ist offensichtlich. Denn für den Kunden wird es durch das eingeschränkte Produktangebot und zusätzliche Kosten beinahe unmöglich, eine gute Entscheidung zu treffen. Am besten wäre es, er würde sich für ein Produkt entscheiden, bei dem überhaupt keine Abschlusskosten, Makler-Provisionen oder überteuerten Verwaltungskosten anfallen. Es gibt auch unabhängige Berater, die tatsächlich völlig autonom arbeiten und sich von ihren Kunden direkt pro Stunde bezahlen lassen. Solche Honorarberater stehen in keiner Verbindung mit einem Finanzinstitut, einer Bank oder einer Versicherungsgesellschaft. Sie machen aber nur einen Bruchteil der gesamten Beratungslandschaft in Deutschland aus.

Willst du dein Geld anlegen, bist du nicht gezwungen, von Beratern empfohlene mittelmäßige Fonds zu besparen oder zweitklassige Versicherungen abzuschließen. Was mit deinem Geld geschieht, entscheidest du selbst – und nicht ein Finanzberater. Du trägst dafür die Verantwortung, im Guten wie im Schlechten. Selbst wenn du einem Bankmitarbeiter die völlige Kontrolle über deine Finanzen überlässt, bist du selbst verantwortlich, wenn etwas schiefgeht. So ist es auch in den Dokumenten vermerkt, die dir bei Vertragsabschluss vorgelegt werden. Niemand wird dir deine Verluste ersetzen. Und niemand wird dir die gezahlte Provision erstatten, wenn du feststellst, dass ein anderes Produkt die bessere Wahl gewesen wäre. Darüber solltest du dir stets im Klaren sein. Es geht um dein Geld, nicht um das des Beraters. Und deshalb wird auch nicht er sich in 20 Jahren ärgern, wenn du keine Rendite mit deinem Geld erzielt hast, sondern du selbst.

Als ich meiner Mutter einen überteuerten Fonds verkaufte

Noch krasser ist der Interessenkonflikt zwischen Berater und Kunde bei Strukturvertrieben. Was sind Strukturvertriebe? Wem das auf Anhieb nichts sagt, der muss vielleicht einfach nur in seiner Erinnerung wühlen: Gab es da nicht diesen einen, eher entfernten Bekannten, der einem seltsamerweise dauernd über den Weg lief und der nicht müde wurde, einem die Vorteile einer völlig kostenlosen Beratung oder »Analyse« der eigenen finanziellen Situation anzubieten? Möglicherweise hat es sich bei diesem Zeitgenossen um einen Strukturvertriebler auf der Suche nach neuer Kundschaft gehandelt.

Auch im Strukturvertrieb werden Finanzprodukte verkauft, bloß passiert das außerhalb der Filiale und vor allem im eigenen Familien- und Freundeskreis. Auch hier geht es darum, Abnehmer für bestimmte Fonds oder Versicherungen zu finden, bei erfolgreichem Vertragsabschluss winkt dem Verkäufer eine Provision. Anders als bei der Beratung durch einen Bankmitarbeiter ist sie seine einzige Einnahmequelle. Ein festes Gehalt gibt es nicht, sprich: Seine Existenz hängt davon ab, dass er jeden Monat möglichst viele Produkte mit möglichst hohen Provisionen für ihn selbst an den Mann oder die Frau bringt. Der Verkaufsdruck ist also deutlich stärker als bei der klassischen Finanzberatung – und der Interessenkonflikt somit noch einmal extremer.

Strukturvertriebe sind hierarchisch aufgebaut. Neben dem eigentlichen Produktverkauf geht es gleichzeitig darum, neue Mitarbeiter anzuwerben. Sollte das tatsächlich gelingen, nachdem man unermüdlich im Bekanntenkreis herumgefragt hat, ob sich nicht jemand »ein wenig Geld dazuverdienen möchte«, steigt der neue Mitarbeiter eine Hierarchiestufe weiter unten ein als jener, von dem er angeheuert wurde. Und: Ein Teil der Provision, die der zuletzt angeworbene Vertriebler verdient, geht an seinen Anwerber. Auf diese Weise bekommt die Hierarchie-Treppe immer mehr Stufen, denn Ziel eines jeden Außendienstlers wird es sein, weitere Mitarbeiter an Bord zu ziehen und damit mehr zu verdienen. Das Ganze ist kein Zuckerschlecken, so viel kann ich aus eigener Erfahrung sagen, denn: In meiner Jugend war auch ich eine Zeit lang Teil dieser Branche. Wie zig andere hochmotivierte junge Vertriebler versuchte ich, Menschen in WG-Küchen, am Telefon oder in meinem selbst angemieteten Büro von Finanzprodukten zu überzeugen. Geld gab es nur, wenn der Vertrag in der Tasche war. Umso größer waren die Versprechungen an die vielen kleinen Vermittler: »Du musst ja nur zehn Lebensversicherungen im Monat verkaufen, und schon hast du die 15.000 Euro zusammen. Und du wirst doch sicher fünf gute Freunde haben, die du beraten kannst und die dich dann an zehn andere weiterempfehlen?«

Mein 19-jähriges Ich hatte man damit überzeugt, und so machte es mir auch nichts aus, ganz unten im Pyramidensystem zu beginnen, sozusagen am Ende der Nahrungskette, und mich zum Berater ausbilden zu lassen. Und ja – auch ich habe mich gefreut, wenn ich lukrative Produkte wie eine Lebensversicherung loswerden konnte, bei deren Abschluss gleich zu Anfang 2,5 Prozent Provision ausgeschüttet wurden. Bei 30 Jahren Laufzeit und einer Vertragssumme von ungefähr 40.000 Euro bedeutete das für mich, auf einen Schlag 1.000 Euro zu verdienen.

Auf den ersten Blick reizvoll war auch der Ruhm, der einem zuteilwurde, hatte man nur genügend Fonds und Versicherungspolicen in einem Monat verkauft. Es gab sogenannte Motivationsreisen, die einen auf Firmenkosten in die schicksten Luxus-Ressorts dieser Welt führten. Jedes Jahr fand ein großes Event statt, wo einem auf einer riesigen, prächtig ausgeleuchteten Bühne vor Tausenden anderen, vor allem männlichen Kollegen und ihren Lebenspartnerinnen, ein Award für die eigenen »Vertriebserfolge« überreicht wurde. In Begleitung von epischer Musik und unter goldenem Konfettiregen, versteht sich. Dieser Erfolg wurde letztlich an zwei Kernfragen gemessen: Wie viel Provision konntest du eintreiben, und wie viele neue, motivierte Berater konntest du an Land ziehen?

Schaut man sich das System von innen heraus an, wird es also kaum überraschen, dass ein »freier« Finanzvermittler aus dem Strukturvertrieb einem Kunden in vielen Fällen nicht zu jenem Produkt raten wird, das für seine Bedürfnisse am besten geeignet wäre. Stattdessen wird er

- das Produkt anpreisen, das ihm die höchste oder überhaupt eine Provision beschert – also beispielsweise zu einer Kapitallebensversicherung raten, obwohl es Alternativen gibt, die für den Kunden viel profitabler wären,

- dir solche Produkte vorschlagen, die seine Organisation im Angebot hat, und damit nur einen Bruchteil aller möglichen Angebote,
- dir mitunter ein paar Jahre später zu einem neuen, »viel besseren und innovativeren« Produkt raten, um erneut eine Provision und Abschlussgebühren einzunehmen.

Auch ich konnte trotz meiner Ausbildung (sie bestand aus ein paar Wochenend-Vorträgen) nicht unterscheiden zwischen »guten« und »schlechten« Produkten. Meiner eigenen Mutter hatte ich irgendwann zu einem überteuerten Immobilienfonds geraten, in den ich dann für sie ihr Geld investierte. Das war vor der Finanzkrise 2008. Ich hörte auf meine Kollegen, die beteuerten, dass der Fonds »schon immer 5 Prozent Rendite gemacht« habe und eine »absolut sichere Nummer« sei. Ich hielt das Produkt für eine tolle Sache. Im Zuge der Finanzkrise wurden dann Immobilienfonds mit immensen Verlusten abgewickelt. Alle Immobilien wurden zu hohen Abschlägen verkauft. Bis heute hat sich der Markt an offenen Immobilienfonds von diesem Paukenschlag nicht mehr erholt.

Du kannst dein eigener Experte sein

Für einige Angelegenheiten kann es durchaus sinnvoll sein, sich Rat beim Experten zu suchen. Bei der Finanzierung einer Immobilie beispielsweise kommt man häufig gar nicht drum herum. Suchst du dagegen nach der für dich besten

Methode, dein Geld sinnvoll anzulegen und damit Gewinne zu erzielen, brauchst du die Beratung nicht. Du alleine bist dir ein sehr viel besserer Berater, denn:

- Du hast die freie Wahl zwischen allen Produkten, die es gibt – und nicht nur solchen, die die Hausbank im Portfolio führt,
- du kannst Kosten und Steuern deiner Geldanlage auf ein Minimum drücken, weil kein Mittelsmann bezahlt werden muss,
- deine Wünsche und Bedürfnisse stehen im Fokus – und nicht die Provision des Beraters,
- du kannst über Jahrzehnte bei deiner Strategie bleiben, ohne dich ständig zu einem Wechsel überreden zu lassen, für den du unnötige Gebühren bezahlen würdest,
- du kannst dir genau die Informationen beschaffen, die du brauchst – ohne befürchten zu müssen, dass Risiken vernachlässigt oder Gewinnchancen übertrieben dargestellt werden.

Ich habe dir diesen Einblick in die Welt der Finanzberatung nicht in der Absicht gegeben, ein ganzes System an den Pranger zu stellen. Ich selbst bin diesen beruflichen Weg gegangen, weil ich glaubte, meinen Kunden etwas Gutes zu tun. Dabei war ich zum damaligen Zeitpunkt völlig ahnungslos, welche alternativen Möglichkeiten es eigentlich gibt, sein Geld intelligent anzulegen. Entscheidend ist aber: All diese Möglichkeiten lassen sich ohne Hilfe von außen ausschöpfen. Um für deinen Ruhestand vorzusorgen, ein Depot zu eröffnen oder die Versicherung zu finden, die für dich am besten geeignet ist, brauchst du keine Hilfe von einem Finanzprofi. Du kannst das alles alleine schaffen. Und spätestens, wenn du dieses Buch zugeklappt hast, wirst auch du festgestellt haben: Die eigenen Finanzen zu regeln ist viel einfacher als gedacht.

Was alle machen, wird schon richtig sein

Sich auf der Flucht vor dem Feind von der Herde zu trennen ist eine schlechte Idee. Es überlebt, wer den anderen folgt. In der Tierwelt ist dieses Verhalten überlebenswichtig. Und es ist auch in uns Menschen, die wir bekanntlich ebenfalls Herdentiere sind, bis heute fest verankert.

In unserer gegenwärtigen Welt laufen wir nur noch selten Gefahr, von einem Raubtier erlegt zu werden. Und doch folgen wir gern anderen – und wähnen uns in der Sicherheit der Gemeinschaft. Auch bei unseren finanziellen Entscheidungen orientieren wir uns häufig an anderen. Ein Beispiel: Rund 50 Prozent der Deutschen sind im Besitz eines Sparbuchs. Es ist mit deutlichem Abstand die beliebteste Anlageform hierzulande.[8] Für jemanden, der sich bisher kaum mit dem Thema Geldanlage befasst hat, erscheint es naheliegend, sein Geld ebenfalls auf dem Sparbuch zu parken. Der Gedanke: So schlecht kann das ja nicht sein, wenn schon die Hälfte der Bevölkerung darauf setzt. Dass es auf das Geld auf dem Sparbuch so gut wie keine Zinsen und eigentlich sehr viel bessere Alternativen gibt, wird übersehen. So trügerisch können Entscheidungen sein, wenn man fremde Meinungen unbesehen übernimmt. Man möchte auf Nummer sicher gehen, tut aber häufig genug das Gegenteil.

Selbst wenn wir erahnen können, dass eine Entscheidung falsch ist, treffen wir sie oftmals trotzdem – weil andere sie getroffen haben. Wie kommt das? Etliche Studien haben das Phänomen der Massenpsychologie untersucht und herausgefunden: Dass Menschen anderen Menschen folgen, passiert andauernd und oftmals unbewusst. Ein klassisches Beispiel ist das Verhalten von Fußgängern, die an einer roten Ampel warten. Überquert ein einziger die Straße, folgen ihm weitere. Der Hang zum Stehenbleiben ist weit größer, wenn alle anderen ebenfalls geduldig warten.

Einige Evolutionsforscher erklären sich das Phänomen des »Mitziehens« damit, dass selbstständiges Nachdenken Energie kostet. Mit dieser sparsam umzugehen ist ein menschlicher Überlebenstrieb und nach wie vor in uns verwurzelt. Das kann fatale Folgen haben, denn der Weg der Masse ist keineswegs immer der richtige Weg.

Noch mehr als fremde Menschen beeinflusst uns unsere direkte Umgebung, also Freunde, Familie, Bekannte – auch was Finanzielles angeht. Wenn jemand im näheren Umfeld schlechte Erfahrungen mit Aktien gemacht hat, weil er oder sie vielleicht in den 1990ern mit Telekom-Aktien spekuliert und ein Vermögen in den Sand gesetzt hat, dann wird die Lust auf Wertpapiere automatisch sinken. Die Wahrscheinlichkeit ist hoch, dass man sich dann gar nicht erst mit dem Thema beschäftigt und wie selbstverständlich das Ersparte in einen Bausparvertrag steckt, ohne rational darüber nachzudenken oder überhaupt andere Möglichkeiten in Erwägung zu ziehen. Wenn dagegen Tausende von Anlegern plötzlich ihr Erspartes in eine Ramsch-Aktie stecken, weil das den ein oder anderen über Nacht zum Millionär gemacht hat, sinkt auch bei uns selbst die Hemmschwelle, sich auf einen solchen Wahnsinn einzulassen. Ich spiele hier auf den Gamestop-Hype an, bei dem sich zig Privatanleger im Februar 2021 in Internet-Foren wie Reddit versammelt und mit geballter Anlegerkraft den Aktienkurs der Videospiel-Kette in völlig irrationale Höhen getrieben haben. Das Ganze mit dem erklärten Ziel, professionellen Hedgefonds eins auszuwischen, die auf fallende Kurse gewettet hatten. Dass dabei viele Menschen ihre Rücklagen verpulvert haben, wird gern vergessen.

»Wann immer man sich in der Mehrheit wiederfindet, ist es Zeit, innezuhalten und genau das zu hinterfragen«, hat Mark Twain einmal gesagt. Nicht mit der Menge zu gehen war aus Sicht des Schriftstellers essenziell. Dazu muss man sagen: Es wäre ebenso unvernünftig, sich immer aus Prinzip der Massenmeinung entgegenzustellen. Selbst denken, lautet die Devise. Das Fundament einer durchdachten Entscheidung ist das eigene Denken.

Was Kollegen, Freunde, die Generation der Großeltern oder fremde Menschen im Internet mit ihrem Geld angestellt haben, muss nicht zwangsläufig falsch sein. Doch allzu häufig haben auch andere Leute nicht so recht den Durchblick – selbst wenn es den Anschein macht. Oder sie haben Entscheidungen getroffen, die zu ihren individuellen Bedürfnissen passen, deinen eigenen aber nicht im Entferntesten entsprechen. Es geht darum, die Entscheidungen anderer zu hinterfragen, darüber nachzudenken, sich zu informieren und letztlich eine eigene Meinung zu bilden.

Klar, es gehört viel Mut dazu, sich gegen den Mainstream zu stellen. Doch sich selbst Wissen anzueignen und Dinge zu hinterfragen, um so auf die eigene Urteilskraft vertrauen zu können, wird belohnt: mit dem unvergleichlichen

Gefühl, etwas aus eigener Kraft heraus geschafft zu haben.

Auf den Punkt:
Die gängigsten finanziellen Irrtümer aufgelöst

- Vieles spricht dafür, dass du dich um deine Finanzen selbst kümmerst.
- Die staatliche Rente wird sehr wahrscheinlich nicht ausreichen, um dir im Alter deinen Lebensstandard zu erhalten, denn das Rentenniveau sinkt seit Jahren.
- Wer früh gelernt hat, mit Geld umzugehen, mag einen Vorteil haben. Nichtsdestotrotz kannst du dir alles Wissen in jedem Alter aneignen, das du brauchst, um deine Finanzen in den Griff zu bekommen.
- Du musst kein Profi sein, um dein Geld sinnvoll anzulegen, und auch keinen Profi dafür anheuern. Zumal die meisten Finanzberater mehreren Interessenkonflikten unterliegen.
- Lass dich nicht von den niedrigen Zinsen entmutigen. Die gab es schon vor 50 Jahren, und genauso gab und gibt es sinnvollere Wege, dein Geld gewinnbringend anzulegen.

2

Stell die Weichen für deine finanzielle Zukunft

Die größten Denkfehler wären also ausgeräumt. Bevor wir uns gleich tiefer in die finanzielle Materie eingraben, solltest du eine bestimmte Frage beantworten können: Was will ich überhaupt erreichen?

Wie du Ziele setzt – und sie erreichst

Vielleicht hast du dir schon einmal Gedanken gemacht über deine finanzielle Zukunft und den ein oder anderen vagen Wunsch im Kopf. Er könnte zum Beispiel lauten: »Ich will meine Finanzen auf die Reihe bekommen« oder: »Ich möchte wissen, was ich am besten mit meinem Ersparten anstelle.« Doch damit ist es noch nicht getan. Ziele musst du klar formulieren und möglichst genau beschreiben. Erst dann handelt es sich um wirkliche Ziele. Um diese auch zu erreichen, ist es entscheidend, dass du sie in Zahlen ausdrückst und damit berechenbar machst – und anschließend die konkreten Schritte planst. Nicht ohne Grund legen Unternehmen Quartalsziele fest und bekommen Schüler Lernziele: Sich Ziele zu setzen bringt Erfolge. »Menschen wandern nicht einfach umher und stellen fest, dass sie auf dem Gipfel des Mount Everest stehen«, hat der amerikanische Autor Zig Ziglar einmal gesagt.

Weshalb aber wirst du erfolgreicher sein, nur weil du dir konkrete Ziele gesetzt hast? Die Motivationspsychologie meint: Wer Ziele bereits exakt formuliert und zudem geplant hat, was es braucht, um sie zu erreichen, wird weniger schnell aus der Bahn geworfen. Ziele bieten Orientierung und verhindern, dass man sich allzu leicht ablenken lässt und auf etwas weniger Wichtiges konzentriert. Sie bringen uns dazu, dass wir handeln, statt nur zu träumen.[9]

Ein Beispiel: »Ich möchte Gewicht verlieren« ist ein beliebter Neujahrsvorsatz und dabei so unkonkret, dass er in den meisten Fällen spätestens Mitte des Jahres wieder über Bord geworfen wird. Viel konkreter hat mein Trauzeuge sein Ziel formuliert. Er hatte sich fest vorgenommen, bis zu meiner Hochzeit wieder in seine Anzughose zu passen – wofür er innerhalb von drei Wochen genau fünf Kilo abnehmen musste, pro Woche also 1.600 Gramm. Und siehe da, er hat es geschafft! Ebenso präzise wie beim Abnehmen solltest du bei der Planung deiner finanziellen Zukunft vorgehen. Dafür solltest du dir zunächst die wichtigste aller Fragen stellen:

Wovon träumst du?

Wenn ich dich nach deinen Träumen für die Zukunft frage, geht es nicht darum, wo du den nächsten Sommerurlaub verbringen möchtest oder welches Paar Sneaker du dir gerne kaufen würdest. Es geht darum, was für ein Leben du führen möchtest. Womöglich träumst du von einem ruhigen Familienleben mit drei Kindern im ländlichen Eigenheim. Oder du möchtest nur mit deinem Laptop um die Welt reisen und von überall aus arbeiten können. Vielleicht möchtest du dich eines Tages selbstständig machen und dein eigener Chef sein. Oder du bevorzugst es, angestellt zu sein und dabei in jungen Jahren so viel wie möglich zu erreichen, um dich dafür 20 Jahre früher als andere zur Ruhe setzen zu können. Wie willst du leben? Und wo? Es ist sinnvoll, wenn du dir die gewünschte Umgebung ausmalst: Zieht es dich eher aufs Land oder in eine Weltmetropole?

Derartige Fragen zu klären ist wichtig, um sich anschließend Ziele setzen zu können. Denn je nachdem, welche Art von Leben du einmal führen möchtest, wird deine Finanzplanung anders ausfallen. Der Lebensstil spielt zum Beispiel eine große Rolle: Die Bandbreite reicht hier von einem extrem spartanischen Alltag, wie ihn Frugalisten betreiben, die meist das Ziel verfolgen, mit 40 oder gar früher in Rente zu gehen – bis hin zu einem Leben im Luxus. Je nachdem, ob du dich bei einem dieser beiden Extreme oder irgendwo dazwischen einordnen willst, wird der finanzielle Aufwand unterschiedlich hoch sein.

Selbst Flexibilität erfordert Planung. Wenn du lieber alles auf dich zukommen lässt und dir offenhalten möchtest, ob du noch einmal drei Jahre im Ausland leben willst, ist das ein Ziel. Es realisieren zu können würde ein gewisses Budget voraussetzen. Es bedeutet aber auch, dass du finanziell flexibel bleiben musst und dich beispielsweise nicht durch einen Immobilienkauf lokal bindest. Das eigene Vermögen müsste schließlich mit ins Ausland transferiert werden können. Du siehst: Finanzielle Vorausplanung ist unbedingt notwendig – auch wenn das Ziel darin besteht, keine starre 20-Jahres-Planung zu verfolgen.

Träume in Ziele verwandeln

Im nächsten Schritt geht es darum, aus deinen Visionen und Träumen heraus finanzielle Ziele zu formulieren. Aus dem Wunsch, noch einmal im Ausland zu leben, könnte dann beispielsweise werden: »Ich möchte in zwei Jahren ein Sabbatjahr einlegen und in Südamerika leben.« Oder aus dem allgemeinen Wunsch nach Unabhängigkeit würde: »Ich möchte mich unabhängig vom Staat machen und meine Rente zu 100 Prozent aus eigenem Kapital beziehen können.«

Das Ziel, immer finanziell flexibel und dabei gelassen bleiben zu wollen, gilt es ebenfalls zu konkretisieren: Möchte ich einfach einen finanziellen Grundstock aufbauen, um unerwartete Ausgaben stemmen zu können, wie sie beispielsweise bei einem Jobverlust anfallen? Oder will ich es mir offenhalten, ob ich nicht irgendwann nach Kalifornien ziehen und gar nicht mehr arbeiten möchte? Vielleicht geht es auch nur darum, dass ich mir auch mal etwas gönnen kann, zum Beispiel ein Auto oder ein besonderes Kunstwerk, wenn mir danach ist.

Du siehst: Je konkreter die Ziele werden, desto stärker unterscheiden sie sich in ihrer Größenordnung. Das Thema Rente ist auch so ein Beispiel dafür. Es macht einen großen Unterschied, ob es darum geht, die Rente aufzubessern und etwa 300 Euro mehr im Monat obendrauf zu haben – oder das Ziel ist, sich komplett unabhängig zu machen und sehr viel früher als üblich in den Ruhestand zu gehen. Das Kapital muss nicht nur früher zur Verfügung stehen, sondern auch deutlich höher ausfallen.

Aufschreiben: So lautet die erste Regel beim Festlegen von finanziellen Zielen. Was auch immer dir vorschwebt, notiere es. Denn Ziele aufzuschreiben erhöht die Wahrscheinlichkeit, dass sie am Ende auch erreicht werden, so das Ergebnis von Studien.[10] Dann geht es darum, dein Ziel zu berechnen, sprich: herauszufinden, ob und wie du dein Ziel erreichen kannst. Dafür musst du zunächst einmal wissen, wie viel Kapital du benötigst. Orientiere dich dafür an den folgenden Fragen, die jeweils im Anschluss beispielhaft beantwortet sind:

1. **Was ist mein Ziel?** *Im Ruhestand 800 Euro mehr pro Monat haben*
2. **Wann will ich dieses Ziel erreichen?** *Mit 67 Jahren (Renteneintritt)*
3. **Wie viel Kapital benötige ich dafür?** *800 Euro netto pro Monat*
4. **Was muss ich tun, um das Ziel zu erreichen?** *Monatlich einen festen Betrag sparen und anlegen*

Ist dein Ziel realistisch?

Die letzte Frage deutet bereits darauf hin, welcher Schritt als Nächstes folgt: festzustellen wie sich das Ziel erreichen lässt – und ob es überhaupt realistisch ist. Hier gehst du am besten folgendermaßen vor:

1. Berechne das Zielvermögen: Welches Kapital brauchst du, um mit Eintritt in den Ruhestand deine gesetzliche Rente um 800 Euro pro Monat aufzustocken? Für diese Berechnung musst du deine Lebenserwartung schätzen. In diesem Beispiel gehen wir einmal davon aus, dass du 84 Jahre alt wirst. Um das Zielvermögen zu berechnen, haben wir den Finanzfluss-Rentenlücken-Rechner verwendet.[11] Der Einfachheit halber haben wir die zu erwartende Rente auf 0 gesetzt und als Wunschrente 800 Euro angegeben. Normalerweise würdest du zunächst deine zu erwartende Rente mit unserem Finanzfluss-Rechner berechnen[12] und dann deine Wunschrente festlegen – also wie viel du gerne wirklich im Ruhestand hättest. Die Differenz wäre deine Rentenlücke. Wie du diese Lücke schließen kannst, zeigt dir das Zielvermögen an. Also die Summe, die du bis zum Renteneintritt zusammenhaben musst.

2. Berechne deine Sparrate: Wie viel musst du monatlich zurücklegen und investieren, um dein Zielvermögen zu erreichen? Das hängt zum einen davon ab, wie alt du bist und mit welcher Lebenserwartung du rechnest – und zum anderen davon, wie du dein Erspartes anlegst, oder besser gesagt: wie viel Rendite du damit erwirtschaftest. Nehmen wir wie in Abbildung 2 an, du bist 30 Jahre alt, wirst geschätzt 84 Jahre alt und möchtest mit 67 in den Ruhestand gehen. Dir bleiben also 37 Jahre, um dein Zielvermögen zu erreichen.

Bleiben wir einmal bei den 800 Euro aus dem oberen Beispiel: Um dir später mit 67 Jahren diese Zusatzrente selbst auszahlen zu können, müsstest du von jetzt an jeden Monat 172,80 Euro zurücklegen – und investieren. Deine private Wunschrente wirst du mit dieser Sparrate erreichen, wenn du mit deinem Kapital in der Ansparphase im Schnitt 5 Prozent Rendite nach Steuern im Jahr erzielst. Das mag im

Rentenlücke berechnen

Renteneintrittsalter	67 Jahre
Deine geschätzte Lebenserwartung	84 Jahre
Dauer der Rentenphase	17 Jahre
Zu schließende monatliche Rentenlücke	800 €
Benötigtes Kapitalvermögen	163.200 €

Berechnung deiner benötigten Sparrate

Dein heutiges Alter	30 Jahre
Jahre bis zum Renteneintritt/Ansparphase	37 Jahre
Erwartete Rendite bis zum Renteneintritt (p.a.)	5,00 %
Deine monatliche Sparrate	**172,80 €**

Abbildung 2: Berechnung der Sparrate, um die Rentenlücke zu schließen

Moment ziemlich illusorisch klingen. Wir werden dir aber später in diesem Buch zeigen, dass es durchaus realistisch ist.

Aber was, wenn es deine Einkommenssituation gerade nicht zulässt, dass du jeden Monat 172,80 Euro anlegst? Vielleicht kannst du das Ziel ein wenig verändern und dich zunächst mit einer privaten Rentenaufstockung von 600 Euro zufriedengeben. Dein Zielvermögen würde dann nur noch knapp 122.400 Euro betragen – und du müsstest nur rund 130 Euro im Monat zurücklegen.

Auch wenn du dein Ziel erst einmal herunterschraubst – du kannst es wieder nach oben anpassen, wenn deine finanzielle Situation sich verbessert. Zum Beispiel durch eine Gehaltserhöhung, oder wenn andere Mittel frei werden, die dich gerade belasten, wie ein Kredit. Angenommen, du bist in ein paar Monaten oder Jahren in der Lage, monatlich sehr viel mehr zurückzulegen als jetzt, dann kannst du die Rate natürlich auch steigern und dein geplantes Zielvermögen für den Ruhestand entsprechend erhöhen.

Mit wie viel Rente kannst du rechnen?

Die Basis für die finanzielle Absicherung im Ruhestand ist für viele Menschen die staatliche Rente. Wie viel dir der Staat – wenn es denn so weit ist – jeden Monat ausbezahlen wird, kann bei der Berechnung der eigenen Wunschrente also hilfreich sein. Auf den Cent genau wirst du das nicht ermitteln können, denn was tatsächlich auf dem Rentenbescheid stehen wird, hängt auch davon ab, ob und wie sich die Gesetzeslage bis dahin verändert, wie reich die Kassen der Deutschen Rentenversicherung dann noch gefüllt sein werden – und wie sich dein Einkommen im Laufe der Jahre entwickelt. Zumindest grob kannst du aber schon jetzt herausfinden, wie viel dir später einmal zustehen könnte:

Mit der Renteninformation: An alle über 27-Jährigen schickt die Deutsche Rentenversicherung jedes Jahr eine Renteninformation, in der die voraussichtliche Höhe der Altersrente angegeben ist. Die Berechnung basiert auf den bisher geleisteten Beiträgen, deren Höhe am Ende entscheidend dafür ist, wie viel dem Versicherten zusteht.

Rentenrechner: Wie hoch deine Rente ausfallen wird, kannst du auch selbst mit unseren Tools berechnen.

1. **Rentenpunkte berechnen:** Wie viele Rentenpunkte du vermutlich übers Leben sammeln wirst, hängt von deinem Gehalt, der Anzahl an Arbeitsjahren, Ausbildung und Kindererziehung ab. Diese Entgeltpunkte sind die Grundlage, um den Rentenanspruch zu berechnen. Du kannst dafür diesen Rechner benutzen: www.finanzfluss.de/rechner/rentenpunkte/
2. **Rente berechnen:** Wie viel Rente dir zustehen wird, hängt von der Anzahl deiner Rentenpunkte, deinem Geburtsjahr, deinem Bundesland und deinem Renteneintrittsjahr ab. Du kannst sie hier berechnen: www.finanzfluss.de/rechner/rentenrechner/

Die Zukunft kann man nicht vollständig planen

Selbst wenn du jetzt minutiöse Planungen für die Zukunft anstellst, wird nicht alles wie am Schnürchen laufen. Einmal, weil sich deine Pläne und Wünsche im Laufe des Lebens vermutlich auch mal ändern werden. Vielleicht willst du gar nicht mehr um die Welt reisen, weil du nun doch lieber erst einmal eine Familie gründen möchtest. Oder du findest einen so tollen Angestellten-Job, dass die Selbstständigkeit vorerst in den Hintergrund rückt. Und dann bringt es das Leben mit sich, dass auch mal unerwartete Dinge passieren.

Dazu zählt zum Beispiel der Anstieg von Preisen. Waren und Dienstleistungen werden im Laufe der Jahre teurer. Und du wirst im Alter möglicherweise mehr Geld brauchen als gedacht. Womöglich wirst du mit Ausgaben oder Ausfällen konfrontiert, die du nicht eingeplant hattest: Ein Elternteil wird zum Pflegefall, Kinder kommen auf die Welt, das eigene Unternehmen läuft nicht mehr richtig. Oder deine Einnahmen steigen ganz unverhofft, weil du überraschend befördert wirst. Wie lange du leben wirst, kannst du auch nicht voraussehen. Und doch hast du bei der Berechnung deiner monatlichen Rentenaufstockung eine bestimmte Lebensdauer angenommen. Lebst du länger, bleibt dir am Ende weniger Geld. Wahrscheinlich ändern sich im Laufe von Jahrzehnten die Rahmenbedingungen in der Finanz- und Steuerwelt. Vielleicht müssen auf Aktiengewinne weniger Abgaben gezahlt werden. Oder die Zinsen steigen so stark, dass einige Anlagemöglichkeiten an Attraktivität gewinnen und andere verlieren. Vermutlich werden sich auch Gesetze ändern, das Renteneintrittsalter angehoben werden.

Das Leben lässt sich nicht vollständig planen. Waren die letzten fünf Seiten dann nicht völlige Zeitverschwendung? Keineswegs. Sich Ziele zu setzen und diese zu verfolgen ist entscheidend, um am Ende so zu leben, wie du es dir vorstellst. Nur solltest du flexibel bleiben, dich immer wieder mit deinen finanziellen Zielen beschäftigen und sie, falls nötig, nachjustieren. Am besten tust du das in regelmäßigen Abständen, zum Beispiel einmal im Jahr, und gern auch gemeinsam mit deinem Partner. Auch wenn sich die Zukunft nicht glasklar vorhersehen lässt, lassen sich finanzielle Ziele planen. Denn wir können sie in Zahlen ausdrücken, womit sie zu greifbaren und erreichbaren Werten werden. Das ist ein enormer Vorteil, den du unbedingt nutzen solltest.

Fang so früh wie möglich an

Zeit ist Geld – das gilt insbesondere für die finanzielle Zukunftsplanung. Je mehr Zeit dir bleibt, um deine Ziele zu erreichen, desto leichter wird es dir fallen und desto besser werden die Ergebnisse sein. Beginnst du bereits in jungen Jahren mit dem Sparen und Investieren und schaffst es, über Jahrzehnte dabei zu bleiben, wird dein Vermögen am Ende sehr viel höher ausfallen. Nicht nur, weil dir mehr Jahre zum Sparen bleiben, sondern vor allem, weil dann der Zinseszinseffekt greift.

Was ist der Zinseszinseffekt?

Der Zinseszinseffekt tritt ein, wenn Erspartes über eine lange Zeit investiert bleibt und auf die in den Vorjahren verdienten Zinsen wieder neue Zinsen obendrauf kommen. Zinsen auf die Zinsen sozusagen. Das gilt für alle Formen der Gewinne, die du mit deinem Geld erzielst, also beispielsweise auch für Erträge aus Aktiengeschäften. Der Zinseszinseffekt ist umso größer, je länger das Geld investiert bleibt.

Nehmen wir an, du investierst einmalig 100 Euro und bekommst darauf pro Jahr 5 Prozent Zinsen. Nach dem ersten Jahr werden dir 5 Euro Zinsen ausgeschüttet. Statt dir diese 5 Euro nun auszahlen zu lassen, lässt du sie investiert, und deine Investitionssumme erhöht sich auf 105 Euro. Gehen wir davon aus, dass es mit deiner Anlage auch im nächsten Jahr wieder um 5 Prozent nach oben geht. Aus den 105 Euro werden 110,25 Euro (105 × 1,05). Nicht nur deine eigenen 100 Euro haben Zinserträge für dich erzeugt, sondern auch die 5 Euro Zinsen, die du im Vorjahr erhalten hattest: Sie haben dir 0,25 Euro Zinseszinsen eingebracht. Auf den ersten Blick eine relativ unbedeutende Summe. Doch nach 20 Jahren, in denen du die 100 Euro unangetastet investiert lässt, wird sich dein Erspartes auf ganze 265 Euro vergrößert haben. 100 Euro Zinsen (20 × 5 Euro) und 65 Euro Zinseszins.

Der Zinseszinseffekt kommt umso stärker zum Tragen, je länger du investierst, wie die Abbildung 3 eindrücklich zeigt:

Die Personen in diesem Beispiel in Abbildung 3, nennen wir sie Marie und Markus, sind beide 25 Jahre alt und möchten mit 65 in Rente gehen. Beide investieren sie jeden Monat 100 Euro – und beide erhalten sie dafür jedes Jahr 5 Prozent Rendite. Der Unterschied ist: Marie hat bereits mit 25 angefangen zu investieren, Markus hat noch zehn Jahre gezögert und sich erst mit 35 dazu durchgerungen. So kommt er am Ende auf ein stolzes Vermögen von über 80.000 Euro. Maries Kapital aber ist sehr viel stärker angewachsen, nämlich auf fast 150.000 Euro. Das sind annähernd 70.000 Euro

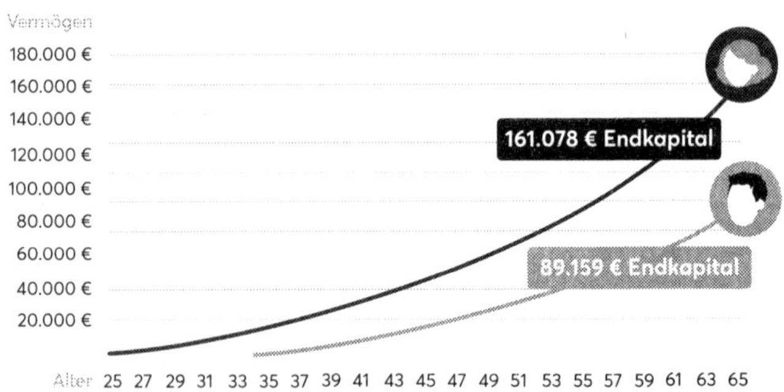

Abbildung 3: Entwicklung des Endvermögens bei 100 Euro Sparrate; Beginn mit 25 Jahren vs. 35 Jahren

mehr als bei Markus – obwohl sie in den ersten zehn Jahren eigentlich nur 12.000 Euro mehr aus eigener Tasche gespart hat. Dieses Beispiel zeigt die Macht des Zinseszinseffekts, die sich so richtig erst nach etwa 20 Jahren des Investierens entfaltet. Du kannst das selbst überprüfen und dir verschiedene Szenarien ausmalen: Auf welche Summe kommst du nach 20 Jahren, wenn du jeden Monat 300 Euro anlegst? Oder gar 500 Euro? Dazu kannst du zum Beispiel den Zinseszinsrechner auf der Finanzfluss-Website nutzen: www.finanzfluss.de/rechner/zinseszinsrechner/

Deine Finanzen unter der Lupe: Wo stehst du?

Wer gut verdient, sieht sich finanziell häufig in einer guten Position: Man kann sich problemlos ein angenehmes Leben leisten. Warum sollte man sich also Sorgen um die Zukunft machen? Wer so denkt, unterliegt einer Verwechslung: Die Höhe des Einkommens sagt nämlich rein gar nichts darüber aus, wo man finanziell steht. Entscheidend sind die Rücklagen, respektive das Vermögen, das man gebildet hat.

Für deine Zukunftsplanung solltest du unbedingt wissen, wo du selbst finanziell stehst. Welches Vermögen hast du bereits angespart? Wie hoch sind deine Ausgaben? Nimm deine Finanzen unter die Lupe und verschaffe dir einen genauen Überblick. Nur so wird es dir gelingen, eine realistische Sparrate festzulegen, unnötige Ausgaben zu eliminieren und letztlich deine finanziellen Pläne in die Tat umzusetzen. Beginnen wir also mit einem der wichtigsten

Schritte im Vermögensaufbau und machen reinen Tisch – sodass du deine finanzielle Situation nachher besser kennst als jeder andere.

Was hast du wirklich? Berechne dein Nettovermögen

Nicht dein aktueller Kontostand verrät dir, wo du finanziell stehst – sondern dein Nettovermögen. Du ermittelst es, indem du vom Wert deines ganzen Besitzes die Summe abziehst, die du anderen noch schuldest. Ganz ähnlich läuft übrigens die Bilanzprüfung in einem Unternehmen ab: Zu einem Stichtag wird genau gegenübergestellt, wie viel Kapital auf der einen Seite in der Firma steckt und wie hoch die Forderungen beziehungsweise Schulden auf der anderen Seite sind.

Um dein Nettovermögen zu ermitteln, musst du zunächst all deine Vermögenswerte zusammenzählen. Dazu gehört beispielsweise das Guthaben, das du auf Giro-, Tages- und Festgeldkonten oder in einem Sparbuch liegen hast, aber auch das Geld, das du in eine Lebens- oder Rentenversicherung oder in eine betriebliche Altersvorsorge gesteckt hast. Relevant ist hier der letzte Vertragswert. Falls du einen Bausparvertrag abgeschlossen hast, zählt der letzte Kontostand, und solltest du bereits in Wertpapiere wie Aktien oder Anleihen investiert haben, werden auch diese Investitionen addiert. Orientiere dich dabei am letzten Kursstand der Papiere. Zu einem Vermögen zählen auch materielle Güter. Dabei kann es sich um den Wert einer Immobilie, eines Autos oder Motorrads handeln – oder um Kunstwerke, Schmuck oder anderen materiellen Besitz.

Von dieser Summe ziehst du nun die Verbindlichkeiten ab, oder einfacher ausgedrückt: all deine Schulden. Dazu zählen sowohl kurzfristige Schulden, wie sie entstehen, wenn beispielsweise das Konto überzogen oder ganz einfach die Kreditkarte belastet wird. Ebenso offene Rechnungen oder ein aufgenommener Privatkredit von der Bank. Den größten Anteil nehmen naturgemäß solche Schulden ein, die nicht mal eben zurückgezahlt werden, etwa ein Studienkredit oder ein Immobiliendarlehen, welche in der Regel über mehrere Jahre getilgt werden. Eventuelle Kreditzinsen müssen hier übrigens ebenfalls in die Rechnung einbezogen werden.

Eine solche Vermögensberechnung kannst du in regelmäßigen Abständen durchführen, zum Beispiel einmal im Jahr. So stellst du fest, wie sich deine finanzielle Situation im Laufe der Zeit verändert. Am einfachsten geht das mit

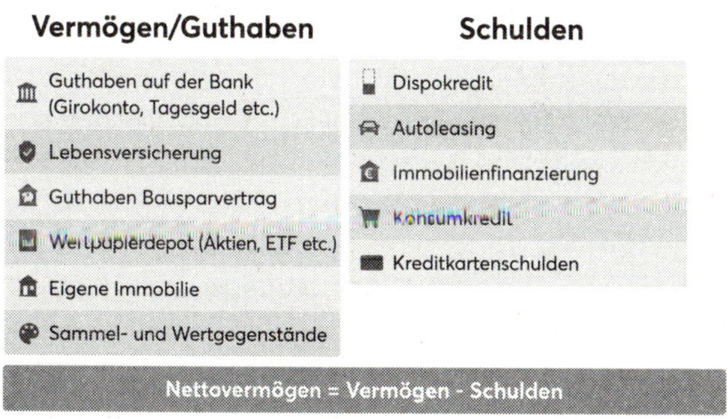

Abbildung 4: Nettovermögen ist die Differenz aus deinen Vermögenswerten und deinen Schulden

unserem Vermögenstracker, dem Finanzfluss-Copilot. In nur wenigen Klicks kannst du all deine Konten und Depots verknüpfen und behältst so den Überblick über jegliche Investments, Kontostände und Transaktionen: www.finanz fluss.de/copilot/

Das Haushaltsbuch: Einnahmen und Ausgaben im Überblick

Im zweiten Schritt geht es darum herauszufinden, welche Potenziale du beim Aufbau deines Vermögens hast. Dazu betrachten wir deinen »Cashflow«, um im Jargon der Betriebswirtschaft zu bleiben. Mit anderen Worten: Was nimmst du jeden Monat ein, und was gibst du aus? Wie viel bleibt am Ende übrig, um es auf die Seite zu legen? Und wie kannst du diesen Betrag erhöhen?

Beginnen wir mit den Einnahmen: Hierzu zählen neben dem festen Gehalt auch Erträge aus Vermietungen oder selbstständiger Arbeit, Kindergeld oder andere Zuschüsse. Also alles, was auf dein Konto eingeht. Diese Einnahmen kannst du schnell zusammenrechnen, häufig reicht bereits ein Blick in die Banking-App.

Dem stehen die Ausgaben gegenüber, die sich wiederum in fixe und variable Ausgaben unterteilen und über die die meisten Menschen wenig Übersicht haben. Zu den fixen Ausgaben zählen Mietzahlungen, Handy-Rechnungen, Abos oder laufende Versicherungen. Die variablen Ausgaben bilden Kosten für den Wocheneinkauf, für Freizeitaktivitäten wie Kinobesuche oder ganz einfach Dinge, die man sich »mal nebenbei gönnt«: sei es das neue Fahrrad, der Laptop, die E-Gitarre oder die Profi-Karbon-

Angel mit Teleskoprute. Aber auch Shopping oder der tägliche Latte Macchiato unterwegs gehören hier mit herein.

Frei aus dem Kopf abzuschätzen, auf welche Summe sich all das jeden Monat addiert, ist beinahe unmöglich. Doch es gibt ein altbewährtes Hilfsmittel, mit dem man leicht einen Überblick gewinnt: ein Haushaltsbuch. Das mag nach kleinkarierter Spießigkeit klingen, ist in Wahrheit aber ideal, um sich selbst Klarheit über die eigenen Finanzen zu verschaffen. Im Grunde musst du nichts weiter tun, als jeden Monat sämtliche Einnahmen und Ausgaben aufzulisten und daraus die Differenz zu errechnen. So weißt du, wie viel Geld du jeden Monat in etwa zurücklegen und anlegen kannst.

Übersicht Januar 2022

Was?	Wie viel?
Gehalt netto	+2.500€
Miete	-650€
Versicherungen	-40€
Supermarkt-Einkäufe	-400€
Ausgehen, Kino, Restaurant	-200€
Abonnements (Netflix, Spotify und Co.)	-35€
Shopping / Geschenke	-50€
Fitnessstudio	-30€
Fortbewegung (Bahn, Taxi)	-180€
Rücklagen Urlaub	-200€
Bargeld abgehoben	-200€
Ausgaben gesamt	1.985 €
übrig	515 €

Abbildung 5:
Auszug aus einem Haushaltsbuch

Wie du ein Haushaltsbuch führst, ist dir überlassen – ob ganz klassisch mit Papier und Bleistift wie in Abbildung 5 oder auf dem Smartphone mithilfe einer der vielen Apps, die es genau zu diesem Zweck gibt.

Ich selbst habe über anderthalb Jahre ein digitales Haushaltsbuch mit einer Budget-App geführt, um ein Gefühl dafür zu bekommen, wofür mein Geld jeden Monat so draufgeht. Das Ergebnis hat mich ziemlich umgeworfen. Erstens hatte ich erwartet, viel spartanischer zu leben – und zweitens stellte ich fest, dass es jeden Monat vor allem ein bis zwei große Ausgaben waren, die mein Konto enorm belastet haben. Das war mir vorher so nicht bewusst. Das meiste gebe ich für Essen und Reisen aus, aber auch für Geschenke nehme ich schon einmal ziemlich viel Geld in die Hand, etwa wenn drei Geburtstage in einen Monat fallen. All das ist nicht weiter schlimm. Nur wusste ich mithilfe des Haushaltsbuchs eben, wann ein besserer und wann ein schlechterer Zeitpunkt war, mir nebenbei etwas zu gönnen. Vor allem aber hat es mir geholfen, überhaupt erst einmal einen Überblick über meine Ausgaben zu bekommen und gewisse Muster zu entdecken.

Wenn du dein eigenes Haushaltsbuch führst, musst du nicht wie ich über mehrere Jahre jede Anschaffung und jeden Kaffee tracken. Drei Monate sollten es aber schon sein, um einen Überblick zu gewinnen.

Du kannst dein Haushaltsbuch auch rückwirkend führen. Du prüfst die Kontoauszüge der letzten Monate und rechnest all deine Ausgaben zusammen. Vermutlich wirst du nicht jeden Monat dasselbe ausgeben. Und wenn du selbstständig bist, können die Einkünfte variieren. Dennoch kannst du den monatlichen Mittelwert deiner Ausgaben berechnen. So gehst du sicher, dass auch berücksichtigt wird, was vielleicht nur einmal im Jahr anfällt: Weihnachtsgeschenke, die Kfz-Steuer oder der Sommerurlaub.

Die Kunst des Sparens

Du weißt jetzt, wo du finanziell stehst, kennst dein Nettovermögen und deine monatlichen Ausgaben. Als Nächstes geht es darum, wie viel du sparen kannst und solltest. Aber klären wir vorher eine Frage: Was bedeutet es eigentlich zu sparen?

Zu sparen heißt nicht, sich ausschließlich von Dosenravioli zu ernähren oder den Urlaub nur noch auf dem Campingplatz zu verbringen. Im Gegenteil: Zu sparen bedeutet, dass du dein Geld nur noch für solche Dinge ausgibst, die dich weiterbringen oder die dir eine wirkliche Freude bereiten. Es geht nicht darum, den Gürtel enger zu schnallen, sondern jeden Monat einen fixen Betrag für das Hier und Jetzt und für deine Zukunft auf die Seite zu legen. Was dann noch übrig bleibt, kannst du ausgeben, wie du möchtest.

Sparen wird häufig mit Verzicht gleichgesetzt – doch wenn du einmal genau darüber nachdenkst, wirst du feststellen, dass das nicht stimmt. Sparen ist in Wahrheit etwas Großartiges, denn du bezahlst dich selbst. Genauso, wie du sonst deinen Vermieter oder die Supermarkt-Kette bezahlst, von der du deine Lebensmittel kaufst. Sparen kann Spaß machen, wie ich selbst gemerkt habe, während ich noch einen ganzen Berg von Studienschulden abzubezahlen hatte. Ich weiß noch, wie ich mich pünktlich zum Monatsanfang etwa zehn Mal täglich in mein Online-Konto eingeloggt habe. Ich wollte die Schulden endlich loswerden und mit dem Investieren anfangen, also konnte ich es gar nicht erwarten, bei Gehaltseingang die nächste Rate zu begleichen. Wie Verzicht fühlte sich das nicht an.

Das wirklich gute Gefühl, welches das Sparen mit sich bringt, stellt sich für gewöhnlich erst nach einer Weile ein: Wenn sich nach ein paar Monaten 600 Euro, 700 Euro oder gar ein paar Tausend Euro angesammelt haben und du in jeder Situation die angenehme Gewissheit hast, dich selbst aus einer misslichen Lage befreien zu können.

So berechnest du Sparrate und Sparquote

Falls du noch kein konkretes finanzielles Ziel ins Auge gefasst hast, ist es sinnvoll, ganz einfach so viel wie möglich zu sparen. Aber wie viel ist in deinem Fall möglich? Hast du ein paar Monate lang Haushaltsbuch geführt oder bist die Kontoauszüge der vergangenen drei Monate durchgegangen, kannst du die Einnahmen und Ausgaben ganz einfach gegenüberstellen. Die Differenz ist deine potenzielle Sparrate – also das, was du jeden Monat beiseitelegen könntest.

Aber woran erkennst du, ob diese Sparrate hoch genug ist? Du kannst dich hierfür an der Sparquote orientieren. Du ermittelst sie, indem du deine Sparrate durch deine monatlichen Nettoeinkünfte teilst. Verdienst du beispielsweise 2.000 Euro und legst davon 400 Euro pro Monat zurück, beträgt deine Sparquote 20 Prozent. Das ist ein guter Wert, den viele für den Vermögensaufbau nutzen. 10 Prozent vom Nettogehalt sind das absolute Minimum, um dir ein finanzielles Polster aufzubauen. Eine Sparquote von 30 Prozent und mehr, im Beispiel also mindestens 600 Euro pro Monat, wäre dagegen hervorragend. Je mehr du sparen kannst, desto besser. Eine Sparquote von 30 Prozent zu erreichen fällt Berufseinsteigern in der Regel leichter, weil sie sich erst einmal nicht groß einschränken müssen. Wer vor dem ersten richtigen Job ohnehin ein eher bescheidenes Leben geführt hat, dem fällt es auch leichter, den neu gewonnenen Reichtum erst einmal zur Seite zu legen und zu investieren.

Sich an einer Sparquote zu orientieren, ist deshalb wichtig, weil mit der Höhe des Gehalts meist auch die Ansprüche steigen. Die wenigsten Menschen mit sechsstelligem Jahreseinkommen leben in einem 20-Quadratmeter-WG-Zimmer. Tendenziell gibt man mit einem höheren Verdienst auch mehr aus – sei es für die Miete, den Urlaub oder ganz einfach im Restaurant. Umso mehr sollte man im Laufe des Lebens aber auch beiseite legen und investieren, um das Niveau später halten zu können.

Mach Sparen zur blinden Gewohnheit: das 3-Konten-Modell

Du hast nun festgelegt, welche Summe du jeden Monat zurücklegen möchtest. Jetzt geht es darum, das Ganze auch durchzuziehen. Aber wie funktioniert das am besten? Du könntest natürlich versuchen, dich in eiserner Disziplin zu üben und bei jeder möglichen Ausgabe zweimal zu fragen, ob du dann noch auf deine Sparquote kommst – um am Ende des Monats widerwillig zur Seite zu legen, was von deinem Gehalt übrig bleibt. Oder du verzichtest auf diese frustrierende Prozedur und sparst ganz nebenbei, ohne dass es dir wehtut. In Wahrheit brauchst du nämlich gar keine Disziplin, um zu sparen, sondern einfach nur ein System. Genauer gesagt, ein System mit mehreren Konten für unterschiedliche Zwecke.

Der Gedanke dahinter ist, dass du deinen Konsum strikt vom Vermögensaufbau trennst, also vom Sparen und Investieren. Mit verschiedenen Konten funktioniert das ganz automatisch direkt nach Gehaltseingang, ohne dass du selbst aktiv werden musst. Das ist deutlich effektiver und angenehmer, als lediglich das zu sparen, was am Ende des Monats vielleicht – vielleicht aber auch nicht – auf dem Girokonto übrig bleibt. Automatisch zu sparen fühlt sich außerdem sehr viel besser an. Du musst nicht ständig aufs Neue darüber nachgrübeln, wie viel du noch ausgeben darfst. Sparst du automatisch, fühlst du dich befreiter. Denn du kannst jeden Monat sicher sein, dein Soll erfüllt zu haben. Den Rest kannst du ausgeben, wie du möchtest. So wirst du nie das Gefühl haben, auf etwas zu verzichten.

Am besten ist es, du nutzt zum Sparen drei Konten:

1. ein Gehalts- und Konsumkonto (Girokonto)
2. ein Notgroschen-Konto (Tagesgeldkonto)
3. ein Vermögenskonto (z.B. Verrechnungskonto mit deinem Anlage-Depot)

Konto 1: Das Gehalts- und Konsumkonto ist dein ganz normales Girokonto. Hier geht dein Gehalt ein, und von hier

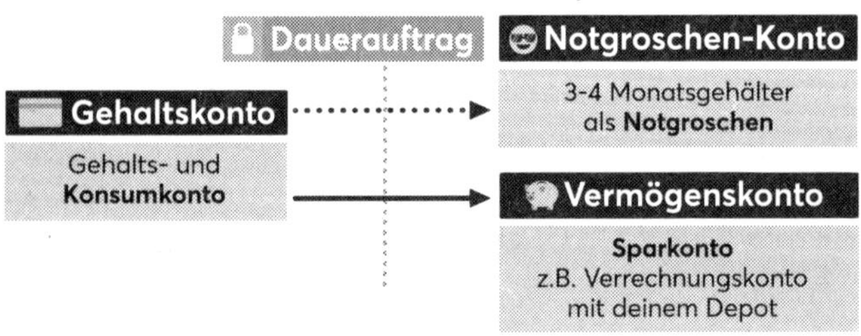

Abbildung 6: Das 3-Konten-Modell für den automatischen Vermögensaufbau

aus begleichst du deine fixen und variablen Ausgaben. Von diesem ersten Konto aus sollte von jetzt an auch die Sparrate abgehen, die du vorher festgelegt hast. Am besten richtest du dir dafür einen Dauerauftrag ein, der jeden Monat ein bis zwei Tage nach Gehaltseingang deine Sparquote auf ein zweites Konto überführt. Der kurze Abstand ist sinnvoll, weil du so gar nicht erst in Versuchung kommst, die Sparquote zu »verkonsumieren«. Genauso, wie du jeden Monat automatisch deinem Telefonanbieter und deiner Versicherung Geld schickst, bezahlst du jetzt automatisch auch dich selbst.

Konto 2: Das »Notgroschen-Konto«. Vor dem Investieren brauchst du ausreichend Rücklagen, die dich vor finanziellen Engpässen schützen. Deine Sparrate sollte also erst einmal auf Konto Nummer 2 fließen, wo du getrennt von deinen Konsumausgaben einen Notgroschen aufbauen kannst.

Ein Notgroschen ist ein finanzielles Polster, mit dem du unvorhergesehene Ausgaben begleichen kannst, also umfangreiche Reparaturen oder Kosten, die bei plötzlicher Arbeitslosigkeit entstehen. Der Notgroschen ist eine Reserve, die du angespart haben solltest, bevor du mit dem Vermögensaufbau loslegst. Muss das Auto dringend repariert werden, aber du hast bereits dein gesamtes Gehalt ausgegeben oder investiert, wirst du eventuell gezwungen sein, dein Konto zu überziehen und teure Dispo-Zinsen in Kauf zu nehmen. Oder du hast keine andere Wahl, als das Geld aus deinem Depot zu ziehen. Ein Notgroschen im Umfang von drei bis vier Monatsgehältern ist also wichtig, um sich aufs Investieren vorzubereiten.

Um Rücklagen aufzubauen, eignet sich ein Tagesgeldkonto sehr gut. Dein Erspartes wird hier kaum Zinsen abwerfen, was auch nicht das Ziel ist. Wichtig ist, dass dir ein Tagesgeldkonto maximale Liquidität bietet, du also im Notfall schnell an dein Geld herankommst.

Konto 3: Das Vermögenskonto. Sobald du deine finanzielle Notreserve aufgebaut hast, kannst du anfangen, Kapital für deine Investitionen aufzubauen. Auch das sollte getrennt von deinem Konsum und getrennt von deinem Notgroschen passieren, damit du gar nicht erst in Versuchung gerätst, das Geld für andere Zwecke auszugeben. Sobald das Notgroschen-Konto mit der Summe von drei bis vier Monatsgehältern gefüllt ist, leitest du den bestehenden Dauerauftrag auf ein drittes Konto um, das Vermögenskonto. Um eine klare Abtrennung zu haben, ist es sinnvoll, das Vermögenskonto bei einer anderen Bank zu eröffnen als die beiden anderen Konten. Wichtig ist vor allem, dass du das Guthaben auf deinem Sparkonto nicht einfach ausgeben kannst. Du solltest dir also zum Beispiel keine EC- oder Kreditkarte dafür aushändigen lassen, dann wird dir das auch nicht schwerfallen.

Angenommen, du möchtest nun Geld an der Börse investieren, wird das Vermögenskonto mit einem Wertpapierdepot verknüpft. Alles, was von jetzt an in dein Depot fließen soll, wird automatisch per Dauerauftrag auf diesem Konto zwischengeparkt. Es steht dir allein zum Investieren zur Verfügung. Alternativ kann das Vermögenskonto auch einfach dein Verrechnungskonto sein, das du bei einem Broker eröffnest, um dein Geld anzulegen. Von deinem Girokonto aus würde deine Sparrate dann jeden Monat direkt in dein Depot fließen.

Kontenmodelle gibt es in unterschiedlichen Varianten

und für verschiedenste Konstellationen. In einer Partnerschaft beispielsweise teilen sich häufig beide das erste Konsumkonto, von dem die gemeinsamen Lebenshaltungskosten bestritten werden. Für individuelle Ausgaben, aber auch für den individuellen Vermögensaufbau kann es sinnvoll sein, das Gemeinschaftskonto anschließend wieder zu splitten, was sich ebenfalls mithilfe von Daueraufträgen automatisieren lässt. Freiberufler und Selbstständige sollten neben dem privaten Girokonto, dem Notgroschen- und Vermögenskonto auch ein Geschäftskonto eröffnen, auf das separat die Rücklagen für die zu entrichtende Steuer eingezahlt werden. Somit läuft man nicht Gefahr, dass dieses Geld an den regelmäßigen Stichtagen, zu denen Einkommen- und Umsatzsteuer gezahlt werden müssen, fehlt.

Als unverheiratete Einzelperson ohne Gemeinschaftskonto reicht das 3-Konten-Modell aber vollkommen aus, um deine Finanzen übersichtlich zu strukturieren und effektiv Geld zu sparen und anzulegen.

Mit dem Sparbooster die Sparquote steigern

Es gibt einen kleinen Trick, mit dem du deine Sparleistung extrem verstärken kannst: Du lässt deinen Lebensstandard etwas weniger schnell steigen als dein Gehalt. Immer dann, wenn sich dein Lohn erhöht (und das wird er im Laufe des Lebens), passt du deine Sparrate nach oben hin an (siehe Abbildung 7). Steigt dein Monatsgehalt beispielsweise um 200 Euro, könntest du die Hälfte davon direkt auf deine Sparrate anrechnen – also 100 Euro mehr im Monat sparen.

Langfristig hat dieser »Sparbooster« einen immensen Effekt auf dein Endvermögen, wie Abbildung 7 zeigt.

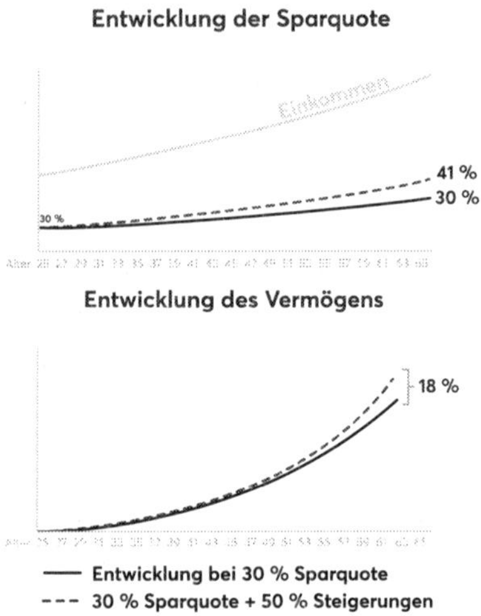

Abbildung 7: Entwicklung der Sparquote (oben) durch den Sparbooster und Effekt auf das Endvermögen (unten)

Auch in diesem Beispiel sind wir exemplarisch von einer jährlichen Gehaltssteigerung von zwei Prozent ausgegangen. Angenommen, du fängst mit 25 Jahren an, jeden Monat 30 Prozent von deinem Einkommen zurückzulegen (Sparquote) und sparst zusätzlich immer 50 Prozent von jeder Gehaltssteigerung. Bis du 65 Jahre alt bist, hättest du deine Sparquote so auf 41 Prozent erhöht – und das, ohne auf etwas verzichten oder dich einschränken zu müssen. Mit diesem einfachen Trick hättest du dein Endvermögen ganz nebenbei um 18 Prozent gesteigert.

Sparen schützt vor Abhängigkeiten

Wer 4.000 Euro netto verdient, kann deutlich mehr zurücklegen als ein 450-Euro-Jobber. Doch das heißt noch lange nicht, dass er es auch tut. Ebenso wenig sind eine goldene

Kreditkarte oder ein schickes Auto in der Garage Beweise dafür, dass jemand vermögend ist. Ich habe viele Leute kennengelernt, bei denen genau das der Fall war. Mir fällt hier ein Arbeitskollege ein, der den größten Teil seines Einkommens für die Miete eines 150 m²-Dachgeschoss-Penthouses ausgegeben hat. Eine sehr schicke Wohnung, man kann es nicht anders sagen. Der Preis, den er dafür zahlte, war in Wahrheit aber noch viel höher: Denn im Gegenzug ärgerte er sich jeden Abend aufs Neue, dass er seine Kinder vor lauter Arbeit schon wieder nicht zu Gesicht bekommen würde. Die Arbeitszeit herunterschrauben wäre aber auch nicht gegangen, denn das Penthouse wollte schließlich bezahlt werden.

Ein hoher Verdienst muss nicht zwangsläufig befreiend sein, sondern kann leicht auch das Gegenteil bewirken – und einengen. Denn wenn mit dem Verdienst auch der Lebensstandard immer weiter angehoben wird und sich die Raten für Wohnung, Auto, Freizeit und Co. immer weiter erhöhen, dann sind da plötzlich Abhängigkeiten, die eher unfrei als frei machen. Das ist aber nicht der Sinn von einem Vermögen, das ja eigentlich dazu da ist, Freiheiten zu schaffen.

Auf der anderen Seite ist es natürlich auch nicht notwendig, mit 40 Jahren zu leben wie in der Studentenzeit, sich hauptsächlich von Kartoffeln mit Quark zu ernähren oder nur mit dem Bus nach Italien zu fahren. Es ist normal, dass mit fortschreitendem Alter auch die Anforderungen steigen. Kommen Kinder ins Spiel, führt häufig kein Weg daran vorbei. Dann wird aus dem Backpacking-Urlaub durch Südostasien eben die Ferienwohnung auf Rügen. All das ist völlig in Ordnung, solange man gleichzeitig Geld zurücklegt. Denn sonst wird die (finanzielle) Zukunft auf einem porösen Fundament stehen.

Mit Schulden richtig umgehen

Nicht jeder wird in der Lage sein, direkt nach dem Lesen dieser Zeilen Geld zurückzulegen. Immerhin gelten fast sieben Millionen Deutsche als überschuldet.[13] Aber nicht immer müssen Schulden ein Problem darstellen, auch mit Schulden kannst du deine finanziellen Ziele erreichen – wenn du richtig vorgehst.

Gute Schulden, schlechte Schulden

Es gilt zu unterscheiden zwischen schlechten und guten Schulden. »Gut« sind solche Schulden, die eine Investition in die eigene Zukunft ermöglichen. Nimmst du sie auf, bekommst du später etwas dafür zurück. Sich schlecht zu verschulden bedeutet, sich etwas zu finanzieren, das vielleicht kurzfristig eine Freude bereitet, langfristig aber an Wert verliert. Du finanzierst dir Dinge auf Kosten deiner Zukunft.

Zu den guten Schulden gehören zum Beispiel ein Studienkredit, mit dem der Master im Ausland bezahlt wird, oder ein Förderkredit, um sich beruflich weiterzubilden. Auch Gründerkredite, wie sie einige Banken anbieten, können dazu zählen, ermöglichen sie doch erst die Finanzierung größerer Vorhaben. »Sinnvoll« verschuldet ist unter Umständen auch, wer mit dem Kauf einer Immobilie für die Zukunft vorsorgt. Sich »gut« zu verschulden bedeutet jedenfalls, in der Gegenwart (fremdes) Geld so auszugeben, dass man in der Zukunft davon profitiert.

Bei den allermeisten Krediten aber handelt es sich um schlechte Schulden. Sie dienen in der Gegenwart dazu, auf

Kosten der Zukunft zu leben – indem Dinge mit Einnahmen finanziert werden, die noch gar nicht generiert wurden. Sie sind also das Gegenteil von Zukunftsinvestitionen. Das auf Pump gekaufte Auto ist so ein Beispiel dafür. Ein herkömmlicher Wagen für den privaten Gebrauch hat bereits Minuten nach dem Kauf einen großen Teil seines Werts verloren. Er ist ein Konsumkauf und keine Investition, mit der sich langfristig das Vermögen erhöhen lassen wird. Das Gleiche gilt für den kreditfinanzierten Urlaub oder den Flatscreen-Fernseher, der per Null-Prozent-Finanzierung erworben wird. Bei all diesen Ausgaben entstehen Konsumschulden, die zwar allesamt nette Annehmlichkeiten ermöglichen, langfristig gesehen aber nicht dich bereichern, sondern Autohändler, Reiseveranstalter oder den Elektronikmarkt, der mit seinem Null-Prozent-Kredit seine eigentlich überteuerten Preise kaschiert. Und natürlich profitieren auch Kreditkartenanbieter und Banken.

Kredite in diese Richtung sind schnell aufgenommen, kommen den Schuldner dafür aber umso teurer zu stehen. Beim Dispokredit können die jährlichen Zinsen schon einmal 7 bis 16 Prozent betragen. Wer über fünf Jahre fortlaufend zu 16 Prozent sein Konto überzieht, zahlt fast doppelt so viel an Zinsen an die Bank, als er sich ursprünglich geliehen hat. Investoren träumen von solchen Renditen.

Schritt für Schritt schuldenfrei werden

Vor allem schlechte Schulden solltest du also so schnell wie möglich loswerden. Du kannst dich hierfür an vier einfachen Schritten orientieren:

Schritt 1: Analysiere deine Situation. Zunächst solltest du alle deine Schulden vollständig auflisten. Für den Überblick kann es hilfreich sein, die Kredite nach Höhe der Zinsen (die höchsten zuerst) zu sortieren und jeweils die monatlichen Rückzahlungsraten zu notieren.

Schritt 2: Optimiere deine Schulden. Versuche, bei einem oder mehreren Krediten die Zinsen zu drücken. Informiere dich bei der Bank, ob du Schulden zusammenfassen beziehungsweise »umschichten« kannst. Einige Banken räumen es Kunden zum Beispiel ein, den Dispo auf dem Konto zu reduzieren und dafür den Darlehensbetrag auf das Haus zu erhöhen, da bei Immobilienkrediten die Zinsen in der Regel deutlich niedriger sind. Alternativ könntest du zum Beispiel den Dispokredit in einen etwas günstigeren Ratenkredit umwandeln.

Schritt 3: Nutze Sonderzahlungen. Du solltest keine Chance verstreichen lassen, einen Kredit so oft wie möglich um einen möglichst hohen Betrag zu tilgen. Einige Banken oder Kreditgeber gewähren ihren Kunden Sondertilgungsrechte, durch die auf einen Schlag viel mehr als die festgesetzte Rate zurückgezahlt werden kann. Solche einmaligen Sonderzahlungen lohnen sich, weil du entsprechend weniger Zinsen zahlst, je schneller die Summe zurückbezahlt ist – und weil du die Schuldenlast schneller loswirst. Abgesehen davon solltest du jede Gelegenheit zur Rückzahlung von Schulden nutzen, die sich bietet – beispielsweise durch zusätzliche Boni, das Weihnachtsgeld oder die Einkommensteuer-Rückzahlung. Du kannst den Schuldenabbau auch planen. Beispielsweise, indem du deine festgelegte Sparrate – also jenen Betrag, den du pro Monat zurücklegen kannst – erst einmal für die Tilgung deiner Schulden benutzt.

Schritt 4: Bleib schuldenfrei. Sind die Schulden einmal beglichen, solltest du alles daransetzen, dich anschließend nicht erneut in die Miesen zu begeben. Das Notgroschen-Konto hilft dir, hohen Kreditzinsen von vornherein aus dem Weg zu gehen.

Trotz Schulden investieren?

Sollte man trotz Schulden mit dem Investieren anfangen oder lieber die gesamte Sparrate zur Schuldentilgung nutzen?

Rational betrachtet ist es richtig, das Schuldenkarussell so schnell wie möglich zu verlassen. Kreditzinsen, die du bezahlen musst, sind eine negative Rendite, ein garantiertes Minusgeschäft. Legst du parallel zur Kredittilgung Geld an, kannst du damit natürlich eine positive Rendite erzielen. Sie kann theoretisch sogar höher sein als der Betrag, den du durch einen schnelleren Schuldenabbau sparst. Erstens ist das aber nicht garantiert. Und zweitens steigen durch die längere Rückzahlung auch die Zinsen, die du insgesamt für den Kredit bezahlst. Und deswegen ist es intelligenter, erst dann zu investieren, wenn du schuldenfrei bist.

Auf der eher psychologischen Seite kann es aber auch hilfreich sein, schon parallel zur Schuldenrückzahlung monatlich einen kleinen Betrag zu investieren. Zum einen, weil du dich so früher mit dem Thema Geldanlage auseinandersetzt und erste Erfahrungen sammelst. Zum anderen ist es sehr motivierend, seinem Geld dabei zuzusehen, wie es sich vermehrt, statt jahrelang auf die »schwarze Null« hinzuarbeiten. Richtig, die Rückzahlung wird sich dadurch verzögern und du wirst länger brauchen, um schuldenfrei zu werden. Doch dafür hättest du einen wichtigen Grundstein gelegt, um auch künftig deine Finanzen im Griff zu haben: Du hast Spaß an der Geldanlage gefunden.

Wie du es am Ende anstellst, bleibt dir überlassen. Bist du unentschlossen, rate ich dir zu Variante eins, der vollständigen Rückzahlung, bevor du mit dem Investieren beginnst. So habe ich es mit meinen Studienschulden auch getan.

Diese Versicherungen brauchst du wirklich

Um gar nicht erst finanzielle Probleme zu bekommen, schließen viele Menschen Versicherungen ab. Die schützen schließlich vor Risiken, die enorme Kosten verursachen können. Gleichzeitig stellen Versicherungen selbst einen Kostenfaktor dar – teilweise einen sehr hohen.

Die Wahrscheinlichkeit ist gering, dass du in deinem Leben einmal aus Versehen drei Mietwohnungen unter Wasser setzen wirst, weil du vergessen hast, das Badewasser abzustellen. Ebenso unwahrscheinlich ist, dass dein Auto eines Tages mit gelöster Handbremse einen Abhang herunter und in einen Supermarkt rollen wird. Statistisch gesehen sind derartige Vorfälle ziemlich selten – sich gegen sie finanziell abzusichern bedeutet für die allermeisten Menschen deswegen ein Verlustgeschäft. Es wird jahrzehntelang in eine Versicherung eingezahlt, ohne dass je etwas passiert. Einen von Zehntausenden oder Hunderttausenden aber trifft es doch – er ist die Ausnahme von der Regel. Und wenn aus der überlaufenden Wanne oder der brennenden Herdplatte ein Millionenschaden entsteht, dann hätte sich die Versicherung plötzlich doch gelohnt.

»Viel hilft viel« sollte beim Abschluss von Versicherungen dennoch nicht das Gebot sein. Denn mit hoher Wahrscheinlichkeit brauchst du nur einen Bruchteil der Policen, die dir in der Werbung oder vom befreundeten Versicherungsmakler als »unbedingt notwendig« angepriesen werden. Heutzutage gibt es Versicherungen für alles Mögliche – doch nicht alle lohnen sich für dich in deiner aktuellen Lebenssituation. Für die Planung deiner finanziellen Zukunft ist es wichtig, dass du dir darüber klar wirst, welche Versicherungen du wirklich brauchst und welche du dir schenken kannst.

Wann versichern, wann nicht?

Es gibt einen ziemlich simplen Weg herauszufinden, ob du einen Versicherungsschutz brauchst oder nicht: Stell dir jedes Mal die Frage, ob dich der Schadensfall die (finanzielle) Existenz kosten würde. Versicherungen sollen dich vor existenzbedrohenden Risiken absichern, egal wie unwahrscheinlich diese im ersten Moment erscheinen. Allein das ist entscheidend. Mit anderen Worten: Eine Versicherung lohnt sich nicht, wenn du den Schaden aus eigener Tasche bezahlen könntest. Dafür sind die Beiträge zu hoch.

Diese Absicherungen sind Pflicht

Bei manch einer Versicherung hast du gar nicht die Wahl, ob du sie abschließen möchtest oder nicht, denn sie ist gesetzlich vorgeschrieben. Hierzu zählen:

Die Krankenversicherung. Sie ermöglicht, dass du behandelt wirst, wenn du krank oder verletzt bist – oder dass du weiterhin bezahlt wirst, wenn du länger bei der Arbeit ausfällst. Kurzum: Sie schützt dich vor hohen Kosten, die im Ernstfall entstehen können, und ist deswegen für jeden Bürger verpflichtend.

Die gesetzliche Rentenversicherung. Sie ist die Basis dafür, dass dir im Ruhestand jeden Monat eine Rente ausgezahlt wird. Für festangestellte Arbeitnehmer ist die Rentenversicherung obligatorisch, Selbstständige und Freiberufler können – wenn sie möchten – auch in sie einzahlen. Disziplinierten Selbstständigen und Unternehmern würde ich hiervon abraten und eher die private Vorsorge empfehlen.

Versicherungen wie die KfZ-Haftpflicht, die Hundehaftpflicht oder die Bauherrenhaftpflicht, sind ein paar Beispiele für Versicherungen, die nur für davon Betroffene vorgeschrieben sind.

Diese Versicherungen schützen dich vor dem Ruin

Daneben gibt es Versicherungen, die per Gesetz keine Pflicht sind, dich aber gegebenenfalls vor dem finanziellen Ruin bewahren. Denn der ein oder andere Schaden kann schnell in die Millionen gehen und dich im Ernstfall deine finanzielle Existenz kosten. Dringend brauchst du deswegen eine private Haftpflichtversicherung und eine Berufsunfähigkeitsversicherung.

Die private Haftpflichtversicherung. Wer jemand anderem ungewollt oder fahrlässig einen Schaden zufügt, muss dafür haften – vollständig und in unbegrenzter Höhe. Das mag beim zerbrochenen Handy-Display noch verschmerzbar sein – wird aber zur Existenzbedrohung, wenn die noch nicht deliktsfähigen Kinder bei 30 Grad im Schatten kokeln und versehentlich einen Waldbrand entfachen.

Die private Haftpflichtversicherung deckt – wie der Name bereits sagt – den privaten Bereich ab. Inbegriffen sind kaputte Gegenstände, der verlorene Schlüssel oder das zerkratzte Parkett in der Mietwohnung. Aber auch Schäden an Personen, die je nach Schweregrad schon mal in die Millionen gehen können. Dazu kann zum Beispiel eine übertretene Ampel im Straßenverkehr führen: Kommt es dabei zum Zusammenstoß mit einem Fahrradfahrer, der unglücklich fällt und bleibende Schäden davonträgt, kann das den Verursacher über Nacht in die Privatinsolvenz stürzen.

Haftpflichtversicherungen gibt es für Singles und Paare, die sich – sofern sie in einem Haushalt leben – einen Tarif teilen können. Gleiches gilt für Familien, in denen die Kinder dann automatisch mitversichert sind, bis sie Schule und Ausbildung abgeschlossen haben. Die private Haftpflichtversicherung ist nicht vorgeschrieben – und doch sollte jeder sie abschließen. Zumal sie bei vielen Anbietern jeden Monat nur etwa so viel kostet wie zwei Kaffee.

Die Berufsunfähigkeitsversicherung. Eine Bedrohung für die eigene Existenz – oder die der Familie – stellt auch der Verlust der eigenen Arbeitsfähigkeit dar. Und dazu können auch Krankheit oder ein Unfall führen. Die »BU« sichert quasi deine Arbeitskraft ab. Solltest du im Laufe deines Erwerbslebens so zu Schaden kommen, dass du nur noch zu 50 Prozent in deinem Beruf tätig sein kannst, also beispielsweise nur noch vier statt acht Stunden pro Tag, zahlt dir die Versicherung eine vorher festgelegte Berufsunfähigkeitsrente aus – so lange, bis du wieder vollständig in deinem Job arbeiten kannst oder den Beruf gewechselt hast. In vielen Fällen aber auch bis zum Eintritt in den Ruhestand, wenn das vom Versicherten gewünscht wird. Häufige Ursachen für eine Berufsunfähigkeit sind psychische Erkrankungen wie ein Burnout, aber auch Krebserkrankungen, Herz-Kreislauf-Beschwerden oder Gelenkkrankheiten. Relevant ist sie deswegen nicht nur für Menschen, die eine schwere handwerkliche Tätigkeit ausüben, sondern auch für Angestellte, die den ganzen Tag am Schreibtisch sitzen.

Eine Berufsunfähigkeitsversicherung setzt dort an, wo die normale staatliche Unterstützung endet. Bei längerer Krankheit wird auch über mehrere Jahre ein Krankengeld von der Kasse ausgezahlt, allerdings nur für begrenzte Zeit. Ansonsten springt der Staat erst wieder ein, wenn täglich nicht mehr als sechs Stunden gearbeitet werden können. In dem Fall besteht Anspruch auf die Erwerbsminderungsrente, die in voller Höhe (ca. 800 Euro im Monat) aber erst ausgezahlt wird, wenn lediglich drei Stunden Arbeit pro Tag möglich sind.

Wie teuer eine BU den Versicherten am Ende zu stehen kommt, ist von Person zu Person unterschiedlich. Denn hier spielen vor allem der gesundheitliche Zustand, das Alter und die Art der Beschäftigung eine Rolle: Ein 25-jähriger Bürokaufmann würde etwa einen deutlich günstigeren Tarif bekommen als ein 55-jähriger Dachdecker mit Vorerkrankungen. Entscheidend ist am Ende auch, wie hoch die BU-Rente sein soll – und wie lange sie im Krankheitsfall ausgezahlt werden soll. Viele wählen hier das Renteneintrittsalter, also aktuell 67 Jahre. Die Versicherungsbeiträge können sich je nach individuellen Voraussetzungen und Wünschen auf bis zu 200 Euro pro Monat summieren, manch einer wird aber auch schon für 30 Euro oder weniger versichert werden.

Sinnvoll ist eine BU prinzipiell für jeden Menschen mit einem Job. Für Berufsanfänger, Studenten und Schüler sind die Tarife tendenziell eher niedrig. Selbstständige, die nicht in die gesetzliche Rentenkasse einzahlen, sichern sich im Falle der Berufsunfähigkeit ab. Beamte dagegen können auf eine BU eher verzichten, da im Falle des Arbeitsausfalls ein erweiterter staatlicher Schutz greift. Solltest du im Laufe des Lebens genügend Vermögen aufbauen, dass auch ein Jobverlust verkraftbar wäre, kannst du eine Berufsunfähigkeitsversicherung übrigens auch wieder kündigen.

Diese Versicherungen könntest du brauchen

Kein Leben gleicht dem anderen. Je nach Alter, Berufsgruppe, Vermögens- und Familienstand können also weitere Policen relevant sein, weil sie finanzielle Einbußen versichern, die die Existenz gefährden können. Hierzu zählen:

Die Risikolebensversicherung. Sie sichert Angehörige für den Fall ab, dass der Versicherte verstirbt. In diesem Fall wird an die Hinterbliebenen eine festgelegte Versicherungssumme ausgezahlt, die sich aus der Höhe der zuvor entrichteten Beiträge errechnet. So eine Risikolebensversicherung kann zum Beispiel dann sinnvoll sein, wenn es in der Familie nur einen Hauptverdiener gibt und es den Angehörigen nach dessen Ableben schwerfallen würde, die Lebenshaltungskosten allein aufzubringen. Beim Kauf eines Eigenheimes wird sie richtigerweise häufig vom Kreditgeber verlangt, der sich so eine Garantie verschafft, dass die monatlichen Tilgungsraten auch im Todesfall bedient werden.

Die Gebäudeversicherung. Sie schützt Wohnraum und ist nicht für Mieter, sondern Vermieter und Eigentümer bedeutsam. Denn am Ende sind sie es, die für ein zerstörtes Dach durch einen Blitzeinschlag oder Schäden durch einen Wohnungsbrand aufkommen müssen. Bei Naturkatastrophen wie einem Erdbeben oder einer Überschwemmung ist ebenfalls der Eigentümer verantwortlich.

Die Auslandsreisekrankenversicherung. Sie kann dafür sorgen, dass der Urlaub nicht zum finanziellen Desaster wird. Denn viele Krankenversicherungen gelten nur begrenzt oder gar nicht im Ausland. Insbesondere bei Reisen außerhalb der EU, zum Beispiel in die USA, nach Kanada oder Südamerika, können so hohe Klinikkosten entstehen, die gegebenenfalls direkt vor Ort bezahlt werden müssen. Vor allem, wer viel unterwegs ist, sollte eine Auslandskrankenversicherung also in Erwägung ziehen. Zumal eine solche Police mit um die 1 Euro pro Tag bei einer mehrwöchigen Reise nicht besonders stark ins Geld geht.

Die Hausratversicherung. Sie springt ein, wenn der Inhalt deiner Wohnung zu Schaden kommt – also dein Hausrat. Das betrifft Einbrüche, Diebstahl und Brand, aber auch Naturgefahren, wie sie durch einen Sturm oder Gewitter entstehen. Wer minimalistisch mit drei Ikea-Möbeln und einem Laptop lebt, braucht eine solche Versicherung nicht. Anders sieht es aus, wenn sich Design-Klassiker, eine Profi-Küche oder teurer Schmuck in der Wohnung befinden. Wäre der Verlust existenzbedrohend, ist eine Versicherung sinnvoll. Falls nicht, kannst du darauf verzichten.

Die Rechtsschutzversicherung. Sie bezahlt den juristischen Beistand, solltest du dein Recht vor Gericht einklagen müssen. Ob es dazu jemals kommen wird, ist schwer abzuschätzen – kann sich je nach Fall aber auszahlen. Wer beispielsweise mit 55 oder 60 Jahren seinen Job verliert, findet häufig keinen neuen mehr. Notfalls juristisch gegen die Kündigung vorzugehen kann die Existenz sichern. Und das ist mit einer Rechtsschutzversicherung sehr viel einfacher. Die Versicherung übernimmt jegliche Gebühren des Rechtsanwalts sowie der Gerichte – und gegebenenfalls auch die des Verfahrensgegners, sollte die Anklage nicht von Erfolg gekrönt sein. Je nach Streitigkeit können sich die Kosten schon einmal auf mehrere Tausend Euro läppern. Wenn das finanziell nicht viel ausmachen würde, kann sich eine Rechtsschutzversicherung auch sparen. Wichtig zu beachten ist, dass der Rechtsstreit vor Vertragsabschluss noch nicht absehbar sein darf. Brennt zwischen dir und deinem Nachbarn die Luft, weil ihr euch nicht auf eine Grundstücksgrenze einigen könnt, müsstest du zum Beispiel mindestens drei Monate zuvor die Rechtsschutzversicherung abgeschlossen haben.

Ansonsten wird dir die Schlacht vor Gericht nicht finanziert werden.

Diese Versicherungen kannst du dir sparen

Grundsätzlich sind alle Versicherungen verzichtbar, die weder dich noch deine Familie vor dem finanziellen Existenzverlust bewahren – sondern lediglich solche Schäden abdecken, über die man sich ärgern wird, für die man aber auch selbst aufkommen könnte. Hierzu zählen:

Die Handy-Versicherung. Bei Schäden am Handy bekommst du den Verlust ersetzt. Bei einem 1000-Euro-Smartphone klingt das nicht schlecht, aber die Kosten sind häufig hoch. Zudem sind oft viele Risiken ausgeschlossen, beispielsweise der Verlust durch Diebstahl.

Die Unfallversicherung. Sie zahlt einmalig, wenn du durch einen Unfall Schäden davonträgst. Auch das klingt erst einmal sinnvoll. Sie greift aber nicht bei Krankheit, was wiederum bei der Berufsunfähigkeit der Fall ist, die zudem über mehrere Jahre eine Rente ausbezahlt. Sollte eine BU aber beispielsweise wegen gesundheitlicher Risiken nicht gewährt werden, wäre die Unfallversicherung eine Alternative.

Die Glasbruchversicherung. Sie ersetzt den gläsernen Couchtisch oder die Fensterscheibe, sollten diese in tausend Scherben zerspringen – ist dafür aufs Jahr gerechnet aber häufig teurer als die meisten gläsernen Produkte.

Die Reisegepäckversicherung. Sie versichert dein Reisegepäck, falls dieses unterwegs verloren gehen sollte. Das kann den Puls am Gepäckband schon mal nach oben treiben, ist aber lange keine existenzielle Bedrohung. Die meisten Urlaubshemden lassen sich relativ einfach ersetzen, ohne dass dafür ein Kredit aufgenommen werden muss. So ist auch diese Versicherung eher überflüssig.

Geht es günstiger?

Solltest du bereits mehr als drei oder vier Versicherungen abgeschlossen haben, könnte diese Frage relevant für dich sein. Denn in vielen Fällen überschneiden sich die Leistungen einzelner Versicherungen. Manche Kfz-Teilkasko beinhaltet beispielsweise bereits Fahrten mit dem Mietwagen, sodass sich die Zusatzversicherung im Urlaub erübrigen würde. Möglicherweise zahlt dein Partner, mit dem du die Wohnung teilst, bereits in eine Hausratversicherung ein – auch hier könntest du dir die Police sparen. Prüfe also, ob sich unnötige Verträge kündigen lassen.

Auch Versicherungsgesellschaften stehen untereinander im Preiskampf. Das kannst du als Verbraucher nutzen und dich regelmäßig nach günstigeren Angeboten umsehen, indem du Online-Preisvergleiche durchführst. So lassen sich schon einmal gut und gerne ein paar Hundert Euro im Jahr sparen.

Online oder mit dem Berater?

Die meisten Policen kannst du problemlos im Internet abschließen, denn ihr Leistungsspektrum ist recht simpel und eindeutig, sodass es zwischen den einzelnen Anbietern keine großen Unterschiede gibt. Das betrifft zum Beispiel die Kfz-Versicherung, die private Haftpflicht oder eventuelle Zusatzversicherungen wie die Bauherrenhaftpflicht oder eine Reiseversicherung.

Wieder andere Policen sind so komplex und in ihrer Zusammensetzung so abhängig von deiner individuellen Situation, dass die Beratung durch einen Experten sinnvoll sein kann. Beim Abschluss einer Berufsunfähigkeitsversicherung ist es beispielsweise essenziell, die Gesundheitsfragen korrekt zu beantworten. Nur dann erhältst du die existenzsichernde Rente im Fall der Fälle auch wirklich.

Bei einer privaten Krankenversicherung ist entscheidend, welche medizinischen Leistungen und Risiken durch sie abgedeckt werden sollen. Mein alter Schulfreund Arno, mit dem ich das Unternehmen *Finanzfluss* gegründet habe, ist kürzlich von der gesetzlichen in die private Krankenkasse gewechselt – und hat sich dafür glatte vier Stunden mit einem Honorarberater zusammengesetzt. Zusammen sind die beiden jegliche Konditionen und Voraussetzungen durchgegangen, angefangen beim Zustand von Arnos Zähnen über eventuelle Vorerkrankungen bis hin zu »Was wäre, wenn«-Fragen: Würde er einmal Vater werden – sollen dann die Kinder automatisch mitversichert sein? Wie sieht es aus, wenn ein Kind mit einer Behinderung zur Welt kommt? Möchte Arno auch im Ausland abgesichert sein, falls ihm dort etwas passiert? Falls, ja: Wohin reist er denn, und wie viele Wochen im Jahr ist er unterwegs?

In der Tat: Eine Versicherung, deren Beschaffenheit so sehr von deinen individuellen Wünschen und deiner Situation abhängt, solltest du möglichst nicht mal eben während der S-Bahnfahrt abschließen. Sie bedarf genauer Planung, und für die kannst du durchaus auch einen unabhängigen Honorarberater zurate ziehen, der nicht über eine Provision, sondern pro Stunde bezahlt wird. Auch wenn das vielleicht ein paar Hundert Euro kosten kann, lohnt sich eine solche Investition.

Du kannst dir vermutlich schon denken, welchen Ratschlag ich als Fazit zum Thema gebe: Kündige die Verträge, die du eigentlich gar nicht brauchst, weil sie Ereignisse absichern, die keine finanzielle Existenzbedrohung für dich oder dein Umfeld darstellen. So sparst du jeden Monat wertvolles Geld, das du stattdessen in den Vermögensaufbau investieren kannst. Zu einer ordentlichen finanziellen Ausgangslage gehört aber auch, dass du gegen wirklich bedrohliche Szenarien abgesichert bist – und von vornherein vermeidest, dass dich unglückliche Ereignisse oder ganz einfach Leichtsinn finanziell den Kragen kosten könnten.

Auf den Punkt:

- Setze dir finanzielle Ziele. Mache sie greifbar, indem du sie präzise definierst (mit Zahlen), und lege eine monatliche Sparrate fest.
- Ermittle dein derzeitiges Nettovermögen und verschaffe dir einen Überblick über Einnahmen und Ausgaben. Du kannst dazu ein Haushaltsbuch nutzen.
- Spare und investiere so früh wie möglich, um maximal vom Zinseszinseffekt zu profitieren.

- Überprüfe deine Ziele regelmäßig und passe deine Sparrate an – denn das Leben kann man nicht zu 100 Prozent planen.
- Mach Sparen zur Gewohnheit, indem du dir ein 3-Konten-Modell erstellst.
- Nutze den Sparbooster und erhöhe bei jeder Gehaltssteigerung deine Sparrate.
- Analysiere und optimiere Schulden (falls vorhanden) und baue diese systematisch ab.
- Versichere nur Risiken, die deine finanzielle Existenz bedrohen, und kündige überflüssige Verträge.

3

Die Klassiker der Geldanlage

Mit dem Geld als solchem haben wir uns nun in extenso beschäftigt. Du weißt jetzt, wo du finanziell stehst und wo du hinwillst – und dass du keine Hilfe von außen brauchst, um ein Vermögen aufzubauen. Du weißt, wie du deine Finanzen planst und ordnest, wie du dich richtig absicherst und welche Sparrate du jeden Monat zurücklegen kannst. Jetzt geht es darum, was du mit deinem Geld anstellen kannst, um es zu vermehren.

Auf die Frage, in welche Anlageform man sein Geld am besten investieren sollte, hat für gewöhnlich jeder eine andere Antwort: Während die Großeltern allein dem guten alten Sparbuch oder allenfalls noch Bundesschatzbriefen über den Weg trauen (»sicher ist sicher«), rät die Generation darunter zum Eigenheim (»das ja nicht umsonst Betongold heißt!«). Derweil redet einem der 19-jährige Cousin die Krypto-Welt schmackhaft, und die angeheiratete Tante schwärmt von ihren fulminanten Aktien-Gewinnen in den 1990ern. Sucht man darüber hinaus in den Weiten des Internets nach Rat, ist die Verwirrung meist perfekt. Denn es gibt inzwischen mehr Anlagemöglichkeiten, als das Jahr Tage hat – und die

Finanzwelt wird nicht müde, sich immer neue Sachen auszudenken, in die Anleger ihr Geld stecken können.

Schauen wir uns zunächst die klassischen Arten der Geldanlage an und klären, wie sinnvoll sie für dich in deiner Situation und das Erreichen deiner Ziele sind.

Girokonto, Sparbuch, Tagesgeld: die Non-Profit-Anlagen

Die erste große Anlageklasse bilden die Sichteinlagen. Der Name beschreibt ganz gut, worum es sich dabei handelt: um Einlagen, auf die ihr Besitzer praktisch jederzeit und ohne großartige Probleme zugreifen kann (auf Sicht), ohne sich an Mindestlaufzeiten oder Kündigungsfristen halten zu müssen. Das macht sie ziemlich bequem. Vermehren lässt sich Geld damit aber nicht – das Gegenteil ist der Fall. Jedes Jahr lassen sich die Bundesbürger Milliarden entgehen, weil sie Sparbuch, Festgeld und Co. mit lohnenswerten Kapitalanlagen verwechseln. Doch schauen wir uns die einzelnen Anlageformen genauer an.

Jeder von uns kennt das **Girokonto**. Es ist allein für den täglichen Zahlungsverkehr gedacht (Gehalt, Miete, Abbuchungen beim Einkauf mit der EC-Karte etc.). Für mehr sollte es auch nicht gebraucht werden, denn Zinsen gibt es darauf schon lange nicht mehr und wenn, dann handelt es sich heutzutage eher um Negativzinsen.

Das **Sparbuch** gibt es seit rund 200 Jahren. Es basiert tatsächlich auf der Grundidee, Erspartes zu vermehren. Diesem Anspruch wurde das kleine Heftchen von der Bank aber noch nie gerecht, denn wenn man die Inflation berücksichtigt, rangierten die realen Zinsen schon immer im Null-Komma-Irgendwas-Bereich oder waren gar negativ.

Die flexiblere Form des Sparbuchs ist das **Tagesgeldkonto**. Dort wird das Geld ohne feste Laufzeit verwahrt und kann somit jederzeit abgehoben werden. Für den Vermögensaufbau ist das Tagesgeldkonto unverzichtbar – denn es ist der perfekte Ort, um Rücklagen aufzubauen und einen Notgroschen anzusparen, der für unvorhergesehene Ausgaben verwendet werden kann.

Zudem lässt sich ein Tagesgeldkonto auch beim Investieren verwenden. Tagesgeld ist keinem Risiko ausgesetzt und damit ein guter Ausgleich zu Anlagen, die in ihrem Wert schwanken können, also beispielsweise Aktien. Je nachdem, wie viel Risiko du mit deiner Geldanlage eingehen willst, kannst du also mehr oder weniger davon in »sicheren« Anlagen parken. Wir werden später genauer darauf eingehen, wenn wir uns mit dem Aufbau eines Portfolios beschäftigen.

Weder der Sicherheitsbaustein im Portfolio noch der Notgroschen sind dazu da, Gewinne zu erwirtschaften. Das ist mit einem Tagesgeldkonto auch gar nicht möglich, denn es ist – wie das Sparbuch – völlig unrentabel.

Da hilft es auch nicht, wie manche Tagesgeld-Anleger alle paar Monate das Internet nach neuen Direktbank-Angeboten zu durchleuchten und von einem zum nächsten Anbieter zu springen. »Zins-Hopping« nennt sich dieses »Hobby«, dessen Sinn und Zweck es ist, sich stets »die besten« Zinsen zu sichern. Aktuell sind das bei einer deutschen Direktbank nicht einmal mehr 0,1 Prozent pro Jahr. Dann verliert das Geld durch die Inflation vielleicht »nur« um 1,9 Prozent an Wert statt um 2,1 Prozent. Ein gutes Geschäft ist die ständige Wechselei also längst nicht. Das Ersparte schrumpft trotzdem, wenn auch ein klein wenig langsamer.

Beim **Festgeldkonto** sind die Zinsen etwas höher – doch reichen auch sie nicht aus, um die Inflation auszugleichen. Festgeld wird für einen bestimmten Zeitraum angelegt, der von ein paar Monaten bis hin zu zehn Jahren reichen kann. Zwischendurch kann das Ersparte nicht entnommen werden. Um einen Notgroschen zu verwahren, eignet sich ein Festgeldkonto also nicht.

Weder auf dem Sparbuch noch auf dem Tages- und Festgeldkonto sind die Zinsen hoch genug, um überhaupt die Inflation auszugleichen. Geld, das dort geparkt wird, kann sich gar nicht vermehren. Dafür ist es von der gesetzlichen Einlagensicherung geschützt. Sie garantiert, dass Kunden einer deutschen Bank im Falle einer Bankenpleite ihr Erspartes zurückerhalten und dieses nicht Teil der Insolvenzmasse wird – also vom Insolvenzverwalter verwendet werden kann, um andere Gläubiger zu bedienen. Die deutsche Einlagensicherung deckt pro Anleger und pro Bank Geldvermögen bis zu einer Höhe von 100.000 Euro ab und umfasst auch Guthaben, das auf einem Girokonto liegt. Private und öffentliche Banken sind durch das Einlagensicherungs- und Anlegerentschädigungsgesetz (EAEG) von 1998 Teil von jeweils eigenen Entschädigungseinrichtungen und damit verpflichtet, die Mittel für eventuelle Erstattungen bereitzustellen.

Teilweise sichern einzelne Institute auch über freiwillige Einlagensicherungsfonds Vermögen über 100.000 Euro ab. Grundsätzlich aber gilt die 100.000-Euro-Grenze.

Lebensversicherung, Bausparvertrag und Co.: Sparen auf Sparflamme

In der Bundesrepublik existieren rund 90 Millionen abgeschlossene Lebensversicherungen – und damit mehr Policen als Menschen. Fast ein Viertel der Deutschen nutzt die staatlich geförderte Riester-Rente, und jedes Jahr werden knapp 1,5 Millionen neue Bausparverträge abgeschlossen. Schauen wir uns die Lieblingsprodukte der Deutschen in Sachen Geldanlage einmal genauer an – und klären, warum sie sich für einige (wenige) Personen lohnen, die meisten Menschen aber die Finger davon lassen sollten.

Bausparen: Sinn oder Unsinn?

Was von einem Bausparvertrag als Investmentprodukt zu halten ist, darüber scheiden sich hierzulande die Geister. Für einen Teil der Bevölkerung gilt er als die Antiquiertheit in Papierform und die beste Gelegenheit, sein Geld aus dem Fenster zu werfen. Dem stehen mehr als 20 Millionen Bausparer gegenüber, deren Zahl jedes Jahr wächst. Und in der Tat hat ein Bausparvertrag gewisse Vorzüge – lohnen tut er sich aber in den wenigsten Fällen.

Der Ablauf ist bei jeder Bausparkasse derselbe: Am Anfang steht die Sparphase, in der jeder Bausparer einen Teil der Bausparsumme (meist 50 Prozent) erst einmal selbst ansparen muss. Also einen Teil von jenem Betrag, den der Bausparer zum Kauf einer Wohnung, zum Bau eines Eigenheims oder zur Renovierung benötigt. Bei einer Bausparsumme von 200.000 Euro müssten also 100.000 Euro angespart werden. Dafür gibt es als Belohnung jährlich Zinsen auf die Sparsumme gutgeschrieben, inzwischen sind das um die 0,1 Prozent. Als Kapitalanlage ist ein Bausparvertrag also kein geeignetes Mittel.

Nach der Sparphase haben Bausparer Anspruch auf ein Darlehen und können entscheiden, ob sie das Angebot wahrnehmen möchten. Stimmen sie zu, beginnt die Darlehensphase: Der Kredit wird ausgegeben und von jetzt an nach und nach vom Bausparer getilgt. Die Kreditzinsen sind nicht günstiger als bei der Bank. Dafür stehen sie von Anfang an fest und können sich bis zur letzten Rate auch nicht mehr ändern. Aktuell sind die Zinsen niedrig. Wer also jetzt einen Bausparvertrag abschließt, könnte sich die guten Konditionen für die kommenden 10, 20 oder 30 Jahre sichern.

Der Staat gibt etwas dazu. Ein gern genanntes Argument für den Bausparvertrag sind die Zulagen, die es dabei vom Staat gibt – mit denen sich am Ende aber allenfalls ein hübscher Teppichläufer für die neue Wohnung finanzieren lässt. Mit der Wohnungsbauprämie gibt es maximal 70 Euro pro Jahr dazu, sofern das Einkommen nicht zu hoch ist und in dem jeweiligen Jahr mindestens 700 Euro in den Bausparvertrag eingezahlt wurden. Manch einer hat Anspruch auf die Arbeitnehmersparzulage, die aber höchstens 43 Euro im Jahr beträgt.

Kosten und Provisionen. Dem stehen die Kosten gegenüber: Gleich zu Anfang fällt eine einmalige Abschlussgebühr zwischen 1 und 1,6 Prozent an, die auf die gesamte Bausparsumme angerechnet wird – ganz egal, ob das Darlehen später tatsächlich in Anspruch genommen wird oder nicht. Bei einer Bausparsumme von 200.000 Euro wären das also mindestens 2.000 Euro. Dazu erheben inzwischen viele Bausparkassen ein Jahresentgelt von bis zu 20 Euro für das Sparkonto, auf das während der Sparphase eingezahlt wird.

Was tun mit bestehenden Verträgen? Ein heute abgeschlossener Bausparvertrag ist angesichts niedriger Guthabenzinsen und eher bescheidener Förderungen nichts, womit sich Geld vermehren ließe. Anders sieht das bei älteren Verträgen aus, die vor 15 oder 20 Jahren abgeschlossen wurden und noch mit 4 Prozent oder höher verzinst sind. Solltest du im Besitz eines solchen Vertrags sein, kannst du diesen behalten und weiterhin von den Zinsen profitieren.

Bei unrentablen Verträgen mit niedrigen Zinsen ist es in der Regel besser, du löst den Vertrag auf und lässt dir das bisher gezahlte Bausparguthaben auszahlen. Achte dabei aber in jedem Fall darauf, dass du die geltenden Kündigungsfristen einhältst, weil die Bausparkasse sonst einen Auszahlungsabschlag einbehalten könnte. Das Geld kannst du im Anschluss gewinnbringender anlegen.

Private Lebens- und Rentenversicherungen und ihre garantiert niedrigen Zinsen

Deutschlandweit existieren unzählige Modelle zur privaten Lebens- und Rentenversicherung – und der Markt ist entsprechend undurchsichtig. Zumindest werben alle Anbieter mit den etwa gleichen Versprechungen von »Flexibilität«, »Sicherheit im Alter« oder einer »lebenslangen Rente«. Das Ganze gern untermalt mit Fotos gut gelaunter Familien vor dem Eigenheim oder breit lächelnder Seniorenpaare, die bei Sonnenschein Fahrrad fahren. Nimmt man das Universum der privaten Rentenversicherungen genauer unter die Lupe, kann einem das Lachen schnell vergehen. Denn zumindest für Neukunden bedeutet das Ganze häufig ein Minusgeschäft – und damit alles andere als eine rentable Altersvorsorge. Sehen wir uns die einzelnen Versicherungsformen genauer an.

Lebens- oder Rentenversicherungen?

Die Begriffe Lebensversicherung und Rentenversicherung werden häufig synonym verwendet, denn sie funktionieren zunächst einmal nach demselben Prinzip: Du zahlst über mehrere Jahre monatlich einen Beitrag ein. Die Versicherung legt dieses Geld für dich an und gibt dir gleichzeitig das Versprechen, dir mit Eintritt in den Ruhestand bis zum Lebensende die Versicherungssumme auszuzahlen. Die Lebensversicherung, häufig auch als »kapitalbildende Lebensversicherung« bezeichnet, bietet automatisch eine Absicherung für Hinterbliebene im Todesfall.

Bei Rentenversicherungen ist dieser Risikoschutz optional.

Das angesparte Kapital inklusive eventueller Zinsen, also die Versicherungssumme, wird bei der Lebensversicherung mit Renteneintritt auf einen Schlag ausbezahlt. Das ist bei der klassischen Rentenversicherung eher untypisch – in den meisten Fällen wird die Summe scheibchenweise jeden Monat überwiesen – so wie die gesetzliche Rente. Viele Versicherungen überlassen es inzwischen aber auch ihren Kunden, ob diese eine lebenslange Rente oder eine einmalige Auszahlung erhalten möchten.

Renten- und Lebensversicherungen werben mit einem gesetzlich vorgeschriebenen Garantiezins plus einem Überschusszins auf deine Spareinlagen. Sie versprechen also, dass dein Kapital bis zur Rente prozentual an Wert gewinnen wird. Die Garantiezinsen sind allerdings sehr niedrig. Denn Lebensversicherungen investieren das Kapital ihrer Kunden fast ausschließlich in sichere Anlagen wie deutsche Staatsanleihen, um es keinem Risiko auszusetzen. So wurde der Garantiezins, den Versicherer ihren Kunden versprechen müssen, in den vergangenen Jahren immer weiter nach unten angepasst. Bis Anfang der 2000er Jahre lag er noch bei 4 Prozent – inzwischen ist er auf 0,25 Prozent abgesunken (siehe Abbildung 8 nächste Seite). Das ist kein Wert, mit dem sich Geld effektiv vermehren ließe.

Der Überschusszins soll die Sparer an Gewinnen beteiligen, sollte das Unternehmen in einem Jahr mehr erwirtschaften als erwartet. Was allerdings nur noch selten der Fall ist. Ein Grund dafür sind etliche Altkunden, in deren Verträgen tatsächlich noch Garantiezinsen von bis zu 4 Prozent vermerkt sind – und die bezahlt werden wollen, schließlich sind die Gesellschaften dazu verpflichtet. Kunden sollten mit den Überschusszinsen also nicht planen – denn ob die jemals ausgezahlt werden oder nicht, ist völlig ungewiss.

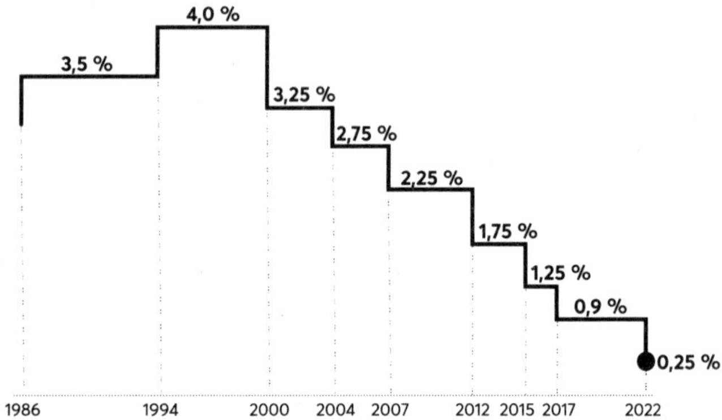

Abbildung 8: Entwicklung des gesetzlichen Garantiezinses bei Renten- und Lebensversicherungen (Quelle: GDV[14])

Aus Anlegersicht lohnen sich Lebens- und Rentenversicherung nicht. Auch wegen der Kosten: Gleich zu Anfang berechnet der Anbieter eine Abschlussgebühr, die an der gesamten Beitragssumme gemessen wird. Würde dein Vertrag also beispielsweise für 30 Jahre laufen und möchtest du jeden Monat 200 Euro einzahlen, würde deine Gesamtbeitragssumme 72.000 Euro betragen. Bei 2,5 Prozent Provision müsstest du also erst einmal fast 2.000 Euro einzahlen, ohne dass du selbst etwas davon hast. Hinzu kommen laufende Verwaltungskosten von jährlich etwa 2 Prozent. Eventuell fallen noch zusätzliche Gebühren an, etwa wenn du die Raten monatlich statt jährlich bezahlen möchtest. Falls du vorzeitig aus dem Vertrag aussteigen willst, ist eine Stornogebühr zu entrichten. Tatsächlich hält gerade einmal die Hälfte der Kunden die Lebensversicherung länger als 27 Jahre – der Rest steigt vorzeitig aus.[15] Bei all diesen Kosten bleibt von dem versprochenen Garantiezins am Ende nicht mehr viel übrig – häufig liegt er sogar im Minusbereich. Was nichts anderes bedeutet, als dass dein Geld weniger wird.

Unter Umständen kann eine private Rentenversicherung aber auch Vorteile haben. Zum Beispiel kannst du in jedem Fall davon ausgehen, dass dir bis an dein Lebensende eine Rente ausgezahlt wird – selbst wenn du 110 Jahre alt werden solltest. Eventuell kannst du auch von steuerlichen Vorteilen profitieren: Hast du vor dem Jahre 2005 eine Rentenversicherung abgeschlossen und in diese für mindestens zwölf Jahre eingezahlt, musst du nämlich keinen Cent Steuern auf deine Zusatzrente bezahlen. Bei Aktiengewinnen ist das beispielsweise nicht der Fall. Ich selbst zahle seit 2004 in eine Lebensversicherung ein – und damit lange genug, um mir die Summe irgendwann steuerfrei ausschütten zu lassen, sofern ich nicht vorzeitig kündige. Außerdem waren bei Vertragsabschluss die Zinsen noch ziemlich hoch. In einem solchen Fall kann es also sinnvoll sein, seinen Altvertrag zu behalten. Heute in ein solches Produkt einzusteigen wird sich dagegen nicht lohnen.

Was aber tun mit alten, niedrig verzinsten Verträgen? Solltest du den Vertrag kündigen oder behalten? Das hängt von deiner konkreten Situation und deinem Vertrag ab: zum Beispiel davon, bei welchem Anbieter du bist oder ob du in der Vergangenheit an Überschüssen beteiligt wurdest.

Um dir hohe Stornogebühren zu sparen, kannst du einen unrentablen Vertrag auch beitragsfrei stellen, statt ihn zu kündigen. Damit bleibt er auf dem aktuellen Vertragswert, und bei Eintritt in die Rente erhältst du all deine Einzahlungen inklusive eventueller Zinsen.

Keine Sicherheit, dafür teuer: Fondsgebundene Lebens- und Rentenversicherungen

Keinen Garantiezins, dafür aber »attraktive Renditemöglichkeiten« plus Steuervorteile versprechen fondsgebundene Lebens- oder Rentenversicherungen. Dabei handelt es sich um Investmentfonds im Mantel einer Rentenversicherung. Das gesamte eingezahlte Kapital wird in einen Fonds investiert, der wiederum Aktien oder Anleihen kauft.

Wie sich der Kurs des Fonds entwickelt, entscheidet darüber, wie hoch die Zusatzrente des Versicherten ausfallen wird. Damit steigt die Chance, dass die Renten- oder Lebensversicherung am Ende tatsächlich Gewinne erwirtschaftet. Gleichzeitig steigen aber auch die Kosten. Zusätzlich zu Provision und laufenden Verwaltungskosten wird nämlich auch der Fondsanbieter bezahlt.

Unter Umständen kann dir eine fondsgebundene Lebensversicherung Steuervorteile bieten: Lässt du dir das Kapital mit Eintritt in die Rente auszahlen, musst du dieses nur mit der Hälfte deines persönlichen Steuersatzes versteuern lassen. Allerdings gilt das nur für Versicherungen, die mindestens zwölf Jahre gehalten wurden. Ansonsten wird die übliche Kapitalertragsteuer von 25 Prozent fällig.

Doch selbst wenn der Steuervorteil bei dir greift, wäre es eine bessere Alternative, ohne zwischengeschaltetes Versicherungsunternehmen selbst in Fonds zu investieren. Damit sparst du Kosten, hast eine deutlich größere Auswahl und kannst jederzeit auf dein Kapital zugreifen. Das ist einfacher als gedacht und bringt langfristig weit höhere Erträge, wie ich dir später zeigen werde.

Riester und Rürup: Schutz vor Verlusten – und vor Rendite

Sie waren einst das, womit in Deutschland ein Paradigmenwechsel in Sachen Altersvorsorge eingeleitet werden sollte: die Modelle Riester und Rürup. Ihre Geburtsstunde liegt etwa um die Jahrtausendwende – denn schon damals wusste die Politik, dass die gesetzliche Rente kaum mehr ihren Dienst erfüllen und den Deutschen ein Auskommen fürs Alter garantieren würde.

Beginnen wir mit der Riester-Rente, deren Ruf miserabler kaum sein könnte. Die einen nennen sie einen »Rohrkrepierer«, in weiten Kreisen gilt sie zumindest als »erfolglos«. Zu Recht? Und was bedeutet es eigentlich, zu »riestern«? Die Riester-Rente ist eine private, staatlich geförderte Altersvorsorge. Nutzen können das Angebot alle Arbeitnehmer, die in die gesetzliche Rentenversicherung einzahlen, und Menschen, die mit jemandem verheiratet sind, der bereits riestert. Das dürfte beispielsweise auf einige Selbstständige zutreffen, die nicht in die staatliche Rentenkasse einzahlen. Bis zur Rente wird regelmäßig in einen Riester-Vertrag eingezahlt, was der Staat mit Zulagen belohnt. Eine Auszahlung ist frühestens mit 60 Jahren möglich. Auch die Riester-Rente garantiert anschließend eine lebenslange Rente, die sich ebenfalls aus einem Garantieteil und einem Überschussteil zusammensetzt. Und so wird das Ersparte auch beim Riestern mit angezogener Handbremse investiert – und fließt fast ausschließlich in solche Geldanlagen, die nicht in ihrem Wert schwanken. Mit einer fulminanten Rendite können also auch Riester-Sparer nicht rechnen.

Ab einer bestimmten Sparquote haben einige Anspruch auf die staatlichen Förderungen – darunter jährliche Zuschüsse für die Erziehung von Kindern oder Steuererleichterungen. Als ziemlich unflexible, teure und dazu unrentable Form der Altersvorsorge ist die Riester-Rente für Anleger aber uninteressant. Gleiches gilt für die Rürup-Rente, die Schwester der Riester-Rente. Sie ist noch unflexibler als das Riester-Modell: Beispielsweise ist so ein Vertrag unkündbar, und das Geld muss am Ende scheibchenweise als Rente ausbezahlt werden. Bei der Riester-Rente dagegen besteht die Möglichkeit, sich bis zu 30 Prozent der Summe auch auf einen Schlag auszahlen zu lassen.

Doppelt hält nicht besser: Kombi-Produkte

Im Memory der Versicherungsprodukte gibt es so manche Pärchen, die Altersvorsorge und Absicherung angeblich clever miteinander vereinen sollen. Solche Kombi-Produkte versprechen sozusagen das Beste aus beiden Welten – bescheren am Ende aber vor allem der Versicherungsgesellschaft reiche Erträge. Die kapitalgebundene Lebensversicherung ist zum Beispiel so ein Kombi-Produkt: Sie verbindet Altersvorsorge mit der Risikoabsicherung im Todesfall. Es gibt auch Kombi-Produkte, die Berufsunfähigkeitsschutz und Rentenversicherung miteinander verbinden.

Solche Modelle sind so ziemlich die schlechteste Form der Versicherung, in die Menschen ihr Erspartes stecken können. Welche Kosten tatsächlich am Ende auf den Versicherten zukommen, ist kaum einsehbar, und das nicht grundlos. Hier gibt es nicht »zwei Angebote zum Preis von einem«. Jedes Produkt wird einzeln bepreist, was die Gebühren in die Höhe treibt. Hinzu kommen noch die einmaligen Abschlussgebühren. Von Kosteneinsparungen kann also nicht die Rede sein.

Kombiprodukte können auch zum Problem werden, weil sie häufig schwierig zu entkoppeln sind. Willst du beispielsweise die Berufsunfähigkeitsversicherung kündigen, weil du dir die Beiträge nicht mehr leisten kannst (oder möchtest), müsstest du gleichzeitig auch die Altersvorsorge auflösen. Das kann je nach Vertrag mit Stornogebühren verbunden sein. Oder die Steuererleichterungen entfallen, weil der Vertrag nicht lange genug lief. Soll andersherum die Rentenversicherung aufgelöst werden, würde der BU-Schutz automatisch verloren gehen, und es müsste ein neuer Vertrag abgeschlossen werden – was in fortgeschrittenem Alter deutlich höhere Kosten bedeuten kann.

Häufig übersehen wird auch, dass das Geld in privaten Lebens- oder Rentenversicherungen nicht als Sondervermögen zählt, also nicht von dem Vermögen der Versicherungsgesellschaft getrennt ist. Sollte die Versicherungsgesellschaft also ins Straucheln geraten oder gar in die Insolvenz rutschen, müssen Kunden gegebenenfalls mit massiven Einbußen rechnen.

Auf den Punkt: Warum sich Bausparen, Lebensversicherung und Co. selten lohnen

- Weder Bausparer noch Kunden einer privaten Lebensversicherung dürfen heutzutage noch reiche Guthabenzinsen erwarten, wenn sie ein solches Produkt abschließen.
- Meist bedeuten die Anlagen sogar Verluste, denn sie gleichen nicht die Inflation aus und sind mitunter sehr teuer.
- Ältere Lebensversicherungen oder Bausparverträge, die bis heute hohe Zinsen bieten, können weiterhin bespart werden oder alternativ beitragsfrei gestellt werden.
- Riester und Rürup sind staatlich geförderte Rentenversicherungen. Sie sind ähnlich aufgebaut wie private Rentenversicherungen – und ähnlich unrentabel.
- Für Geringverdiener, Alleinerziehende und Familien mit vielen Kindern können die Zulagen interessant sein, als Altersvorsorge eignen sich die Modelle aber nicht.
- Kombi-Produkte sollen die Altersvorsorge mit Versicherungen verbinden, kosten aber genauso viel oder mehr, als man eigentlich separat für die Produkte bezahlen würde. Zudem lassen sich die Mischprodukte nicht mehr entkoppeln.

- Fondsgebundene Renten- und Lebensversicherungen versprechen Erträge, weil sie das Geld ihrer Kunden am Kapitalmarkt investieren. Weil es dort zumeist in Investmentfonds fließt, sind die Kosten noch einmal höher – wovon eventuelle Renditen zunichtegemacht werden.

4

Immobilien – der steinige Weg zum Wohlstand

Es überrascht nicht, dass die Immobilie im Ranking um die beliebtesten Geldanlagen regelmäßig auf dem Siegertreppchen steht. Aktien, Anleihen und andere Wertpapiere sind bis auf ein paar nackte Zahlen im Computer »unsichtbar« und dadurch wenig greifbar. Während die Immobilie, ein reales Konstrukt aus Beton und Stahl, auf den ersten Blick sehr viel mehr Vertrauen erweckt. In Häusern und Wohnungen haben die Menschen schon vor 2.000 Jahren gelebt, und wir nutzen sie tagtäglich: um in ihnen zu wohnen, zu arbeiten, zu essen, um Freunde einzuladen oder Urlaub darin zu machen. Und dann sind da noch die ständigen Beteuerungen von Verwandtschaft, Bekanntschaft und der Immobilienwirtschaft, dass eine Immobilie die beste Investition überhaupt sei. Höchste Zeit, sich das angebliche Betongold genauer anzusehen.

Mieten oder kaufen? Die große Frage

Jeden Monat bezahlen wir jemanden dafür, dass wir in seinen vier Wänden wohnen dürfen. Ist das nicht vollkommen töricht? Wir könnten doch einfach zu unserem eigenen Vermieter werden und statt Miete zu zahlen die eigene Immobilie finanzieren. Zumal Immobilienkredite so billig sind wie nie.

Tatsächlich kann es sich lohnen, eine Immobilie zu kaufen, statt zu mieten. In vielen Fällen stehst du als Mieter aber am Ende finanziell besser da. Es genügt nämlich nicht, die monatliche Miete mit der monatlichen Rate zu vergleichen, mit der der Immobilienkredit abbezahlt wird. Denn beim Immobilienkauf fallen noch viele zusätzliche Kosten an: Nebenkosten gleich beim Kauf, Kreditzinsen, Reparatur- und Renovierungskosten dann im Laufe der Jahre.

Schauen wir uns zwei unterschiedliche Szenarien an, um zu verstehen, dass die Frage »Mieten oder kaufen« von etlichen Einflussfaktoren abhängt – und gar nicht pauschal zu beantworten ist. Dafür berechnen wir mithilfe unseres »Mieten oder Kaufen«-Rechners,[16] was sich aus finanzieller Sicht mehr lohnt: Der Immobilienkauf, bei dem zwar die monatliche Miete entfällt, dafür aber Kauf, Instandhaltung, Reparaturen etc. finanziert werden müssen. Oder doch die Mietwohnung, wobei gleichzeitig ein gewisser Betrag über Jahre am Aktienmarkt mit einer jährlichen Rendite von 5 Prozent investiert wird.

Szenario 1: René Eberhard wohnt aktuell in Köln zur Miete. Für seine Zweizimmerwohnung zahlt er jeden Monat 1.000 Euro kalt – und spielt mit dem Gedanken, eine eigene

Wohnung zu kaufen. Gespart hat er bereits 20.000 Euro, und von seinem Gehalt könnte er jeden Monat 1.300 Euro fürs Wohnen aufwenden. René hat jetzt die Wahl: Entweder er wird zum Immobilienkäufer und verwendet die vollen 1.300 Euro, um den Wohnungskauf zu finanzieren. Oder er wohnt weiterhin zur Miete und investiert die überschüssigen 300 Euro (1.300 minus 1.000 Euro Miete) jeden Monat an der Börse, wofür er im Schnitt 5 Prozent Rendite pro Jahr bekommt.

René hat bereits ein Objekt im Blick. Der Preis für die Wohnung beträgt 250.000 Euro plus 25.000 Euro Nebenkosten. Die ganze Transaktion muss schließlich vom Makler begleitet, im Grundbuch vermerkt und vom Notar beurkundet werden. Solche Erwerbsnebenkosten fallen bei jedem Immobilienkauf an und betragen in der Regel 10 Prozent vom Kaufpreis.

Renés Objekt ist recht neu und in einem sehr guten Zustand, also kalkuliert er mit 1,5 Prozent Instandhaltungskosten, 3.750 Euro pro Jahr (12 × 312,50 Euro). Von der Bank bekäme er ein 26 Jahre laufendes Darlehen, für das pro Jahr 1,5 Prozent Zinsen fällig würden. Die monatliche Darlehensrate wäre 987,50 Euro – und damit etwas weniger, als er aktuell für seine Mietwohnung bezahlt. Würde René nach 30 Jahren also finanziell besser dastehen, wenn er jetzt eine Immobilie kauft? Man möchte davon ausgehen. Aber die Berechnung in Abbildung 9 auf der nächsten Seite zeigt: Nein. Nach 30 Jahren hätte der mietende René 28.470 Euro mehr Kapital als der kaufende René. Wie ist das möglich?

Würde René zur Miete wohnen bleiben und sich sowohl Instandhaltungskosten als auch Kaufnebenkosten und Kreditzinsen sparen, könnte er den Rest seines »Wohngeldes«, also die 300 Euro, am Kapitalmarkt investieren. Nach 30 Jahren könnte er sein Gesamtvermögen so auf 332.048 Euro steigern, als Immobilienkäufer »nur« auf 303.578 Euro, wenn man den Wert der Wohnung hinzurechnet.

Angaben zum Kaufen

Kaufpreis der Immobilie		250.000 €
Kaufnebenkosten		10 %
Instandhaltungskosten der Immobilien		1,5 %
Monatliche Instandhaltungskosten		312,50 €
	Kauf	**Miete**
Eigen-/Anfangskapital	20.000 €	20.000 €
Kaufpreis inkl. Kaufnebenkosten	275.000 €	
Erforderliches Darlehen (zu 1,5 %)	255.000 €	
Monatliche Darlehensrückzahlung	987,50 €	
Laufzeit des Darlehens	26 Jahre	
Summe des Einkommens zum Wohnen	468.000 €	468.000 €
Summe Miete (exkl. Nebenkosten)		**-360.000 €**
Erhaltene Kapitalerträge (5 % p.a.)	5.252 €	204.048 €
Summe Instandhaltungskosten	**-112.500 €**	
Summe der Darlehnenszinsen	**-52.174 €**	
Summe Tilgungszahlungen	**-255.000 €**	
Immobilienwert	250.000 €	
Vermögen am Ende der 30 Jahre	303.578 €	332.048 €
Finanzieller Vorteil beim Mieten	**-28.470 €**	**28.470 €**

Abbildung 9: Beispielszenario 1, kaufen oder mieten

Denn durch seine Investitionen am Kapitalmarkt hätte René dank des Zinseszinseffekts mehr als 210.000 Euro an Aktiengewinnen gemacht.[17] Wir haben der Einfachheit halber mit einer monatlichen Sparrate von 300 Euro gerechnet – in der Realität müssten von diesen 300 Euro natürlich noch Kosten für Strom, Wasser, Heizung und Co. abgezogen werden. Weil solche Nebenkosten jedoch auch bei der Eigentumswohnung anfallen, haben wir für dieses Beispiel die Kaltmiete herangezogen. Auch haben wir darauf verzichtet, Wertsteigerungen und Mietpreissteigerungen mit einzukalkulieren, um an dieser Stelle nicht den Rahmen zu sprengen.

Und doch zeigt das Beispiel sehr gut: Zu mieten muss keineswegs bedeuten, »Geld aus dem Fenster zu werfen«, wie es gerne heißt.

Szenario 2: Verändern wir die Ausgangslage ein klein wenig. Angenommen, René zahlt für seine Mietwohnung in Köln 1.100 Euro kalt (also 100 Euro mehr als in Szenario 1). Bei ansonsten gleichen Bedingungen würde er nach 30 Jahren knapp 54.000 Euro mehr Vermögen aufbauen, wenn er stattdessen in seiner selbst finanzierten Eigentumswohnung wohnen würde. Über die 30 Jahre hätte er sich fast 400.000 Euro Miete gespart. Nach Rückzahlung des Kredits hätte er ebenfalls Geld am Aktienmarkt investiert und so (zumindest) um die 5.000 Euro Gewinn gemacht. Das ist zwar weit weniger als die 160.000 Euro, die der mietende René in der Zeit erwirtschaftet hätte, zusammen mit der finanzierten Immobilie käme er aber auf ein höheres Endvermögen. Es hätte sich bei einem Mietpreis von 1.100 Euro im Monat also tatsächlich gelohnt, die hohen Transaktions- und Kaufnebenkosten in Kauf zu nehmen und in die eigenen vier Wände zu ziehen. Genauso gut hätte es aber auch anders laufen und zum Beispiel die Instandhaltung viel teurer ausfallen können – jedoch weiß man so etwas meist erst nach vielen Jahren.

Noch eine kleine Anmerkung: Unser Rechner bezieht natürlich längst nicht alle Faktoren ein, die die Frage »Mieten oder kaufen« beeinflussen, sondern ist sehr simpel gehalten. Was ich an den genannten Rechenbeispielen veranschaulichen möchte, ist ganz einfach: Ob Kaufen oder Mieten die bessere Wahl ist, kommt auf den spezifischen Fall an und hängt von unzähligen individuellen Bedingungen ab. Und doch gibt es Argumente für und gegen die Immobilie als Geldanlage.

Die Immobilie als Zwangssparvertrag

Wer ein Haus oder eine Wohnung per Kredit finanziert, und das tun die allermeisten Käufer, hat gar keine andere Wahl, als diesen Monat für Monat abzubezahlen (und somit sein Eigenkapital an der Immobilie zu erhöhen). Er schließt also eine Art Zwangssparvertrag mit der finanzierenden Bank ab. In gewisser Weise könnte man das tatsächlich als Argument für den Immobilienkauf werten, denn lange dabeizubleiben und Durchhaltevermögen zu beweisen, ist mit die wichtigste Voraussetzung, um ein Vermögen aufzubauen. Und doch hinkt die Argumentation, da man mit etwas eigener Disziplin in den meisten Fällen sein Geld intelligenter vermehren kann. Mit dem richtigen System erfordert auch die Anlage am Kapitalmarkt keine Selbstdisziplin.

Der subventionierte Kauf

Gar nicht ungewöhnlich ist der Fall, dass die Eltern oder Großeltern unbedingt den Immobilienkauf ihrer Nachfahren ins Rollen bringen möchten und großzügige Unterstützung in Aussicht stellen. Geschieht dies nur unter der Prämisse, dass das Geld auch wirklich in ein Eigenheim fließt, kann es sinnvoll sein, darauf einzugehen. Lassen sich mit den Zuschüssen der Verwandtschaft etwa schon Nebenkosten und ein großer Teil der anfallenden Zinsen kompensieren, ist ein Immobilienkauf nicht die dümmste Idee.

Auch dann solltest du dir darüber im Klaren sein, dass zumindest in den vergangenen 50 Jahren Mieter oftmals mehr Rendite erzielt haben als Besitzer von Wohnimmobilien – wenn sie ihr Geld stattdessen in Aktien und Anleihen investiert haben. Das hat der Vermögensverwalter Gerd Kommer festgestellt, indem er die durchschnittlichen jährlichen Renditen von Wohnimmobilien zwischen 1970 und 2020 mit denen von Aktien und Anleihen verglichen hat.[18] Vor allem, wer in den 1980er oder 1990er Jahren ein Eigenheim erworben hat, steht heute im Schnitt finanziell schlechter da, als wenn er weiter zur Miete gewohnt und nebenbei investiert hätte. Mit dem neuen Jahrtausend hat sich der Wind gedreht, wie seine Berechnungen zeigen: Der durchschnittliche Immobilienkäufer hätte zum Beispiel sowohl zwischen 2000 und 2020 als auch zwischen 2010 und 2020 ein besseres Geschäft gemacht als ein Mieter. Zu erklären ist das in erster Linie mit den zuletzt ungewöhnlich stark gestiegenen Immobilienpreisen in Deutschland bei gleichzeitig niedrigen Immobilienzinsen.

Kostenfalle Instandhaltung

Kosten für Reparaturen und Ausbesserungen können vor allem Jahre nach dem Kauf stark ins Gewicht fallen. Wir haben in unseren beiden Beispielen mit Instandhaltungskosten von 1,5 Prozent pro Jahr gerechnet. Das ist der Durchschnittswert für neue Immobilien. Bei älteren Gebäuden, also beispielsweise der Altbauwohnung in der Stadt, aber auch bei besonders hochwertigen Immobilien und freistehenden Einfamilienhäusern, sollte eher mit 2 bis 3 Prozent pro Jahr geplant werden. Und auch dieser Wert ist lediglich eine Orientierungshilfe. Denn wie oft die Dachdeckerfirma in den nächsten 50 Jahren anrücken muss, wie viel Wartung die Heizungsanlage braucht, wie viele Fassadenanstriche notwendig sind oder ob die Fenster einmal neu verdichtet werden müssen, lässt sich nur mutmaßen. Die Kosten werden von vielen Eigenheim-Käufern gern unterschätzt.

Die paradiesische Vorstellung vom »mietfrei wohnen im Alter« ist also nicht mehr als ein Mythos. Selbst wenn die Immobilie abbezahlt ist, fallen nach wie vor Ausgaben an.

Die Immobilie als Klotz am Bein

Ja, die eigenen vier Wände zu bewohnen fühlt sich gut an. Man hat die maximale Gestaltungsfreiheit und schafft etwas Bleibendes, das später mal vererbt werden kann. Eine Immobilie macht aber auch unflexibel. Über Jahrzehnte muss sie abbezahlt werden – das Geld anderweitig zu verwenden ist keine Option. Eine Immobilie wieder loszuwerden ist nicht immer einfach. Einen Käufer zu finden gelingt außerhalb der Toplagen oftmals nur mit professioneller Hilfe. Sofern die Immobilie noch nicht abbezahlt ist, aber bereits weiterverkauft und mit den Einnahmen das Darlehen aufgelöst werden soll, kann die Bank dafür einen finanziellen Ausgleich fordern, eine sogenannte Vorfälligkeitsentschädigung. Mitunter kann das Zusatzkosten von mehreren Tausend Euro bedeuten. Und ja, so ein ungeplanter Verkauf kann notwendig sein. Zum Beispiel, wenn du nach ein paar Jahren feststellst, dass das Haus im Grünen doch nicht das Richtige ist und du lieber in der Stadt wohnen möchtest. Oder einer von zwei Partnern plötzlich ein Jobangebot am anderen Ende der Bundesrepublik annimmt. Vielfach passt die Immobilie auch flächenmäßig irgendwann nicht mehr zu den eigenen Vorstellungen. Sie wird zu klein, weil sich Nachwuchs anbahnt, oder zu groß, wenn die Kinder aus dem Haus sind. Solche Überlegungen müssen dich nicht an der Investition in ein Eigenheim hindern. Sie ist aber für viele Menschen eine lebensverändernde Entscheidung, die gut durchdacht sein sollte.

Bleibt nach Ablauf des Darlehens eine Restschuld übrig, muss gegebenenfalls ein neues Darlehen aufgenommen werden. Die Zinssätze können dann deutlich höher liegen als noch zehn oder 15 Jahre zuvor – und den Käufer möglicherweise mit einer neuen Kreditrate belasten, die er eigentlich nicht tragen kann.

Mieten oder kaufen: eine Frage des Lebensstils

Um sich ein sicheres Auskommen fürs Alter zu schaffen, eignet sich eine Immobilie nur in bestimmten Fällen. Viel entscheidender ist eine andere Frage: Wie möchtest du leben?

»Mieten oder kaufen?« ist weniger eine finanzielle Frage. Es ist eine Frage des Lifestyles. Du kannst noch so viel rechnen und mit Kalkulations-Tools experimentieren – das Ganze ist auch eine emotionale Entscheidung. Ist es dein innigster Traum, morgens über deinen selbst verlegten Parkettboden zu laufen und nachmittags in deinem Garten zu liegen? Eine Terrasse anzulegen oder eine Wand durchzubrechen, ohne den Vermieter danach fragen zu müssen? Suchst du nach einem Lebensprojekt und schlägst nicht direkt die Hände über dem Kopf zusammen, wenn die Gastherme den Geist aufgibt oder der Putz von den Wänden blättert? Ist dein Wunsch nach freier Entfaltung und deinem eigenen Ding so groß, dass du bereit bist, ein Leben lang darin zu investieren? Wenn du all diese Fragen innerlich mit Ja beantwortet hast, kannst du zu dieser emotionalen Entscheidung stehen. Du hast es nicht nötig, sie dir schönzurechnen. Einige ganz sachliche Aspekte solltest du trotzdem bedenken, damit die eigenen vier Wände nicht zum finanziellen Albtraum werden.

Ein Immobilienkauf ist oft eine Entscheidung fürs Leben. Es bedeutet, dass dein Erspartes über Jahrzehnte in eine Investition fließt, von der zu Beginn nicht klar ist, ob sie sich finanziell lohnt. Kannst du sicher sein, genügend Rücklagen für unerwartete Ausgaben gebildet zu haben? Könnt ihr als Paar die monatlichen Tilgungsraten auch begleichen, wenn einer von beiden in Teilzeit geht oder für ein paar Jahre komplett ausfällt? Wird die Finanzierung definitiv abgeschlossen sein, wenn du in Rente gehst?

Bist du bereit dazu, all die Verpflichtungen und Unberechenbarkeiten eines Eigenheims zu tragen, und jetzt schon sicher, in den nächsten Jahren zum Immobilienbesitzer werden zu wollen, dann solltest früh mit der Planung anfangen. Konkret bedeutet das: Baue Eigenkapital auf und lege monatlich eine Sparrate zur Seite, sodass du beim Kauf aus eigener Kraft mindestens die Kaufnebenkosten und 20 bis 30 Prozent des Kaufpreises begleichen kannst. Vor allem solltest du nichts überstürzen und geduldig an die Sache herangehen. Das richtige Objekt will sorgfältig ausgesucht und begutachtet werden. Es muss dir nicht nur jetzt gefallen, sondern auch langfristig zu deinen Plänen passen.

Eine Immobilie vermieten und nebenbei Geld verdienen?

Viele Menschen kaufen eine Immobilie als Anlageobjekt. Ihre Überlegung dabei: Als Mieter behalten sie ihre Flexibilität, der Kredit wird mit den laufenden Mieteinnahmen abbezahlt. Und in ein paar Jahren könnte man vielleicht selbst einmal in das Eigentum einziehen. Am Ende soll sich die Investition meist auch finanziell rentieren: entweder indem die monatlichen Mieteinnahmen nicht nur die Finanzierung ausgleichen, sondern auch zum Vermögensaufbau beitragen – oder indem das Objekt später zu einem höheren Preis weiterverkauft wird. Schaut man sich die Wertsteigerung der vergangenen zehn Jahre in deutschen Metropolregionen an, scheint das machbar: In München sind die Preise für Wohnungen und Häuser um 60 Prozent gestiegen, in Berlin haben sie sich mehr als verdoppelt.

Attraktiv erscheint auch, dass sich mit Immobilien kräftig Steuern sparen lassen: Jegliche Ausgaben für die Instandhaltung, Grundstückskosten, Ausgaben für die Gebäudeabschreibung und sogar die Zinsen aus der Finanzierung können als Werbungskosten abgesetzt werden. Klingt, als könnte nicht viel schiefgehen. Tatsächlich ist das Gegenteil der Fall, und selten läuft es so glatt wie beschrieben. Denn auch Immobilien als Renditeobjekte bringen einige bedeutende Nachteile und Risiken mit sich – und sind alles andere als ein sicherer Sechser im Lotto.

Das Klumpenrisiko von Immobilien. Eine einzelne Immobilie zu kaufen und zu vermieten kann Verluste bedeuten. Für Großinvestoren, die Zigtausende Immobilien gleichzeitig erwerben, stellt das kein größeres Problem dar, sie leben von einer Mischkalkulation. Als Privatvermieter aber erwirbst du zunächst einmal nur ein Objekt – und damit setzt du alles auf eine Karte. Im Banken- und Finanzjargon würde man hier von einem Klumpenrisiko sprechen. Also einem hohen Verlustrisiko, das dadurch zustande kommt, dass das Investment aus nur wenigen Vermögenswerten besteht – in diesem Fall aus einer einzelnen Immobilie. Willst du mit deiner Vermietungsimmobilie tatsächlich Gewinne erwirtschaften, dann darf in den nächsten 30 oder 40 Jahren nichts Ungeplantes passieren. Dieses Risiko ist nicht zu unterschätzen.

Vermietung ist ein Zweitjob. Du solltest das Vermieterdasein nicht mit einer entspannten Nebenbeschäftigung verwechseln, mit der sich mühelos Geld verdienen lässt. Sobald du eine Immobilie kaufst und zum Renditeobjekt machst, wirst du im Grunde genommen zum Immobilienunternehmer. Das ist ein zusätzlicher Job, für den du Fachwissen brauchst, vor allem aber Zeit: Als Vermieter setzt du Inserate auf, triffst potenzielle Mieter, wirst angerufen, wenn der Wasserhahn tropft, nimmst an Eigentümerversammlungen teil, machst jährliche Nebenkostenaufstellungen, engagierst Handwerksfirmen oder übernimmst Renovierungen gleich selbst. Diesen zeitlichen (und nervlichen) Aufwand solltest du nicht außen vor lassen, wenn du dich fragst, ob sich der Immobilienkauf lohnt.

Regelmäßige Mieteinnahmen sind nicht garantiert. Dass dein Objekt lückenlos über Jahrzehnte zu einem guten Mietpreis bewohnt wird, ist eher unwahrscheinlich. Je nachdem, wie sich der Immobilienmarkt und die Gegend, in der sich deine Wohnung befindet, entwickeln, kann es auch mal zu kürzeren oder längeren Phasen des Leerstands kommen. Und so kann es passieren, dass deine Einnahmen nicht mehr die monatlichen Kreditraten ausgleichen. Deine Bank wird dieses Problem herzlich wenig interessieren.

Ernüchternde Wertsteigerungen. »Gewohnt wird immer« lautet ein beliebtes Totschlagargument der Immobilienbranche. Und es klingt erst einmal plausibel, steigen doch die Immobilienpreise seit einigen Jahren kräftig: Zwischen 2016 und 2020 haben die Preise für deutsche Wohnimmobilien im Schnitt und nach Inflation um ganze 7,4 Prozent pro Jahr angezogen.[19] Nur sollte man sich von diesem kurzen Blick in die Vergangenheit nicht täuschen lassen. Denn über die gesamten letzten 50 Jahre waren die Wertsteigerungen längst nicht so spektakulär, wie man annehmen möchte. Von 1970 bis 2020 betrug die jährliche Wertsteigerung deutscher Wohnimmobilien gerade einmal 0,6 Prozent.[20] So eine eher ernüchternde Zahl ist zum Beispiel damit zu erklären, dass Deutschland eben nicht nur Berlin, Hamburg und München ist. Es gibt auch Anhalt-Bitterfeld, Bochum, Wilhelmshaven oder Suhl – allesamt Städte und Regionen, wo Immobilien in den vergangenen Jahren durchschnittlich an Wert verloren haben. Wie sich die Preise in einer Stadt, einem Viertel oder einer Straße entwickeln, kann heute niemand vorhersagen. Wäre es bekannt, würden alle dort ihr Häuschen bauen oder die Eigentumswohnung kaufen.

Kosten sind nicht kalkulierbar. Wie bei einer selbst genutzten Immobilie, ist auch bei dem Renditeobjekt schwer berechenbar, welche Reparaturen, Renovierungen und sonstigen Maßnahmen zur Instandhaltung über die Jahre anfallen werden. Zudem weißt du nicht, wie die Mieterseite mit deinen vier Wänden umgeht: was so in die Abflüsse wandert, wie viele Zigaretten sich über die Jahre in der Tapete verewigen oder wie viel der Bewohner von regelmäßigem Lüften hält.

Politische Veränderungen. 10, 20 oder 30 Jahre sind eine lange Zeit – in der sich für gewöhnlich auch politisch einiges tun kann. Neue Gesetze können massive Konsequenzen für private Vermieter haben, wie das jüngste Gerangel um den Berliner Mietendeckel gezeigt hat. Das Vorhaben ist letztendlich gescheitert – Tausende von Immobilienbesitzern aber hatten im Geiste schon das Vermieterdasein an den Nagel gehängt. Denn wäre das Gesetz nicht gekippt worden, hätte das für viele bedeutet, ihre monatlichen Kosten nicht mehr stemmen zu können. Auch die heute geltenden steuerlichen Privilegien von Immobilienbesitzern müssen nicht ewig Bestand haben.

Konkurrenz mit den Großen. Auch wenn es vielerorts scheinen mag, als vermiete sich eine Wohnung von selbst, ganz egal, welchen Mietpreis man dafür aufruft, ist der Immobilienmarkt letztlich ein Wettbewerb. Und der wird vor allem von Immobilien- und Wohnungskonzernen dominiert, die Hunderttausende Wohnungen besitzen und dadurch in der Lage sind, ihre Objekte zu einem günstigeren Preis anzubieten und instand zu halten als der private Kleinvermieter von nebenan. Denn gewerbliche Vermieter können von der Finanzierung bis zur Versicherung und Instandhaltung eine Menge Kosten sparen – sei es, weil sie Material und Dienstleistungen in Masse einkaufen, oder weil sie sich als professionelle Immobilieninvestoren die Beratung durch den Makler sparen können. Beim Buhlen um zahlende Mieterschaft starten private Vermieter also von Beginn an auf der schlechteren Position.

Anteilsschein statt Eigenheim: andere Wege, in Immobilien zu investieren

Sein Geld in Beton zu investieren ist nicht mal eben über die Bühne gebracht und dazu mit sehr vielen Unwägbarkeiten verbunden. Der Direktkauf, den wir bereits an zwei Beispielen geschildert haben, ist aber nicht die einzige Möglichkeit, sein Erspartes in Immobilien anzulegen. Denn das geht auch indirekt und teilweise deutlich risikoärmer. Viele Gefahren des direkten Kaufs einer einzelnen Immobilie kannst du durch ein indirektes Investment eliminieren, zum Beispiel das Klumpenrisiko oder die nicht prognostizierbaren

Kosten für Instandhaltung. Um indirekt zu investieren, gibt es verschiedene Produkte: Immobilienfonds, Immobilien-Investment per Crowdfunding, Aktien-Invest bei Immobilienunternehmen. Gehen wir sie nacheinander durch.

Immobilienfonds

Immobilienfonds sind die wohl prominenteste Form, in Immobilien zu investieren, ohne die Objekte selbst zu kaufen. Man unterscheidet zwischen geschlossenen und offenen Fonds. Bei beiden Fondsarten überlassen die Investoren für mehrere Jahre ihr Erspartes dem Fondsmanagement, das daraufhin Anteile von Immobilien kauft: von Bürokomplexen, Shoppingmalls oder auch Wohnimmobilien. Über die Laufzeit hinweg werden die Anleger an den Gewinnen beteiligt, die die Investmentgesellschaft durch Vermietung, Verpachtung oder Veräußerung erzielt. Dieses Geschäftsmodell beschert am Ende vor allem den Fondsgesellschaften Profit. Für Anleger gibt es viele Unsicherheiten, weswegen ich von dieser Anlageform abraten würde.

Geschlossene Fonds haben gleich mehrere Haken: Bis Ende der Laufzeit kann man in keinem Moment auf sein Geld zugreifen – selbst dann nicht, wenn der Fonds Verluste einfährt. Er ist schließlich »geschlossen«. Wohin das Geld der Investoren genau fließt, ist häufig unklar. Nicht selten handelt es sich dabei um eine einzige Immobilie – womit wir wieder beim Klumpenrisiko wären. Geschlossene Immobilienfonds werden nicht an der Börse gehandelt, daher sind sie keiner Aufsichtsbehörde unterstellt. Die Verkaufsprospekte sind unübersichtlich, die Kosten kaum einzusehen und genauso wie die Provisionen sehr hoch. Dies ist auch der Grund, warum Strukturvertriebe die geschlossenen Fonds eine Zeit lang gerne im Produktportfolio geführt haben. Geschlossene Immobilienfonds sind damit ausgesprochen ungeeignet, um für die Zukunft vorzusorgen.

Offene Immobilienfonds gibt es nur in Deutschland. Sie funktionieren grundsätzlich nach demselben Prinzip. Auch hier wird Geld von Investoren eingesammelt und anschließend in Immobilienprojekte investiert. Offene Immobilienfonds sind an der Börse notiert und dadurch regulierter als das geschlossene Pendant. Doch auch sie haben elementare Nachteile: Ursprünglich konnten Anleger ihre Anteile jederzeit an die Fondsgesellschaft zurückgeben. Seit der Finanzkrise 2008, als zahlreiche Anleger ihre Fonds loswerden wollten, ist das nur noch eingeschränkt möglich. Die meisten Fonds mussten damals geschlossen werden, und die Investoren konnten ihre Anteile nur sehr begrenzt und gegen hohe Abschläge über die Börse wieder verkaufen. Ein solcher – eigentlich offener – Fonds war es auch, zu dem ich während meiner Zeit als Strukturvertriebler meiner Mutter geraten hatte. Seitdem müssen offene Fonds mindestens zwei Jahre gehalten werden. Sie sind also ebenfalls unflexibel, während die Kosten ähnlich hoch sind wie bei geschlossenen Fonds. Für die Geldanlage sind sie daher untauglich.

Immobilien-Investment per Crowdfunding

In letzter Zeit ist es in Mode gekommen, sich einem »Schwarm« anzuschließen, um in Immobilien zu investieren – und zum »Crowdinvestor« zu werden. Zusammen mit vielen anderen Anlegern vertrauen Crowd-Investoren ihr Geld einer Plattform an, die auf die Finanzierung von

Immobilienprojekten spezialisiert ist. Mit dem Geld der Anleger wird ein spezielles Projekt finanziert – also beispielsweise die Neubau-Wohnanlage in der Bremer Vorstadt oder ein Bürogebäude in der Frankfurter Innenstadt. Anbieter solcher Crowdinvesting-Projekte werben mit Zinsen zwischen 3 und 6 Prozent, teilweise mehr. Die Zinssätze werden vorher festgelegt und nach der Laufzeit an die Anleger ausgeschüttet. Was auf den ersten Blick vielversprechend klingt, birgt aber häufig ein enormes Risiko für die Anleger: In nicht wenigen Fällen kommt es gar nicht erst zur Ausschüttung. Immer wieder platzen Vorhaben, Projektentwickler gehen pleite, und Anleger müssen um ihr Geld bangen – denn sie werden in Insolvenzfällen als Letztes bedient. Für Aufsehen sorgte beispielsweise 2017 ein Fall in Berlin: Knapp 300 Privatinvestoren hatten zusammen 1,25 Millionen Euro über eine Crowdinvesting-Plattform in die Realisierung von Mikro-Apartments gesteckt, wofür ihnen sieben Prozent Zinsen pro Jahr versprochen wurden. Etwa ein Jahr später meldete das Projektunternehmen Insolvenz an, und seit 2018 ist das Verfahren abgeschlossen: Alle betroffenen Anleger haben ihr investiertes Geld verloren.

Vergleicht man die potenzielle Rendite mit den Risiken, dann ist Immobilien-Investment per Crowdfunding nicht zu empfehlen.

Aktien-Invest in Immobilienunternehmen

Indirekt in Immobilien investieren kannst du auch noch auf einem anderen Weg: über Immobilienaktien. Bei Immobilien-Aktiengesellschaften handelt es sich um börsennotierte Unternehmen wie Vonovia, die Deutsche Euroshop oder die US-amerikanische Immobilien-Holding Simon Property, die Geld damit verdienen, dass sie Immobilien kaufen und verkaufen, bewirtschaften oder renovieren. Tatsächlich ist das die bequemste und attraktivste Art, indirekt von der Wertsteigerung von Immobilien zu profitieren. Wir kommen später dazu, wie das genau funktioniert.

Auf den Punkt:
Immobilien als Investment

- Auf die Frage »Mieten oder kaufen« gibt es keine allgemeingültige Antwort, denn es hängt von unzähligen individuellen Faktoren ab, welcher Weg wirtschaftlich gesehen der bessere ist.
- Finanziell kann es sich auszahlen, in der eigenen Immobilie zu wohnen, doch in vielen Fällen tut es das nicht.
- Welche Kosten beim Direktkauf von Immobilien anfallen, ist vorher schwer kalkulierbar: Baukosten und Zinsen können steigen, die Instandhaltung kann teurer werden als gedacht, Mängel können überraschend und mehrfach auftreten.
- Ist dein Wunsch nach einem Eigenheim so groß, dass du all diese Unwägbarkeiten gern in Kauf nimmst, kannst du dem nachgeben. Denn ob du eine Immobilie kaufen solltest, ist primär eine Lebensstilentscheidung.

- Falls du kaufen möchtest, solltest du dich früh vorbereiten, Rücklagen bilden und verschiedene Szenarien wie eine Anschlussfinanzierung einplanen.
- Immobilienfonds sind riskant, unflexibel und mit unnötigen Kosten verbunden. Daher sind sie für die Geldanlage nicht zu empfehlen.
- Immobilien-Investment per Crowdfunding ist riskant und daher wenig geeignet.
- Wenn du Aktien von Immobilienunternehmen an der Börse kaufst, umgehst du die Kosten und Risiken des Direktkaufs. Das ist die einfachste und attraktivste Form, an der Wertentwicklung von Immobilien zu partizipieren.

5

Aktien – wie du die Börse für dich nutzen kannst

Aktien sind Teufelszeug, von dem man besser die Finger lässt, möchte man sich nicht komplett ruinieren. Dieses Vorurteil ist uralt, aber längst nicht passé. Befeuert wird es immer wieder von aufwühlenden Hollywood-Wallstreet-Streifen, die seit Jahrzehnten die immer gleichen Bilder transportieren: vom Aktienhändler als durchtriebenem Scheusal im 2.000-Dollar-Anzug und der Börse als spekulativer Zockerbude. Gewissermaßen ist an diesen Klischees sogar etwas dran. Sich blind ins Aktiengeschäft zu stürzen gleicht dem Gang ins Casino. Stellt man es jedoch richtig an, sind Aktien eine wunderbare und sichere Form der Altersvorsorge.

Was ist eine Aktie?

Jede Firma hat einen Eigentümer. Der kleine Bäckerladen gegenüber genauso wie der Blumenladen um die Ecke. Es gibt auch Unternehmen, die haben viele Eigentümer, manche gehören Tausenden Menschen gleichzeitig: Aktiengesellschaften. Bei Aktiengesellschaften ist das Grundkapital in viele kleine gleich große Anteile zerlegt:, in Aktien. Wer eine oder mehrere Aktien erwirbt, wird zum Miteigentümer des Unternehmens.

Wahrscheinlich nutzt auch du Tag für Tag Produkte von Aktiengesellschaften. Vielleicht liegt vor dir dein iPhone der Firma Apple, und Vodafone stellt deine Internetverbindung. Vielleicht wirst du gleich in deine Adidas-Turnschuhe schlüpfen, mit deinem VW Golf durch die Stadt fahren oder deine Amazon-Bestellung bei der Deutschen Post abholen. Statt als Konsument lediglich Geld für solche Dienstleistungen und Produkte zu bezahlen, könntest du auch jedes Mal daran mitverdienen, wenn einem dieser börsennotierten Unternehmen ein Erfolg gelingt: indem du Aktien kaufst. Sich an Unternehmen zu beteiligen ist längst nicht nur vermögenden Privatinvestoren vorbehalten. Du und ich können bereits für wenige Euro einen Teil einer Firma erwerben und somit Miteigentümer werden. Dieses Konzept begeistert mich bis heute.

Was es bedeutet, Aktionär zu sein

Als Aktionär hast du im Prinzip dieselben Rechte wie jemand, der als Miteigentümer in die Bäckerei gegenüber einsteigt: Die meisten Aktien gewähren dir ein Stimmrecht bei wichtigen Entscheidungen, und du wirst an den Gewinnen beteiligt.

Beginnen wir mit dem Mitspracherecht: Einmal im Jahr findet die Hauptversammlung einer Aktiengesellschaft

(AG) statt. Dort wird – bei Fingerfood und Getränken – über wichtige Unternehmensentscheidungen abgestimmt. Auch wenn der Vorstand einiges alleine beschließen darf, muss er doch bei großen Entscheidungen seine Aktionäre mit einbeziehen. Wie viel deine Stimme zählt, hängt davon ab, welche Anzahl von Aktien du gekauft hast und wie viele Aktien es insgesamt gibt. Es gibt auch Aktienklassen, die kein Stimmrecht gewähren (Vorzugsaktien), im Gegenzug aber oft eine etwas höhere Dividende ausschütten als die Aktien mit Stimmrecht.

Als Aktionär hast du in der Regel Anspruch auf Beteiligung an ausgeschütteten Gewinnen. Einige Firmen schütten jährlich einen Teil ihrer Gewinne an ihre Aktionäre aus, die sogenannten Dividenden. Andere Unternehmen verzichten darauf und reinvestieren ihre Gewinne lieber direkt in neue Forschungsprojekte oder Entwicklungen, um weiter zu wachsen. So haben beispielsweise der Online-Marktplatz Amazon und Googles Mutterkonzern Alphabet noch nie Dividenden ausgeschüttet.

Wie hoch die Dividendenzahlung ausfällt, hängt von der Höhe der Ausschüttung und der Anzahl der Aktien ab. Werden beispielsweise 10 Millionen Euro auf eine Million Aktien verteilt, ergibt das eine Dividende von 10 Euro pro Aktie.

Wie kann ich mit Aktien Geld verdienen?

Willst du mit Aktien Geld verdienen, dann geht es für dich neben den Dividenden vor allem um die Kursgewinne, die du mit deinen Aktien an der Börse erzielst. Kaufst du eine

Aktie zu einem bestimmten Kurs, also zum Beispiel zu einem Preis von 100 Euro, und sie steigt auf 150 Euro, beträgt der Kursgewinn 50 Euro. Zusammen mit der Dividende, die das Unternehmen an dich ausgeschüttet hat, bildet beides die sogenannte Aktienrendite (Kursrendite + Dividendenrendite).

Nicht alle, aber viele Aktien werden an der Börse gehandelt. Das heißt, das dahinterstehende Unternehmen ist börsennotiert. Dir als Privatanleger gibt das auch mit geringen Mitteln unkompliziert die Möglichkeit, Miteigentümer zu werden. Kaufst du Aktien an der Börse, kannst du selbst entscheiden, wie viel du bereit bist zu investieren – und jederzeit aussteigen. Solltest du keine Lust mehr auf die Anteile an einem Unternehmen haben, kannst du sie in wenigen Minuten weiterverkaufen – ohne monatelang nach einem Käufer suchen zu müssen.

Die Börse: ein Ebay Kleinanzeigen für Wertpapiere

Man kann sich die Börse vorstellen wie einen riesigen Marktplatz, der schon vor Jahrhunderten Käufer und Verkäufer zusammengebracht hat, nur moderner – eine Art überdimensionales Ebay Kleinanzeigen. Genau wie auf einem Online-Marktplatz, werden auch an der Börse Güter gehandelt. Allerdings keine gebrauchten Esstische, Fernseher oder Fahrräder, sondern Finanzmarktprodukte wie Aktien oder Anleihen. An einigen Spezialbörsen kannst du auch Rohstoffe wie Kaffee, Öl, Weizen oder Silber kaufen. Die

Börse ist dazu da, den Handel zwischen Käufern und Verkäufern zu organisieren. Gegenüber einem Portal wie Ebay Kleinanzeigen hat die Börse drei große Vorteile: Sie ist standardisiert, reguliert und äußerst effizient.

Standardisierung: Kaufst du eine Aktie eines Unternehmens, kannst du zu 100 Prozent sicher sein, genau das Gleiche für dein Geld zu bekommen wie jeder andere, der in diesem Moment einen Anteil erwirbt. Die Produkte sind in ihrer Qualität gleich und damit austauschbar, was eine wichtige Voraussetzung für den Börsenhandel ist.

Regulierung: Der Handel an der Börse ist streng überwacht und reguliert. Um überhaupt an der Börse gelistet zu werden, müssen Unternehmen bestimmte Voraussetzungen erfüllen, werden von den Aufsichtsbehörden überwacht und müssen regelmäßig aktuelle Bilanzen offenlegen. Während du beim Shoppen auf einem Kleinanzeigenportal befürchten musst, dass die Ledercouch gar nicht aussieht wie auf den Bildern, kannst du dir an der Börse sicher sein, nicht übers Ohr gehauen zu werden.

Effizienz: Das klassische Börsenparkett, auf dem sich gehetzte Männer mit hochgekrempelten Ärmeln die Kauforders zurufen, während sie mit drei Telefonhörern jonglieren, wurde inzwischen durch den elektronischen Handel ersetzt. Die gesamte Transaktion bei einem Wertpapierkauf findet vollständig automatisiert statt, innerhalb von Sekunden bringt die Plattform Käufer und Verkäufer zu einem Preis zusammen, und der Deal ist abgeschlossen. Die Börse ist damit der effizienteste Marktplatz der Welt.

Wie entsteht der Preis einer Aktie?

Zu welchem Preis eine Aktie an der Börse erhältlich ist, hängt von Angebot und Nachfrage ab. Genauso wie in der »realen« Wirtschaft: Wenn zum Beispiel gerade ein Bauboom herrscht und alle Welt Holz kaufen möchte, während das Angebot dasselbe bleibt, wird der Kubikmeter Fichte teurer. Nimmt die Nachfrage nach Holz ab und die Sägewerke bleiben auf ihren Baumstämmen sitzen, wird umgekehrt der Preis fallen. Genauso verhält es sich auch mit den Aktienkursen. Gibt es mehr willige Käufer als Verkäufer, wird der Preis so lange steigen, bis die Nachfrage gestillt ist. Ein großes Angebot und eine geringe Nachfrage bedeuten dagegen, dass der Preis fallen wird. So lange, bis wieder genügend Leute bereit sind, das Wertpapier zu dem Preis zu kaufen, zu dem die meisten Verkäufer es loswerden möchten. Ziel der Börse ist es also, einen Preis zu finden, der Käufer und Verkäufer bestmöglich zufriedenstellt.

An der Handelsplattform Xetra wechseln täglich zum Beispiel mehrere Millionen Daimler-Aktien den Besitzer. Weltweit treffen jeden Tag Millionen von Börsenteilnehmern aufeinander. Die Preise ändern sich dadurch mehrmals in der Sekunde – und die Kursentwicklung gleicht nicht selten einer Achterbahnfahrt. Wann es wie hoch geht und wann der Kurs wieder fällt, kann dabei niemand vorhersehen. Denn warum gerade jemand am anderen Ende der Welt massenhaft Apple-Aktien kauft, kann unendlich viele Gründe haben. Vielleicht hat die Person gerade eine große Summe geerbt und möchte nun ihr Glück an der Börse versuchen. Anderswo muss vielleicht gerade jemand schlagartig sein Depot auflösen, weil seine Firma den Bach runtergegangen ist. Solche Ereignisse treten in jeder Sekunde massenhaft auf und lassen die Kurse schwanken. »Ich kann die Bahn der Himmelskörper auf Zentimeter und Sekunden genau berechnen, aber nicht, wohin die verrückte Menge einen Börsenkurs treiben kann«, hat schon der Physiker Isaac Newton im 18. Jahrhundert erkannt.

Maßgeblich getrieben werden die Börsenkurse von Erwartungen: Erwarten viele Marktteilnehmer, dass Tesla nächste Woche hervorragende Geschäftszahlen vorlegen wird, kann das den Aktienkurs in die Höhe katapultieren. Werden die Erwartungen enttäuscht, wollen zig Investoren ihre Papiere schnell wieder verkaufen, und die Preise fallen. Nicht umsonst heißt es: An der Börse wird die Zukunft gehandelt. Es sind also Erwartungen, zufällige Ereignisse, das Verhältnis von Angebot und Nachfrage gemischt mit Gefühlen wie Angst, Übermut und Unsicherheit, die dafür sorgen, dass die Kurse von Aktien zumindest kurzfristig schwanken wie die Belegschaft nach der Weihnachtsfeier. Langfristig sieht die Sache schon anders aus, doch dazu kommen wir gleich.

Rendite gibt es nur mit Risiko

In unserem Leben müssen wir Risiken eingehen, um Erfolge verzeichnen zu können – wir müssen unsere Komfortzone verlassen. Wird uns die eigentlich begehrte Beförderung angeboten, die wir uns aber nicht zutrauen, sollten wir sie annehmen – wir müssen etwas riskieren, ansonsten können wir auch nicht mit Verbesserungen rechnen. Genauso sind Anlageklassen, die das Potenzial haben, Renditen zu bescheren, immer mit Risiko in Form von Wertschwankungen verbunden.

Als Aktionär bist du Miteigentümer an einem Unternehmen, der Aktiengesellschaft, und trägst somit auch die unternehmerischen Risiken mit. Da ein Unternehmen nicht geradlinig wächst, sondern das Wachstum mal schneller, mal langsamer vonstattengeht und es immer wieder mal zu Krisen und Herausforderungen kommt, schwankt mit dieser Unsicherheit auch der Wert des Unternehmens und somit der Wert deiner Anteile daran. Für das Tragen dieses unternehmerischen Risikos und deine Bereitschaft, Kapital sowohl in Hoch- als auch in Tiefphasen zur Verfügung zu stellen, wirst du mit Rendite in Form von Dividenden oder langfristigem Kurswachstum belohnt. Diese Logik gilt für einen börsennotierten Großkonzern und seine Aktionäre und genauso für den kleinen Friseurladen um die Ecke. Das bedeutet natürlich nicht, dass jedes Risiko eine Belohnung nach sich zieht. Sonst wäre es ja kein Risiko. Eine unternehmerische Aktivität kann auch mächtig nach hinten losgehen. Als Aktionär und Miteigentümer hängst du dann voll mit drin.

Volatilität – Risiko in Zahlen

Die Wertschwankungen von Aktien, also ihr Risiko, lassen sich übrigens messen. Dafür gibt es mehrere Kennzahlen, eine davon ist die Volatilität. Diese prozentuale Zahl zeigt an, wie stark ein Kurs durchschnittlich von seinem Mittelwert abweicht. Der Mittelwert ist in dem Fall die durchschnittliche Rendite, die eine Aktie oder ein Aktienmarkt in der Vergangenheit eingebracht hat, meist wird dabei das letzte Jahr herangezogen. Je größer die Volatilität eines Aktienkurses oder auch eines ganzen Marktes, desto stärker sind in diesem Zeitraum also die Kursausschläge ausgefallen. Man könnte auch vereinfacht sagen: Je höher das Risiko in Form von Wertschwankung, desto höher ist die Volatilität als Ausdruck dieses Risikos.

Gute und schlechte Risiken von Aktien

Wer in den Aktienmarkt investiert, begegnet sehr vielen Risiken. Dabei gibt es gute und schlechte Risiken. Nicht jede Art von Risiko ist es wert, dass du es eingehst. Denn jedes Risiko muss dir als Kompensation auch Chancen eröffnen. Schauen wir uns das genauer an.

Das Marktrisiko: das gute Risiko von Aktien

Mit dem Marktrisiko sind die allgemeinen Kursschwankungen am Aktienmarkt gemeint. Also das Risiko, dass der Großteil aller Aktien gemeinsam zur gleichen Zeit an Wert verliert. Das kommt immer mal wieder vor und kann verschiedene Auslöser haben. Zinsveränderungen, weltpolitische Geschehnisse oder ganz einfach allgemeine Konjunktursorgen können den Aktienmarkt belasten und ins Schwanken bringen. Ein Beispiel für ein Marktrisiko, das real geworden ist: Die Corona-Krise hat 2020 mit Ausnahme einiger weniger Branchen die gesamte Wirtschaft getroffen, die Kurse sind damals um bis zu 30 Prozent gefallen (und kurz darauf wieder gestiegen). Erträgst du als Anleger solche

Schwankungen des Marktes, wirst du auf längere Sicht dafür mit einer Rendite belohnt. Die kann für den gesamten Aktienmarkt mal bei +9 Prozent im Jahr liegen und in einem anderen Jahr bei -3 Prozent. Sie kann auch mal -20 Prozent und in einem anderen Jahr +30 Prozent betragen. Über einen langen Zeitraum bekommst du so die durchschnittliche Rendite, die die Anlageklasse Aktien einbringt. Und die ist im Schnitt positiv, das ist entscheidend. Das Marktrisiko von Aktien ist deswegen ein sinnvolles Risiko, das es sich lohnt einzugehen.

Das Einzelwertrisiko: das schlechte Risiko von Aktien

Jeder einzelnen Aktie haftet neben dem allgemeinen Marktrisiko ein unternehmensspezifisches Risiko an: das sogenannte Einzelwertrisiko. Damit sind alle Gefahren gemeint, die einzelne Unternehmen betreffen und die dafür sorgen können, dass eine bestimmte Aktie an Wert verliert, während es den Gesamtmarkt kalt lässt. Zum Beispiel besteht die Gefahr, dass ein Unternehmen in Zahlungsschwierigkeiten gerät und seinen Verbindlichkeiten nicht mehr nachkommen kann (Liquiditätsrisiko). Oder dass ein Lieferant ausfällt und die Produktion ins Stocken gerät (Lieferantenrisiko). Es kann auch ganz einfach mit falschen Managemententscheidungen zu tun haben (Managementrisiko). Es gibt viele weitere Beispiele, die einen Aktienkurs belasten können: Ein Online-Unternehmen hat eine Datenpanne, weil das IT-System nicht den neuesten Sicherheitsstandards entspricht. Der Vorfall wird publik, und die Firma verliert an Ansehen. Oder ein Konzern büßt Reputation ein, weil

Produkte öffentlich zurückgerufen werden müssen, und verzeichnet Umsatzverluste. Woanders platzt der Börsengang, oder es scheitert eine Fusion.

Es gibt auch branchenspezifische Risiken, die zwar nicht den gesamten Aktienmarkt betreffen, aber Unternehmen einzelner Wirtschaftszweige: Ein steigender Ölpreis beispielsweise kann jene Industriezweige in Bedrängnis bringen, die für das tägliche Geschäft auf den Rohstoff angewiesen sind, darunter die Energiewirtschaft, die Chemie-Branche oder Kunststoff-Hersteller. Ebenso können politische Entscheidungen, Handelsstreits in Verbindung mit Strafzöllen, Gesetzesänderungen oder Ankündigungen von sinkenden Subventionen die Kurse negativ beeinflussen.

Die wenigsten Aktienkurse fallen von einem auf den anderen Tag ins Bodenlose. Langfristig sind eher falsche Managemententscheidungen die Ursache für einen Niedergang, welcher sich über Jahre oder Jahrzehnte zieht. In der Vergangenheit ließ sich das an etlichen prominenten Beispielen beobachten. Darunter etwa der Verfall des einstigen Warenhaus-Riesen Karstadt, dem mit dem Aufkommen der Shoppingmalls sukzessive die Kunden verloren gegangen sind. Inzwischen hat die Warenhauskette ein Insolvenzverfahren hinter sich, Dutzende Filialen geschlossen und Tausende von Mitarbeitern entlassen. Misslungene Modernisierungsversuche und eine immer billiger werdende Konkurrenz waren es auch, die einstige Branchenriesen wie die Fluggesellschaft Air Berlin, den Foto-Pionier Kodak oder das kanadische Unternehmen RIM, Hersteller des früher begehrten Blackberry-Handys, in die roten Zahlen getrieben haben. Erst sanken die Kundenzahlen, dann die Umsätze und mit ihnen die Kurse der Unternehmen an der Börse.

Weniger schleichend zog sich der Niedergang der Restaurantkette Vapiano hin – einst Magnet für die junge, hippe Mittelschicht –, deren Selbstbedienungskonzept sich dann doch als Auslaufmodell erweisen sollte. 2002 gegründet, expandierte das Kölner Unternehmen weltweit und ging 2017 an die Börse, die Aktie kostete damals rund 23 Euro. Heute gibt es sie für 20 Cent das Stück.

Für schlechtes Risiko wirst du nicht belohnt

Gehst du als Anleger das Risiko ein, Geld zu verlieren, weil eines dieser Szenarien eintreten und der Kurs einer Aktie fallen könnte, dann verbessern sich dadurch nicht automatisch deine Renditeaussichten. Sie bleiben genau gleich. Deine Chance auf Rendite erhöht sich nicht, obwohl du dein Geld viel mehr Gefahren aussetzt. Du wirst für dieses Risiko nicht kompensiert.

Ganz unberechtigt ist die Angst vor Aktien also nicht: Einzelne Anteile zu kaufen und dabei auf den raschen Gewinn zu hoffen, gleicht einem Roulette-Spiel. Niemand kann vorhersehen, wie sich ein Unternehmen und sein Kurs entwickeln werden – auch keine Fondsmanager oder selbst ernannten Profi-Trader, denen man wegen ihres Expertenwissens und ihrer langjährigen Erfahrung gern hellseherische Kräfte bescheinigt.

Ich persönlich stelle mir deswegen gar nicht erst die Frage, welche Aktie ich kaufen sollte und bei welcher ich es lieber bleiben lasse. Denn erstens würde es bedeuten, dass ich meine Zeit mit dem Wälzen von Unternehmensbilanzen und dem Anstellen komplexer Rechnungen verbringe – in der stillen Hoffnung, das nächste Tesla oder Amazon auszumachen. Und zweitens besteht die Chance, dass ich danebenliege und mir die Finger verbrenne. Das Einzelwertrisiko ist kein Risiko, das es sich lohnt einzugehen.

Die gute Nachricht ist: Es geht auch anders. Aktien müssen nicht riskant sein – denn du kannst auch nur das (gute) Marktrisiko von Aktien tragen und das schlechte Risiko einfach umgehen. Das funktioniert mithilfe von Diversifikation.

Die Wunderwaffe Diversifikation

Diversifizieren könnte man aus dem Lateinischen mit »verteilen« übersetzen. Sein Geld diversifiziert anzulegen bedeutet, nicht in eine einzelne Aktie zu investieren, sondern in mehrere. Zwei Aktien würden im Vergleich zu einer schon eine Diversifikation bedeuten, wenn auch eine schwache. Bei drei Aktien wäre der Diversifikationsgrad höher, bei 300 Aktien noch höher. Und bei mehreren Tausend verschiedenen Aktien aus unterschiedlichen Regionen und Branchen wäre irgendwann die maximale Diversifikation erreicht. Und das ist genau die Art von Diversifikation, die du für dein Investment in Aktien brauchst.

Was bringt Diversifikation?

Mit Diversifikation senkst du das Verlustrisiko deiner Investition drastisch. Denn streust du dein Geld sehr breit, wird das Einzelwertrisiko einer Aktie bedeutungslos. Nicht aber – und das ist das Tolle daran – die Rendite.

Angenommen, du hast 10.000 Euro zum Investieren übrig. Statt für diese 10.000 Euro Aktien eines einzigen Unternehmens zu kaufen, investierst du zur gleichen Zeit in Tausende Aktien unterschiedlicher Unternehmen. Du kaufst also von allem ein bisschen, statt viel von einer einzigen Sache. Dann kann und wird es zwar nach wie vor passieren, dass einzelne Aktien stark an Wert verlieren. Nur wirst du das mit einem solch breit diversifizierten Portfolio nicht einmal merken. Denn gleichzeitig verdoppelt sich der Wert einer anderen Aktie, ein anderer Kurs steigt um 50 Prozent und eine dritte Aktie verzehnfacht sich in ihrem Preis. Verluste werden durch die Diversifikation ausgeglichen. Maximal diversifizierst du, wenn du in Aktien auf der ganzen Welt investierst, also über verschiedene Kontinente und Regionen verteilt. Man kann hier auch von einem Weltportfolio sprechen. Um tatsächlich dein gesamtes Geld zu verlieren, müsste also schon die gesamte Weltwirtschaft zur gleichen Zeit pleitegehen. Rein theoretisch ist das möglich. Sollte es so weit kommen, hätten du und ich aber vermutlich andere Probleme, als uns um unser Aktiendepot zu kümmern.

Und nein, durch dieses Mehr an Sicherheit musst du keine Abstriche bei der Rendite machen. Das zeigt ein Blick in die Vergangenheit:

Abbildung 10 vergleicht rückblickend die jährliche Wertentwicklung sowie die Volatilität von drei verschiedenen Portfolios, die unterschiedlich stark diversifiziert sind. Das erste Portfolio (links) besteht aus nur drei Aktien. Bei diesen haben wir uns beispielhaft für die deutschen Unternehmen Fresenius, Siemens und BMW entschieden, um unterschiedliche Branchen abzubilden. Portfolio 2 (Mitte) beinhaltet 30 Aktien, denn es wurde über 15 Jahre ausschließlich

	3 Aktien	DAX	MSCI World
2005	24,4 %	27,1 %	10,0 %
2006	23,2 %	22,0 %	20,7 %
2007	15,9 %	22,3 %	9,6 %
2008	-43,9 %	-40,4 %	-40,3 %
2009	26,4 %	23,8 %	30,8 %
2010	54,7 %	16,1 %	12,3 %
2011	-2,6 %	-14,7 %	-5,0 %
2012	24,8 %	29,1 %	16,5 %
2013	24,0 %	25,5 %	27,4 %
2014	8,9 %	2,7 %	5,5 %
2015	31,2 %	9,6 %	-0,3 %
2016	9,6 %	6,9 %	8,2 %
2017	-8,7 %	12,5 %	23,1 %
2018	-28,6 %	-18,3 %	-8,2 %
2019	15,1 %	25,5 %	28,4 %
2020	-12,8 %	3,5 %	16,5 %
Diversifikation			
Rendite p.a.	4,7 %	5,0 %	5,2 %
Volatilität	24,5 %	19,5 %	17,6 %

Abbildung 10: Rendite und Volatilität (Risiko) drei verschiedener Portfolios im Zeitraum zwischen 2005 und 2020

in den Deutschen Aktienindex (DAX) investiert. Portfolio 3 (rechts) basiert auf dem MSCI World Index, also einem globalen Aktienindex, der mehr als 1.600 Unternehmen einschließt. Die Diversifikation ist hier also am höchsten. Und das macht sich bemerkbar, zum Beispiel in der Volatilität: Die Schwankungen sind bei Portfolio 3 am geringsten

(17,6 Prozent) und in Portfolio 1 am höchsten (24,5 Prozent). Je breiter du dein Geld streust, desto weniger Schwankung ist es ausgesetzt. Gut zu erkennen ist das, wenn man sich die einzelnen Jahre genauer ansieht: Hättest du dein gesamtes Kapital zum Beispiel 2005 in die drei Werte investiert (Portfolio 1), wäre dein Vermögen in diesem Jahr um 24,4 Prozent gestiegen, im Jahr 2018 hättest du einen Verlust von 28,6 Prozent erlitten. Wäre dein Geld stattdessen über 1.600 Aktien verteilt gewesen (Portfolio 3), hättest du 2005 zwar weniger Gewinn gemacht, 2018 aber auch viel weniger verloren. Was an dem Beispiel sehr gut deutlich wird, ist: Dieses reduzierte Risiko geht nicht zulasten der Rendite: Über alle 15 Jahre hinweg hätte dir dein breit gestreutes Portfolio im Schnitt 5,2 Prozent Gewinn pro Jahr beschert, die drei einzelnen Aktien aufs Jahr gerechnet 4,7 Prozent. Und mit einem Investment in den DAX hättest du pro Jahr durchschnittlich 5 Prozent Rendite erzielt. Natürlich hätte es auch anders laufen können, je nachdem, für welche Einzelaktien wir uns in dem Beispiel entschieden hätten. Wesentlich ist: Allein mit einem breit diversifizierten Portfolio sicherst du dir die durchschnittliche Rendite, die der Aktienmarkt in einem Jahr erzielt – und das bei reduziertem Risiko.

Diese durchschnittliche jährliche Rendite ist es auch, die Aktien zu einer so attraktiven Geldanlage macht: Zwischen 2002 und 2021 hat der weltweite Aktienmarkt eine durchschnittliche jährliche Wertentwicklung von 7 Prozent vor Inflation hingelegt[21] – und damit weit mehr als alle anderen Anlageklassen. Schön und gut, aber das bedeutet ja noch nicht, dass es ähnlich berauschend weitergeht? Tatsächlich sprechen vor allem zwei Dinge dafür, dass Aktien auch in Zukunft eine positive Rendite erzielen werden.

Es gibt immer etwas zu verbessern. Aktien sind konjunkturabhängig: Je erfolgreicher eine Aktiengesellschaft wirtschaftet und je mehr Gewinne sie im Jahr einstreicht, desto eher wird ihre Aktie nachgefragt. Und auch in 100 Jahren werden Unternehmen noch Umsätze erwirtschaften, weil sie Waren und Dienstleistungen entwickeln und anbieten. Es führt gar kein Weg daran vorbei: Unternehmen, die im Konkurrenzkampf miteinander stehen, sind gezwungen, sich immer weiterzuentwickeln, neue Lösungen zu entwerfen, Bestehendes effizienter, günstiger oder leistungsstärker zu machen. Und Unternehmen, die unsere Waren und Dienstleistungen herstellen, werden wir immer brauchen. Die Namen und Dienstleistungen der Unternehmen werden sich verändern, so wie es immer schon der Fall war. Die Gesamtwirtschaft aber wird weiterhin bestehen bleiben.

An Kundschaft wird es ebenfalls nicht fehlen: Im Jahr 2100 werden schätzungsweise elf Milliarden Menschen auf der Welt leben und damit knapp 40 Prozent mehr als aktuell. Womit wir beim zweiten Grund wären, warum Aktienkurse langfristig steigen.

Die Bedürfnisse der Menschheit sind unendlich. Ein Großteil der Erde ist weit entfernt von den Standards, wie wir sie in der westlichen Hemisphäre gewohnt sind – und weit entfernt von Übersättigung und Massenkonsum. Das Bedürfnis nach neuen Produkten und Dienstleistungen ist noch lange nicht gestillt – und das Aufholpotenzial riesig.

Eine wachsende Wirtschaft bedeutet übrigens nicht zwangsläufig, dass mehr billig produzierte Ware über Fließbänder rollt und immer größere Fabriken aus dem Boden gestampft werden. Gerade lässt sich ziemlich gut beobachten, dass auch eine Art »gesundes Wirtschaftswachstum« möglich ist: Rund um Themen wie Nachhaltigkeit, Klimaschutz und Minimalismus sind längst Milliardengeschäfte entstanden – 200 Jahre alte Industriekonzerne fangen an, Stahl mithilfe von Wasserstoff herzustellen, Fluglinien arbeiten an emissionsarmen Flotten, und Sharing-Economy-Modelle feiern Hochkonjunktur, während der Markt für fair produzierte Kleidung und pflanzliche Nahrungsmittel unaufhaltsam wächst. Kurzum: Konsum und Massenproduktion sind nicht das Einzige, was die Wirtschaft am Laufen hält. Auch Steigerung der Qualität statt der Quantität kann für Wachstum sorgen.

Viele Tausende Aktien zu kaufen und damit zu diversifizieren, verschafft dir auf lange Sicht mit sehr hoher Wahrscheinlichkeit also eine positive Rendite. Aber ist das nicht unheimlich aufwendig und teuer? Nein. Denn es gibt Finanzprodukte, die genau dafür vorgesehen sind, dass du sehr viele Wertpapiere auf einmal kaufst.

Auf den Punkt:
Aktien sind eine wunderbare Geldanlage

- Kaufst du Aktien, wirst du zum Miteigentümer eines Unternehmens.
- Mit Aktien Geld verdienen kannst du durch Kurssteigerungen an der Börse und die Ausschüttung von Dividenden.
- Aktien werden an der Börse gehandelt, wo auch der Preis eines Wertpapiers bestimmt wird. Maßgeblich

hängt der vom Verhältnis aus Angebot und Nachfrage sowie unterschiedlichen Erwartungen ab. Das erklärt, warum Aktien kurzfristig so stark schwanken.

- Kurzfristig in einzelne Aktien zu investieren ist sehr riskant, denn jede einzelne Aktie beinhaltet ein unternehmensspezifisches Risiko.
- Dieses Einzelwertrisiko kannst du »wegdiversifizieren«, indem du auf sehr viele Aktien gleichzeitig setzt.
- Die allgemeinen Schwankungen am Aktienmarkt bekommst du dann immer noch zu spüren, kannst sie aber aussitzen, indem du 15 Jahre oder länger investiert bleibst.
- Mit einem breiten Investment in den weltweiten Aktienmarkt erzielst du auf lange Sicht die durchschnittliche jährliche Rendite von Aktien – in den vergangenen 20 Jahren waren das 7 Prozent vor Inflation.

6

Investmentfonds und ETFs – Wertpapiere kaufen im Paket

»Das Leben ist wie eine Schachtel Pralinen«, hat der Hollywood-Charakter Forrest Gump einmal festgestellt. Mit dem Zusatz: »Man weiß nie, was man kriegt.« Mit Aktien verhält es sich ganz ähnlich. Je nachdem, welche Süßigkeit man sich herauspickt, kann es einen vor Glück umhauen – oder aber die Schuhe ausziehen, hat man doch aus Versehen zur Trüffel-Cognac-Praline gegriffen. Es ergibt also durchaus Sinn, Pralinen in der großen Präsent-Mischung zu kaufen – und Aktien im großen Paket. Verluste und Gewinne gleichen sich so gegenseitig wieder aus.

Die Pralinenschachtel der Finanzwelt ist der Fonds – eine der praktischsten Erfindungen überhaupt. In Deutschland hat er sich in den 1950er-Jahren etabliert, und weltweit existieren mehr als 100.000 verschiedene Varianten.

Das Prinzip eines Fonds: dein Quantum vom großen Ganzen

In einen Investmentfonds zahlen Hunderte oder Tausende Investoren gleichzeitig ein und bekommen im Gegenzug Anteile an diesem Fonds. Es kommt also eine Menge Kapital zusammen, nicht selten mehrere Hundert Millionen Euro. Dieses Kapital wird von einer Fondsgesellschaft und einem Manager verwaltet und investiert – mit dem Ziel, es zu vermehren. Es fließt dazu beispielsweise in Aktien (Aktienfonds), Immobilien (Immobilienfonds), Rohstoffe (Rohstofffonds) oder Anleihen (Rentenfonds) – je nachdem, um welche Art von Fonds es sich handelt. Daneben gibt es Mischfonds, die mehrere Anlageklassen kombinieren. Dann wird zum Beispiel sowohl in Aktien als auch in Anleihen investiert – oder gleichzeitig in Anleihen, Aktien und Rohstoffe. Worin das Geld der Anleger genau fließt und nach welchen Regeln es angelegt wird, ist unter anderem im sogenannten Fondsprospekt festgehalten, der für jeden einsehbar ist.

Eine dieser Regeln lautet, dass ein Fonds niemals nur in eine einzelne Aktie oder eine einzige Immobilie investieren darf, sondern das Geld über mehrere Vermögenswerte streuen muss. Einige Aktienfonds investieren in mehrere Tausend Aktien gleichzeitig. Sie diversifizieren also sehr stark. Legst du als Privatinvestor nun einen Teil deines Kapitals in einem Fonds an, wird dein Geld automatisch breit gestreut und das Einzelwertrisiko deiner Anlage dadurch extrem reduziert. Ein Fonds ist also ein gutes Werkzeug, um zu diversifizieren.

Nehmen wir einmal an, ein Aktienfonds hat von zigtausend Investoren insgesamt 100 Millionen Euro eingesammelt und investiert es in die größten Aktien aus allen Industrienationen der Welt. Je nachdem, wie sich diese Gruppe an Wertpapieren in Summe im Laufe der Zeit entwickelt, wird der Kurs des Fonds steigen oder fallen. Hast du Anteile an dem Fonds gekauft, also beispielsweise 500 Euro investiert, bekommst du diese Schwankungen unmittelbar zu spüren. Steigt der Kurs des Fonds um 5 Prozent, vermehrt sich auch dein Kapital um 5 Prozent. Statt 500 Euro hättest du dann 525 Euro.

Dein Geld im Fonds ist Sondervermögen – und damit sicher

Was passiert, wenn die Fondsgesellschaft pleitegeht? Für dich als Anleger wäre das kein sonderlich großes Problem, denn das Kapital in einem Fondstopf wird als Sondervermögen behandelt. Es wird also gesondert von dem Vermögen der Fondsgesellschaft verwahrt, und so wirst du auch nicht um dein Erspartes bangen müssen, sollte die Fondsgesellschaft in die Insolvenz rutschen. Der Fonds verwaltet schließlich nur dein Geld, ähnlich wie eine Hausverwaltung deine Immobilie verwalten würde. Geht die Verwaltung pleite, behältst du deine Eigentumswohnung trotzdem und musst dir nur eine neue Verwaltung suchen.

Investmentfonds sind eine tolle Sache, sie sparen Zeit und Geld. Um beispielsweise die größten Aktien an der New

Yorker Börse zu kaufen oder in die 500 wertvollsten europäischen Aktiengesellschaften zu investieren, müsstest du dir ohne Fonds diese vielen einzelnen Wertpapiere erst einmal heraussuchen, bevor du sie kaufst. Das würde einem Fulltime-Job gleichkommen und außerdem ganz schön ins Geld gehen. Denn Aktien einzeln zu kaufen ist in der Regel sehr viel teurer, als sie »im Paket« zu erwerben.

Aber woher weißt du, wie gut oder schlecht ein Fonds ist? Ein wichtiger Indikator ist die Rendite, also der Ertrag, den ein Fonds erzielt. Stell dir vor, der Kurs eines Fonds ist im letzten Jahr um 5 Prozent gestiegen: Lohnt es sich dann, in diesen Fonds zu investieren? Das kann man so pauschal nicht sagen. Es hängt nämlich davon ab, wie viel Ertrag im gleichen Zeitraum ein vergleichbarer Index eingebracht hat.

Index: das Barometer, an dem sich die Börsenwelt orientiert

Ein Index umfasst eine Gruppe von Werten und stellt dar, wie sich diese über eine Zeit entwickelt. Ein Aktienindex bildet also die Entwicklung eines Aktienmarktes ab, er misst sie wie ein Barometer. Ein Aktienmarkt umfasst ein paar Hundert, manchmal auch mehrere Tausend einzelne Aktien, von denen einige in ihrem Wert steigen und andere fallen. Der Aktienindex beschreibt alle einzelnen Kursentwicklungen zusammengenommen anhand eines Punktwertes. Steigt ein Index an einem Tag um ein oder zwei Punkte, bedeutet das: Im Schnitt wurden die im Index enthaltenen

Aktien an diesem Tag mehr nachgefragt als gestern, und die Kurse der enthaltenen Aktien sind gestiegen.

Weltweit existieren rund drei Millionen Aktien-Indizes, von denen allerdings nur ein Bruchteil für dich als Anleger relevant ist. Wahrscheinlich kennst du den DAX, den Deutschen Aktienindex. Er bildet die 40 größten börsengelisteten Unternehmen in Deutschland ab. Der DAX 40 ist ein Regionen-Index, er beschränkt sich auf die Unternehmen in einem Land. Es gibt auch internationale Indizes, die zum Beispiel die europäische Wirtschaft abbilden. Und es gibt überregionale Indizes wie den MSCI World, einer der bekanntesten Indizes. Er bemisst den Aktienmarkt der Industrieländer, indem er mehr als 1.600 Unternehmen aus 23 verschiedenen Industrienationen repräsentiert. Manche Indizes legen den Fokus auf bestimmte Branchen. Sie bestehen dann aus Tech-Firmen, Pharma-Unternehmen oder Lebensmittel-Herstellern und messen die Wertentwicklung jener börsennotierten Unternehmen, die in diesem einen Sektor tätig sind. Einige Indizes werden von der Börse selbst erstellt: der DAX beispielsweise von der Deutschen Börse. Der MSCI World dagegen wird von dem Indexanbieter MSCI zusammengestellt, der sich auch nur auf das Erstellen und Berechnen von Indizes spezialisiert hat.

In einen Index wird immer nur eine Auswahl an Aktien aufgenommen, die bestimmten Kriterien entsprechen. So ein Aktienindex ist nämlich ein ziemlich exklusiver Club. Zutritt zum DAX haben zum Beispiel ausschließlich die »wertvollsten« börsennotierten Unternehmen des Landes. Genauer gesagt, die Unternehmen mit der höchsten Marktkapitalisierung.

Was ist die Marktkapitalisierung?

Die Marktkapitalisierung (englisch: Market Cap) ist kurz gesagt der Wert eines Unternehmens an der Börse. Sie ergibt sich aus der Anzahl an Aktien (Aktien, die auf dem Markt gehandelt werden und nicht einem einzelnen Großinvestor gehören) und deren Kurswerten. Je höher der Börsenwert eines Unternehmens, desto höher die Marktkapitalisierung – und desto mehr Gewicht hat ein Aktienunternehmen in einem Index, der nach Marktkapitalisierung priorisiert. Das sind die allermeisten Indizes, also beispielsweise auch der DAX und der MSCI World.

Je nach Index gibt es neben der Marktkapitalisierung noch weitere Bedingungen. Zum Beispiel darf häufig ein einziger Großanleger nicht mehr als 70 Prozent aller Aktien besitzen. Manch ein Index nimmt nur Unternehmen auf, die gewisse Umweltstandards erfüllen, andere verlangen ein bestimmtes Mindest-Handelsvolumen der Aktien, oder dass das Unternehmen mindestens ein Jahr an der Börse gelistet ist.

Indizes ändern sich immer mal wieder in ihrer Zusammensetzung. In festgelegten Abständen wird nämlich kontrolliert, ob die enthaltenen Wertpapiere noch den Kriterien des Index entsprechen. Sollte zum Beispiel ein Unternehmen an Marktkapitalisierung verlieren oder die Aktien nicht mehr genügend gehandelt werden, kann es passieren, dass ein Wertpapier aus einem Index rausfliegt oder in einen weniger »wertigen« Index absteigt. Die Index-Landschaft ist ähnlich aufgebaut wie das Ligasystem im Fußball. Wer auf welchem Tabellenplatz rangiert, hängt von der Performance der einzelnen Aktien ab.

Ein Beispiel: Vom DAX gibt es mehrere Abwandlungen, zum Beispiel den MDAX und den SDAX. Der DAX 40 stellt dabei die 1. Liga: Er versammelt die 40 wertvollsten deutschen Unternehmen. Der MDAX ist quasi die Vorstufe des DAX, also die 2. Liga. Dieser umfasst 60 Aktien, also jene Aktien, die nach Marktkapitalisierung auf den Plätzen 41 bis 100 rangieren. Fliegt nun eine Aktie aus dem DAX raus, wird das Unternehmen mit der höchsten Marktkapitalisierung im MDAX aufrücken und künftig im DAX gelistet werden. Der Absteiger wird heruntergestuft und im MDAX platziert.

Weil ein Index selbst nur Wertpapiere repräsentiert, sie aber nicht kauft, kannst du auch nicht direkt in einen Index investieren. Dafür sind Fonds da, die sich an den unterschiedlichsten Aktienindizes orientieren. Jedem Fonds liegt ein sogenannter Vergleichsindex zugrunde. Investiert ein Fonds in große deutsche Aktien, würde zum Beispiel der DAX herangezogen werden. Ob ein Fonds eine gute oder schlechte Leistung erbracht hat, hängt also davon ab, wie viel Rendite im gleichen Zeitraum sein Vergleichsindex erzielt hat. Es gibt aktive und passive Fonds, die den Vergleichsindex unterschiedlich nutzen. Sehen wir uns beide Fondsarten im Detail an.

Aktive Fonds

Mit aktiven Investmentfonds sind aktiv gemanagte Fonds gemeint. Das Vermögen der Anleger wird von einem Fondsmanager verwaltet, dem ein Team aus Analysten und Researchern zur Seite steht. Dieses Management arbeitet aktiv daran, jene Gewinner-Aktien ausfindig zu machen, die aus ihrer Sicht demnächst stärker steigen werden als alle anderen Aktien. Aktien, deren Kurse aus Sicht des Fondsmanagements nicht außerordentlich steigen oder gar fallen könnten, bleiben außen vor. So soll es dem aktiven Fonds gelingen, am Ende mehr Rendite einzufahren als alle im Referenzindex enthaltenen Aktien.

Nach einer Zeit wird dann gemessen: Hat der Fondsmanager auf die richtigen Wertpapiere gesetzt und konnte tatsächlich mehr Rendite einfahren als sein Vergleichsindex? Falls ja, können sich die Anleger, die ihr Geld dem Fondsmanager anvertraut haben, freuen. Falls nicht, ist das ziemlich ärgerlich. Denn aktive Fonds haben meist sehr hohe Kosten, wie wir gleich noch sehen werden.

Passive Fonds

Passive Investmentfonds werden ebenfalls von einem Fondsmanager verwaltet, allerdings fällt hier weit weniger Arbeit an als bei aktiven Fonds. Denn passive Fonds bilden einen Index und seine Gewichtung eins zu eins ab. Sie wollen einfach nur genau die gleiche Rendite erzielen wie ihr Referenzindex. Der Fondsmanager bewertet also nicht, welche Aktien die vermeintlich richtigen sind und welche nicht. Er kopiert den Index, und das nahezu perfekt. Folglich entwickelt sich der Kurs eines passiven Fonds auch genau so wie der des Referenzindex. Wir erinnern uns: In einen Index selbst kannst du als Anleger nicht direkt investieren. In einen passiven Fonds aber schon.

Fondsarten

Aktiv	Passiv
Fondsmanagement sucht aktiv nach guten Investitionen	Einfache Abbildung eines Marktes/Warenkorbes
Versuch, besser zu sein als der Markt	Erzielen der Marktrendite
Ziel: Mehr Rendite als die Marktrendite	Ziel: die Marktrendite
Hohe Gebühren	Geringe Gebühren

Abbildung 11: Aktive und passive Fonds im Vergleich

Die bescheidenen Renditen von aktiven Fonds

Ziel eines aktiven Fondsmanagers ist es also, mehr Ertrag zu erzielen als die in einem Index enthaltenen Aktien im Schnitt. Jeder aktive Fonds orientiert sich dafür an der Wertentwicklung seines Vergleichsindex, der als Messlatte gilt. Die Wahrheit ist: Die meisten Fondsmanager scheitern kläglich an ihrem Anspruch und schneiden insbesondere auf lange Sicht deutlich schlechter ab als der Index, mit dem sie sich vergleichen. Zu diesem Ergebnis kommen Untersuchungen immer wieder, darunter die der Ratinggesellschaft Standard & Poor's. Seit 2002 vergleicht sie die Renditen von aktiven Fonds und deren Referenzindizes (Vergleichsindizes).

Abbildung 12 zeigt einige der ernüchternden Befunde der S&P-Studien: Über fünf aufeinanderfolgende Jahre hat es nur rund jeder zehnte Fondsmanager geschafft, mehr Rendite als der S&P 500 – dort sind die 500 größten US-Unternehmen gelistet – herauszuholen. Von den aktiven Fonds auf europäische Aktien ist das 75 Prozent nicht gelungen, in Deutschland lag die Verliererquote bei 74 Prozent. Nahezu niederschmetternd für die gesamte Branche sind die Zahlen für noch längere Zeitperioden: Von 2010 bis 2020 konnten nur gut 5 Prozent der Fondsmanager den amerikanischen S&P 500 übertreffen. 95 Prozent lagen unter ihrer Benchmark, also unter ihrem Vergleichsindex.[22] Es gibt also nicht den einen Outperformer oder eine Gruppe von Outperformern, die es regelmäßig schafft, besser als die Benchmark zu sein. Die »Gewinner«-Fonds wechseln ständig, und welcher Fonds im nächsten Jahr wie abschneiden wird, ist nicht vorhersehbar.

Aktien Region	Vergleichsindex	3 Jahre	5 Jahre	10 Jahre
Europa	S&P Europe 350	69,8 %	75,2 %	85,9 %
Eurozone	S&P Eurozone BMI	79,2 %	86,5 %	92,3 %
Global	S&P Global 1200	81,6 %	90,5 %	97,9 %
Emerging Markets	S&P/IFCI Composite	75,7 %	81,8 %	94 %
USA	S&P 500	81,6 %	88,2 %	94,6 %
Deutschland	S&P Germany BMI	64,5 %	74,2 %	79,6 %

Abbildung 12: Anteil an aktiven Fonds, die nach Abzug von Kosten schlechter als ihr Vergleichsindex abgeschnitten haben (Quelle: S&P)

Die Profiteams der Fondsgesellschaften schaffen es vor allem auf lange Sicht nicht, mehr Rendite einzufahren, als der breite Durchschnitt an Aktien in einem Markt, also ein Index, ohnehin erzielt. Der Hauptgrund dafür sind die Kosten.

Aktive Fonds sind teuer

Bei aktiven Fonds drücken zwei Arten von Kosten auf die Rendite.

Laufende Verwaltungskosten: Ein hohes Gewicht haben die laufenden Kosten des Fonds. Aktive Fonds werden von einem Management verwaltet, das viel Arbeit für Recherchen und Analysen aufwendet, um die vermeintlich richtigen Aktien herauszupicken. Anleger zahlen dafür pro Jahr zwischen 1 und 2,5 Prozent Verwaltungskosten auf ihr investiertes Kapital. Bei passiven Fonds sind die laufenden Kosten um einiges geringer. Was der Hauptgrund dafür ist, dass aktive Fonds so viel schlechter abschneiden als ihre passiven Pendants.

Einmaliger Ausgabeaufschlag: Meistens fällt bei aktiv gemanagten Fonds zusätzlich ein einmaliger Ausgabeaufschlag an, den die Investoren gleich zu Anfang entrichten müssen. Je nach Fonds beträgt er zwischen 1 und 5 Prozent des investierten Kapitals. Der Ausgabeaufschlag ist in den meisten Renditevergleichen zwischen aktiven Fonds und ihren Vergleichsindizes noch nicht enthalten. In diesen Fällen wäre die Performance der aktiven Fonds also noch schlechter als offiziell ausgewiesen.

Sollte das Expertenteam dann doch besser sein als der Vergleichsindex, wird der Anleger nicht selten mit einer sogenannten Performance-Gebühr belastet. Nicht immer ist dafür eine wirklich herausragende Leistung nötig – teilweise reicht es bereits, wenn der Kurs ein eher willkürlich festgelegtes Allzeithoch übertrifft, die sogenannte High Watermark. Dabei muss es sich nicht um ein tatsächliches Allzeit-Rekordhoch handeln, sondern kann sich auch auf einen vergangenen Zeitpunkt beziehen, der gar nicht lange her ist – zum Beispiel der Höchststand im vergangenen Monat. Die wenigsten Anleger aber wissen das und vertrauen ihr Geld dennoch dem »Profi« an.

Das dürfte verschiedene Gründe haben: In Börsenzeitungen und Online-Finanzmedien liest man immer wieder von den beispiellosen Erfolgen, die aktive Fondsverwalter hinlegen. Dabei handelt es sich aber eher um Ausnahmen, was in der Berichterstattung oft untergeht.

Nicht selten steht ein aktiver Fonds sehr viel besser da, weil er mit einem falschen Referenzindex verglichen wurde. Das Vertrauen in die Fähigkeiten von Fondsmanagern hat wohl auch mit unserer menschlichen Psyche zu tun. Nach dem Motto: Wenn wir dafür bezahlen, wird schon Qualität dahinterstecken – insbesondere dann, wenn der Fonds auch noch von einem bekannten Gesicht aus der Finanzbranche verwaltet wird.

Im Gegensatz zu aktiven haben passive Fonds nicht das Ziel, besser zu sein als ein Index. Sie wollen einfach genauso gut sein und kopieren den Index. Womit wir bei einer der wohl genialsten Innovationen angekommen wären, die der Finanzmarkt in den vergangenen Jahrzehnten hervorgebracht hat: dem ETF.

ETFs: investieren per Copy and Paste

Das Kürzel ETF steht für *Exchange Traded Fund*, zu Deutsch: börsengehandelter Indexfonds. Mit der Einführung der ETFs hat sich ein Wandel in der Finanzwelt vollzogen. Denn sie geben Menschen jeden Einkommens die Möglichkeit, den Star-Fondsmanagern dieser Welt den Rang abzulaufen – auch wenn sie zunächst gar nicht dazu konzipiert waren.

ETFs gehören zur Klasse der passiven Fonds, die einen Index nachbilden. Das funktioniert, indem ein ETF genau die Werte in derselben Gewichtung kauft, wie sie im Vergleichsindex enthalten sind. Sobald sich ein Index in seiner Zusammensetzung ändert, also beispielsweise ein Unternehmen herausfällt und ein anderes aufgenommen wird, wird die Verteilung im ETF entsprechend angepasst. Es findet also niemals eine aktive Aktienauswahl statt. ETFs bilden verschiedenste Indizes nach, es gibt neben Aktien-ETFs beispielsweise auch Anleihen-ETFs. ETFs sind an der Börse gelistet und können daher den ganzen Tag über gekauft und verkauft werden. Bei traditionellen Indexfonds geht das in der Regel nur einmal am Tag und muss über den Fondsanbieter abgewickelt werden.

Die Erfolgsgeschichte der ETFs ist vergleichsweise jung – der erste Indexfonds wurde in den 1970er-Jahren in den USA aufgelegt und war noch nicht an der Börse gelistet. Die US-Bank Wells Fargo brachte ihn heraus, um alle US-amerikanischen Aktien in einem Finanzprodukt zusammenzufassen. Das war revolutionär, denn seitdem konnte man in bestehende Indizes investieren, die bis dato lediglich als Wirtschaftsbarometer dienten. Erst in den 1990er-Jahren wurden die ersten Indexfonds an der Börse gelistet. Bei der Einführung durften zunächst nur institutionelle Anleger, also Kreditinstitute, Versicherungsgesellschaften, große Fonds, Pensionskassen oder Weltkonzerne in sie investieren – kurz gesagt: Investoren mit sehr viel Geld. ETFs waren also ursprünglich nicht für Privatanleger wie uns gedacht – und das ist gut so. Denn die allermeisten Produkte, die von der Finanzbranche bewusst für private Kunden geschaffen werden, sind eine Geldanlage nicht wert. Das Risiko ist deutlich höher als die Rendite, die sie im Erfolgsfall einbringen könnten. Sie sind also mit viel schlechtem Risiko verbunden und damit von vornherein ein schlechtes Geschäft. Auf Profis ausgelegte Produkte – also auch ETFs – sind dagegen dafür gemacht, um Millionen und Milliarden damit zu bewegen, und dabei sehr viel kostengünstiger.

Inzwischen können auch Kleinanleger dieses ursprünglich auf Profis ausgelegte Produkt nutzen. In Deutschland sind ETFs seit der Jahrtausendwende handelbar und vereinfachen seither Millionen Menschen den Zugang zur Börse. Weltweit gibt es inzwischen mehr als 8.000 ETFs,[23] und jedes Jahr kommen neue hinzu.

Die Vorteile von ETFs im Überblick

Gegenüber anderen Finanzprodukten, die wir uns bisher angeschaut haben, haben ETFs fünf entscheidende Vorteile:

1. ETFs sind günstig. Ein Großteil der Arbeit des Fondsmanagements wird von Computersystemen erledigt, was die Kosten auf ein Minimum drückt. Zwischen 0,1 und

0,8 Prozent Gebühren fallen jedes Jahr für einen ETF-Anleger an. Das ist fast viermal weniger, als aktive Fonds kosten. Und weil zwischen den Anbietern Preiswettbewerb herrscht und die Verwaltung immer effizienter wird, sinken die Gebühren seit Jahren. Diesen Kostenvorteil spürst du direkt in Form eines deutlich höheren Endvermögens.

Das zeigt die Rechnung in Abbildung 13, in der wir die durchschnittlichen Kosten eines ETFs mit denen eines aktiven Fonds verglichen haben. Beispielhaft sind wir von einer einmaligen Anlagesumme von 50.000 Euro ausgegangen, die über 20 Jahre investiert bleibt. Selbst wenn der aktive Fonds und der ETF über diesen langen Zeitraum dieselbe Rendite einfahren sollten (was sehr unwahrscheinlich ist), wird dein Endvermögen nach diesen 20 Jahren um 30.000 Euro höher sein, wenn du dich für den passiven ETF

ETF- und Fondskosten im Vergleich

Anlagebetrag	50.000 €
Anlagedauer	20 Jahre
Erwartete Rendite p.a.	5,0 %

ETF		Fonds	
Verwaltungsgebühren	0,3 %	Verwaltungsgebühren	1,5 %
		Ausgabeaufschlag (einmalig)	5,0 %
Kosten	**-7.379 €**	Kosten	**-38.150 €**
Endbetrag nach Kosten	125.286 €	Endbetrag nach Kosten	94.515 €
Nettorendite p.a.	4,70 %	Nettorendite p.a.	3,25 %
Kostenersparnis	**30.771 €**	Kostenersparnis	-
Zusätzliche Rendite p.a.	**1,45 %**	Zusätzliche Rendite p.a.	-

Abbildung 13: Einfluss höherer Fondskosten auf die Rendite

entschieden hast, der einfach stur einem Index folgt. Pro Jahr ist die Rendite des ETFs fast 1,5 Prozent höher als die des aktiven Fonds.

Du kannst solche Vergleiche auch selbst durchführen mithilfe unseres ETF- und Fondskostenrechners: www.finanzfluss.de/rechner/etf-kostenrechner/

2. ETFs sind maximal diversifiziert. Es gibt mehrere Indizes, die über Ländergrenzen hinaus die Aktien von Unternehmen abbilden und damit eine sehr hohe Diversifikation ermöglichen. Den MSCI World Index hatten wir schon erwähnt. Er deckt mehr als 1.600 Unternehmen ab, die sich über insgesamt 23 Industrieländer verteilen. Wieder andere Indizes schließen sogar 8.000 und mehr Aktien ein. Für all diese Indizes gibt es ETFs, in die Anleger für wenig Geld investieren und so von der Entwicklung der weltweiten Wirtschaft profitieren können. Mit einer solchen gigantischen Streuung reduzierst du das Risiko deiner Geldanlage enorm.

3. ETFs sind emotionslos. Hinter einem ETF steht keine Person mit Gefühlen. Ein ETF folgt emotionslos einem Index, der nach festgelegten Regeln Aktien abbildet. Und das ist fabelhaft, denn Emotionen – sei es Gier, Übermut oder Panik – gefährden den Erfolg deiner Geldanlage. Sie bringen dich oder einen Fondsmanager dazu, falsche Entscheidungen zu treffen, Trends hinterherzulaufen oder vorschnell zu verkaufen. Investierst du in ETFs und folgst schlichtweg dem Markt, lässt du Emotionen keinen Platz und bist damit vor falschen Investmententscheidungen gefeit.

4. ETFs eignen sich für jeden. Um in einen ETF zu investieren, brauchst du kein Vermögen. Inzwischen kannst du ab einem Euro Mindestanlage mithilfe eines Sparplanes in sie einzahlen. ETFs sind dadurch eine sehr demokratische Form der Geldanlage, geben sie doch jedem Menschen die Möglichkeit, schon mit wenig Geld transparent und günstig am Weltaktienmarkt teilzuhaben.

5. ETFs sind liquide. Einen ETF kannst du kaufen und verkaufen, sobald die Börse geöffnet ist, also den ganzen Tag über. Du kannst frei über dein investiertes Geld verfügen. Bei einer Immobilie, deinem Guthaben auf dem Festgeldkonto oder in einer privaten Rentenversicherung ist das nicht der Fall – oder allenfalls mit hohen Kosten oder Verlusten verbunden. ETFs sind also sehr liquide. Das kann in Notsituationen von Vorteil sein, manch einem Anleger aber auch zum Verhängnis werden. Denn weil sich ETFs so einfach und günstig handeln lassen, bergen sie auch Risiken.

Die Risiken bei ETFs

ETFs können zum Zocken verleiten. Ein Vorteil von ETFs ist, dass sie sehr liquide sind. Der Zugang ist so einfach, dass sich manch ein Anleger verleitet fühlt, mit ETFs zu traden, also sie in kurzen Abständen immer wieder zu kaufen und zu verkaufen.

Viele ETFs sind hochspekulativ. Etliche der rund 8.000 ETFs sind von vornherein als »Zocker-Papier« konzipiert worden. Sogenannte Themen-ETFs bilden häufig einen einzigen spezifischen Sektor oder ein aktuelles Trendthema ab. Dann wird in gerade einmal 30 »Clean Energy«-Firmen investiert oder in eine Handvoll Unternehmen, die sich mit Blockchain-Technologien oder Cybersicherheit beschäftigen oder in einer anderen Nischenbranche zu Hause sind. Und auch der DAX mit seinen 40 Unternehmen streut das Risiko ebenso unzureichend wie ein ETF auf die israelische Tech-Szene. ETFs gibt es nicht nur auf Aktien-Indizes, sondern auch auf Anleihen. Einige davon werden von hoch verschuldeten Staaten ausgegeben. Sie versprechen zwar paradiesische Renditen weit über dem Markt – können wegen des extremen Risikos aber auch zu schmerzhaften Verlusten führen.

Keines dieser Produkte hat etwas mit Diversifikation zu tun, und erst recht nichts mit einer sicheren Altersvorsorge. Daher an dieser Stelle ein kleiner, aber wichtiger Hinweis: Wenn wir auf den folgenden Seiten von ETFs sprechen, dann sind derart spekulative Varianten ausgeklammert und ausschließlich solche ETFs gemeint, die einem überregionalen Index folgen und das Kapital somit breit über sehr viele unterschiedliche Aktien streuen.

Auch mit ETFs kannst du Geld verlieren. Aktien-ETFs als Finanzprodukte bergen auch Risiken, schließlich investierst du mit ihnen in Aktien, die grundsätzlich Schwankungen ausgesetzt sind. Das ist einerseits erfreulich, denn wären Aktien komplett risikofrei, würdest du für dein angelegtes Geld auch keine Renditen erwarten können. Das »schlechte« Einzelwertrisiko von Aktien hast du mit einem breiten Investment in ETFs ausgeräumt. Was bleibt, ist das sogenannte Marktrisiko, also die Schwankungen und Krisen, denen der gesamte Aktienmarkt auch weiterhin ausgesetzt ist. Die Kurse von ETFs können daher auch mal für einige

Jahre fallen, bevor es wieder bergauf geht. Steigst du also in einen ETF ein und verkaufst ihn kurz darauf wieder – sei es aus Panik oder Ungeduld –, kannst du Geld verlieren. Wenn du jedoch 15 Jahre und länger in sie investierst, ist es unwahrscheinlich, dass du Verluste machen wirst.

Entspannt und automatisch investieren per Sparplan

Bei den meisten ETFs hast du die Wahl, ob du regelmäßig automatisiert per Sparplan investieren möchtest oder jede Transaktion lieber selbst durchführst. Entscheidest du dich für die Sparplan-Variante, bucht deine Bank dir jeden Monat die gewünschte Sparrate vom Konto ab und investiert sie in ETFs. Bei vielen Brokern sind solche Sparpläne mittlerweile kostenlos, du musst für diesen Service also nichts bezahlen. In welchem Intervall dein Sparplan ausgeführt wird, kannst du selbst wählen. Am sinnvollsten ist der monatliche Sparplan, der möglichst kurz nach Gehaltseingang ausgeführt werden sollte. Manche Depotbanken bieten aber auch zweiwöchentliche, viertel-, halb- oder jährliche Ausführungen an. Das Anlegen per Sparplan hat mehrere Vorteile:

- Du sparst Zeit: Mit einem Sparplan kaufst du immer wieder neue Anteile, ohne dass du selbst tätig werden musst.
- Du sparst voll automatisiert: Sparst du bereits mit dem 3-Konten-Modell, kannst du deinen Vermögensaufbau komplett automatisieren, wenn du

deine Sparrate von deinem Gehaltskonto (Konto 1) abbuchen lässt.

- Kein Markettiming: Du investierst immer zum gleichen Tag eines Monats, egal wie die Kurse stehen und was gerade Trend ist. Das ist grandios, denn so versuchst du nie, den perfekten Einstiegszeitpunkt zu finden.

- Niedrige Einstiegshürde: Bei einigen Brokern kannst du ETFs bereits ab einem Euro Sparrate pro Monat besparen. Bei den meisten andern geht es ab 25 Euro los.

- Sehr flexibel: Du kannst einen Sparplan jederzeit aufstocken, reduzieren, pausieren oder auf einen anderen ETF umsteigen. Was dich aber nicht dazu veranlassen sollte, deinen Sparplan ständig abzuändern. Großer Vorteil eines Sparplans ist schließlich, dass du dich zurücklehnen kannst und gar nichts tun musst, um deiner Anlagestrategie für viele Jahrzehnte treu zu bleiben.

Deine Strategie: lebe aktiv, investiere passiv

Richtig eingesetzt, sind ETFs eine großartige Sache. Du kannst mit ihnen sehr diversifiziert über viele Länder und Branchen hinweg investieren. Über deinen Anlageerfolg entscheidet aber vor allem, welche Strategie du dabei fährst.

Deine Strategie wird dir helfen, im undurchsichtigen Dschungel an ETF-Angeboten die für dich passenden zu finden und sinnvoll zu kombinieren.

Um sein Geld an der Börse zu investieren, gibt es zwei grundsätzliche und entgegengesetzte Ansätze: aktives und passives Investieren. Für welche dieser beiden Strategien du dich entscheidest, wird maßgeblich deinen Anlageerfolg beeinflussen. Schauen wir uns beide genauer an.

Der aktive Investor: immer auf der Suche

Der aktive Aktieninvestor möchte höhere Renditen als ein Index erzielen – wie der Manager eines aktiven Fonds. Um besser zu sein als ein Referenzindex, bedient sich ein aktiver Investor gern aller möglicher Analyse- und Recherchetechniken, gräbt sich durch historische Daten, wertet Nachrichten aus oder stellt technische Chartanalysen an, um künftige Kursbewegungen aufzuspüren. Letztlich sollen all diese kleinteiligen Untersuchungen dazu führen, den richtigen Einstiegszeitpunkt zu finden (Markettiming) und die beste Aktie ausfindig zu machen (Stockpicking). Manchmal auch beides gleichzeitig.

Markettiming und Stockpicking

Wer Markettiming betreibt, versucht, den perfekten Zeitpunkt für den Kauf und Verkauf von Aktien abzupassen. Ziel ist es, möglichst am Tiefpunkt kurz vor dem Kursanstieg in ein Wertpapier einzusteigen, um es dann, nahe dem Höhepunkt, wieder abzustoßen. Ganz nach dem Motto »Buy low, sell high«. Auch kurzfristige Schwankungen und Trends sollen genutzt werden, um eine Überrendite zu erzielen. Das klingt zunächst einmal intelligent, ist aber in der Praxis selten erfolgreich. Denn um Kursbewegungen vorauszusehen zu können, brauchen wir schon eine Glaskugel. Stockpicking beschreibt das gezielte Setzen auf einzelne Aktien mit der Erwartung, dass diese besser laufen werden als der Gesamtmarkt. Zum Beispiel soll durch Analyse betriebswirtschaftlicher Kennzahlen von Aktiengesellschaften ausgemacht werden, welche der Aktien vermeintlich gerade auf dem Markt unterbewertet sind und demnächst steigen könnten und welche sich bereits auf dem Zenit ihrer Kursentwicklung befinden.

Markettiming und Stockpicking setzen voraus, dass sich der Investor bewusst Gedanken macht, welche Investmententscheidung er als Nächstes trifft – und in regelmäßigen Abständen immer wieder aktiv kauft und verkauft. Oder es wird jemand engagiert, der das Ganze übernimmt, also zum Beispiel ein aktiver Fondsmanager. Kurzum: Der Investor handelt aktiv.

Der passive Investor: abwarten und nichts tun

Wer dagegen passiv investiert, sucht nicht nach Überflieger-Aktien, handelt nicht nach wirtschaftlichen und gesellschaftlichen Trends, versucht nicht, Krisen zu umgehen, und schiebt sein Geld nicht dauernd von einer Aktie in die nächste oder von einem Fonds in einen vermeintlich besseren. Ein passiver Investor tut vor allem eines: gar nichts. Er betreibt

Indexing, folgt also mithilfe von ETFs beharrlich einem Index. Gleichzeitig wartet er einfach ab, und zwar sehr lange.

Im Finanzjargon nennt sich dieses Warten »Buy and Hold« (Kaufen und Halten). Indexing und Buy and Hold zusammen bilden die beiden Kerneigenschaften eines passiven Investors. Als passiver Anleger würdest du dir also ein ETF-Portfolio bauen und stur 20 Jahre lang oder bis zur Rente per Sparplan dort hineininvestieren – den Rest übernimmt der Aktienmarkt für dich.

So ein Buy-and-Hold-Ansatz ist weniger aufregend, als stundenlang vor dem PC zu verharren und mit Angstschweiß auf der Stirn die Kurse zu verfolgen. Aber statistisch gesehen ist die Wahrscheinlichkeit weit höher, dass ein passiver Buy-and-Hold-Anleger Gewinne machen wird, als wenn er aktiv tradet oder einen Profi dafür anheuert. Das mag ziemlich absurd klingen, läuft es doch im echten Leben in aller Regel anders: Um etwas zu erreichen und Erfolg im Leben zu haben, müssen wir aktiv werden. In der Finanzwelt gilt das genaue Gegenteil: Tatenlos am Spielfeldrand zu stehen ist das beste Rezept, um ein Vermögen aufzubauen. Wie kann das sein?

Tatsächlich gibt es zwei Erklärungen dafür: die sogenannte Regression zum Mittelwert – und die Tatsache, dass dieser Mittelwert bei Aktien langfristig nach oben tendiert.

Die Regression zum Mittelwert

Dabei handelt es sich um ein statistisches Phänomen: Extreme Abweichungen vom Durchschnitt nach unten oder oben pendeln sich langfristig wieder ein, nähern sich im Laufe der Jahre also wieder dem Durchschnitt an.

Regression zur Mitte lässt sich überall beobachten: Patienten im Krankenhaus, die mit extrem hohem Blutdruck zur Sprechstunde kommen, haben beim nächsten Besuch tendenziell einen niedrigeren Blutdruck.[24] Die Kinder von sehr großen Eltern sind meistens kleiner – und werden eher kleine Menschen Eltern, sind deren Kinder häufig größer als sie. So pendeln sich extreme Ausschläge immer wieder ein, sie kehren zur Mitte zurück, also zum durchschnittlichen Wert, der für eine Gruppe gilt.

Die Regression zur Mitte gilt auch für Investitionen im Finanzmarkt: Die Renditen von Aktien schwanken in einem kurzen Zeitfenster sehr stark, nähern sich langfristig aber immer wieder der durchschnittlichen Marktrendite von Aktien an. Also der Rendite, die die Anlageklasse Aktien im Schnitt über einen sehr langen Betrachtungszeitraum pro Jahr erzielt. Nach einem großen Boom am Aktienmarkt kann man davon ausgehen, dass es irgendwann wieder nach unten geht. Nach einer langen Phase der Abkühlung wird es wieder bergauf gehen. Passive Investoren können sich die Regression zur Mitte also zunutze machen, indem sie ihre Aktien mindestens 15 Jahre lang halten und dadurch Schwankungen am Aktienmarkt ganz einfach aussitzen. Sie verdienen so stets den langfristigen Mittelwert, also die durchschnittliche Rendite, die der Aktienmarkt einbringt – und haben damit zumindest in den vergangenen 50 Jahren stets ein gutes Geschäft gemacht. Ein Beispiel: Jeder, der zwischen 1969 und 2018 für mindestens 15 Jahre in den MSCI World Index investiert hat, erzielte Gewinne. Ganz egal, ob er 1972, 1969 oder 1990 eingestiegen ist. Das zeigt die Ab-

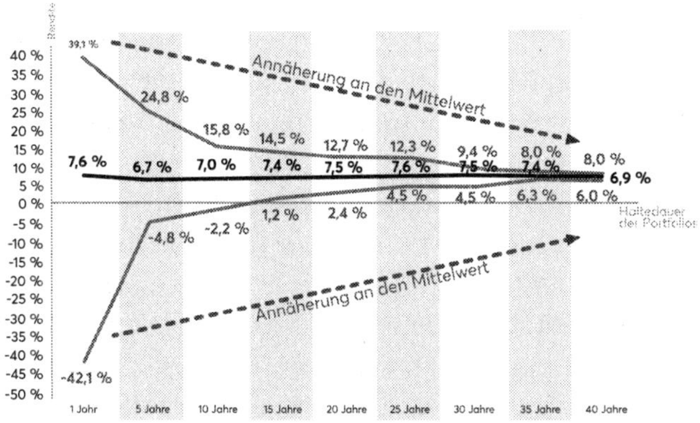

Abbildung 14: Die Regression zur Mitte dargestellt am MSCI World Index

bildung 14, in der die maximalen Gewinne und Verluste von Portfolios verzeichnet sind, die über unterschiedliche Haltedauern und Zeitfenster hinweg in den MSCI World Index investiert haben:

Je nach Einstiegszeitpunkt haben die Portfolios unterschiedlich hohe Gewinne verzeichnet. Ab einer gewissen Haltedauer hat jedoch keiner der Investoren Verluste verzeichnet, ganz egal, wann er eingestiegen ist.

Unter den Investoren, die zu einem beliebigen Zeitpunkt zwischen 1969 und 2018 lediglich für ein Jahr in den MSCI World Index investiert haben (also zum Beispiel von 1970 bis 1971 oder von 2015 bis 2016), hat der erfolgreichste Anleger in diesem einen Jahr einen Gewinn von 39,1 Prozent erzielt (graue Kurve oben). Das erfolgloseste 1-Jahres-Portfolio hat -42 Prozent Verlust eingefahren (graue Kurve unten). Im Durchschnitt wurden mit einer Haltedauer von einem Jahr über alle möglichen Einstiegszeitpunkte hinweg 7,6 Prozent

Rendite erzielt (dunkelgraue Kurve, Mitte). Dass ein Anleger in einem Jahr genau diese Durchschnittsrendite macht, ist allerdings sehr unwahrscheinlich angesichts der vielen Renditen, die in diesem einen Jahr möglich waren. Nach fünf Jahren Haltedauer sind die Ausschläge nach oben und unten schon beträchtlich kleiner – also die Wahrscheinlichkeit höher, die Durchschnittsrendite zu erzielen. In dem besten 5-Jahres-Zeitfenster konnte ein Anleger pro Jahr 24,8 Prozent Rendite machen, im schlechtesten 5-Jahres-Zeitfenster wurden im Schnitt -4,8 Prozent Verlust pro Jahr gemacht. Nach 15 Jahren Haltedauer ist sogar das erfolgloseste Portfolio mit 1,2 Prozent Rendite pro Jahr im Plus-Bereich. Und nach 40 Jahren Haltedauer war die schlechteste Rendite 6 Prozent pro Jahr, das erfolgreichste Portfolio hat 8 Prozent Rendite im Jahr eingefahren. Beide Ausschläge entsprechen nahezu dem Mittelwert, also den 6,9 Prozent Durchschnittsrendite, die der MSCI World in diesen 40 Jahren eingebracht hat. Die Grenzen vom maximalen Verlust und maximalen Gewinn nähern sich immer weiter der Mitte an, je länger man die gekauften Aktien hält.

Wir sehen also: Lediglich Indexing zu betreiben, viele Aktien zu kaufen und das Geld breit zu streuen, macht also noch kein »sicheres« Portfolio. Zusätzlich braucht es Geduld, damit negative Schwankungen durch die Regression zur Mitte ausgeglichen werden. Und genau das ist der Hintergedanke des passiven Investierens: auf lange Sicht vom langfristig wachsenden Aktienmarkt profitieren.

Der Steuervorteil von Buy and Hold

Zu kaufen und zu halten spart Steuern. Passive Anleger profitieren vom sogenannten Steuerstundungseffekt. Steuern auf Aktiengewinne werden in der Regel erst dann fällig, wenn die Gewinne ausgeschüttet werden. Bei spekulativen Tradern ist das mehrmals im Jahr der Fall, sie geben also auch jedes Jahr einen Teil ihrer Gewinne an den Fiskus ab. Bei passiven Anlegern wird die Steuerzahlung dagegen weit in die Zukunft verlagert. Indem sie ihre Positionen erst nach Jahrzehnten auflösen, sparen sie sich davor die Steuern. So bleibt das Geld für diese Zeit investiert und kann weiter Gewinne erzielen.

Investieren per Autopilot: warum die passive Strategie so gut funktioniert

Passiv investieren heißt also, sein Geld sehr breit mithilfe von ETFs über den internationalen Aktienmarkt zu streuen (Diversifikation) und das über viele Jahre hinweg (Buy and Hold). Das bedeutet, nie weniger Rendite zu erzielen als der Gesamtmarkt, also langfristig Gewinne einzufahren. Es bedeutet aber auch, keine Überrenditen zu erzielen. Dies gelingt aber ohnehin nur einem winzig kleinen Bruchteil von aktiven Anlegern, wie wir bereits festgestellt haben. Die Vorteile einer passiven Strategie sind quasi unschlagbar:

Passives Investieren mit ETFs kostet fast nichts: Es fallen keine Ausgabeaufschläge, Provisionen oder hohen Verwaltungskosten an, wie sie Anleger tragen, die in einen aktiv gemanagten Fonds investieren. Der passive Anleger hat damit mehr Kapital zur Verfügung, um es für sich arbeiten zu lassen. Das Endvermögen steigt dadurch.

Deutlich reduziertes Risiko: Beim passiven Investieren wird maximal diversifiziert. Steht es um einen Wirtschaftszweig zeitweise schlecht oder flauen in einer bestimmten Region die Aktienkurse ab, ist das nicht weiter schlimm. Andere Branchen verzeichnen in derselben Zeit Gewinne, und so gleichen sich die Schwankungen gegenseitig aus. Was ein passiver Investor weiterhin trägt, ist das Gesamtmarktrisiko, also das Risiko, dass der weltweite Aktienmarkt ganz normalen Schwankungen unterliegt. Dieses gute Risiko lässt sich nicht »wegdiversifizieren«, aber durch Buy and Hold einfach aussitzen.

Mit Nichtstun Geld verdienen: Als passiver Anleger musst du dich weder durch Unternehmensbilanzen noch durch Wirtschaftszeitungen wälzen und musst die Börse nicht zu deinem neuen Hobby machen. All das spart Nerven und wertvolle (Lebens-)Zeit, die du stattdessen mit schönen Dingen verbringen kannst – ohne Renditechancen zu verpassen.

Du brauchst kein riesiges Vermögen oder Expertenwissen: Dank ETFs können Anleger schon für sehr wenig Geld am Aktienmarkt teilhaben. Um in sie zu investieren, braucht es weder viel Startkapital noch Fachwissen noch Zeit und Mühen.

Auf den Punkt:
Investmentfonds und ETFs

- Aktienfonds ermöglichen dir eine maximale Diversifikation, denn du kannst mit nur einem Produkt in viele Tausend Unternehmen auf der ganzen Welt investieren.
- Aktienfonds orientieren sich immer an einem Index, der die Wertentwicklung eines Aktienmarkts abbildet.
- Aktive Fonds verfolgen das Ziel, mehr Rendite einzufahren als die in einem Index enthaltenen Aktien – was vor allem auf lange Sicht den wenigsten gelingt. Hauptgrund sind die hohen Kosten für das aktive Management.
- Passive Fonds kopieren einfach einen Index und sind dadurch sehr viel günstiger als aktive Fonds. Sie werden auch als Indexfonds bezeichnet.
- Eine börsengehandelte Form der passiven Fonds sind ETFs (Exchange Traded Funds): Sie sind günstig, liquide, für jeden zugänglich und eignen sich hervorragend, um diversifiziert anzulegen.
- Du kannst mit einem monatlichen Sparplan in ETFs investieren und damit den Prozess voll automatisieren.
- Neben einem passiven Produkt benötigst du eine passive Anlagestrategie: Am besten ist es, du lässt dein Geld für mindestens 15 Jahre investiert,

betreibst also Buy and Hold und sicherst dir damit die langfristige durchschnittliche Rendite des Aktienmarkts.

7

In vier Schritten zu deinem ersten Investment

Genug der Vorbereitung: Machen wir dich zum passiven Investor und bauen dein Portfolio. Eines kann ich dir vorab versprechen: Das Ganze ist einfacher als gedacht. Du musst nur die folgenden vier Schritte gehen:

1. Finde die richtige Balance aus Risiko und Sicherheit.
2. Bau dir dein Weltportfolio.
3. Wähle die passenden ETFs für dein Weltportfolio.
4. Eröffne dein Depot für dein Weltportfolio.

Schritt 1: Finde die richtige Balance zwischen Risiko und Sicherheit

Stellen wir uns ein voll besetztes Flugzeug vor. Alle Passagiere wissen um die sehr geringe statistische Wahrscheinlichkeit, dass der Flieger abstürzt (sie liegt bei 1 zu 16 Millionen). Die meisten Fluggäste lehnen sich entspannt zurück, lesen Zeitung oder schlummern auf der Schulter ihres Sitznachbarn. Doch dann gibt es den einen Passagier, dessen Finger sich immer tiefer in die Armlehnen krallen, dem vor Aufregung schwindlig wird und vor dessen innerem Auge das Flugzeug gleich in den Ozean stürzt. Und das, obwohl er eigentlich weiß, dass so ein Szenario unwahrscheinlicher ist als ein Sechser im Lotto. Warum ist das so?

Der Grund ist ganz einfach: Jeder Mensch hat ein individuelles Risikoempfinden. Das gilt für die Flugreise genauso wie für den Bungee-Sprung oder das Schwimmen im Mittelmeer. Die Wahrscheinlichkeit, dass bei diesen Aktivitäten jemand zu Schaden kommt, ist immer gleich hoch. Subjektiv bewertet sie aber jeder Mensch etwas anders. Genauso verhält es sich bei Investitionen am Kapitalmarkt.

Selbst wenn du dein Geld sehr breit streust, wird der Wert deines Portfolios schwanken. Es bleibt schließlich das Marktrisiko von Aktien. Mit den Kursen deines ETFs wird es mal um 5 Prozent nach unten gehen und mal um 20 Prozent nach oben – es kann auch Jahre geben, da fallen die Kurse um bis zu 40 Prozent. In solchen Marktphasen gilt: ruhig bleiben, abwarten und gar nichts tun (Buy and Hold). Mit einem diversifizierten Portfolio gibt es schließlich keinen Grund zur Panik, früher oder später werden die Kurse auch wieder steigen. Das alles weißt du. Es bedeutet aber nicht zwangsläufig, dass du deswegen cool bleibst. Ja, vielleicht wirst du bei 10 Prozent Wertverlust nur müde lächeln und seelenruhig schlafen. Vielleicht wirst du aber auch schweißgebadet vor dem Computer sitzen und nach drei Tagen der seelischen Tortur all deine ETFs verkaufen, weil du fürchtest, es könnte noch weiter nach unten gehen.

Teile dein Anlage-Portfolio auf

Panik-Handlungen sind Gift für die Geldanlage. Um gar nicht erst in eine solche Situation zu geraten, solltest du besser nur so viel von den Schwankungen zu spüren bekommen, wie du persönlich aushalten kannst. Das gelingt dir, indem du nur einen Teil deines Vermögens in Geldanlagen wie Aktien investierst – also beispielsweise 50 Prozent deines Kapitals – und die restlichen 50 Prozent in völlig sichere Anlagen. Die bringen dir zwar keine Rendite ein, bleiben aber stabil. Je nachdem, wie du beide Teile gewichtest, wird dein Gesamtportfolio – also die Mischung aus beiden Teilen – mehr oder weniger stark schwanken. Du kannst es also so einrichten, dass du dieses Auf und Ab aushältst und dich wohlfühlst.

Um die für dich passende Balance zwischen Risiko und Sicherheit herzustellen, teilst du dein Vermögen in zwei Teile auf. Nennen wir sie den Renditebaustein und den Sicherheitsbaustein.

Der Renditebaustein: Das Geld im Renditebaustein soll sich vermehren. Es soll Rendite für dich erwirtschaften, und dafür muss es einem Risiko ausgesetzt werden. Als Geldanlage für den Renditebaustein eignet sich deswegen ein Weltportfolio aus Aktien-ETFs, das zwar kurzfristig in seinem Wert schwanken kann, dir langfristig aber eine attraktive Rendite einbringen wird. Wie du ein solches Portfolio baust, klären wir gleich.

Der Sicherheitsbaustein: Das Geld im Sicherheitsbaustein hat nicht das Ziel, dir Rendite einzubringen. Es soll dafür sorgen, dass dein Gesamtportfolio weniger stark nach unten oder oben ausschlägt. Für den Sicherheitsbaustein eignet sich deshalb zum Beispiel ein Festgeldkonto, auf dem du dein Geld parkst.

Der Unterschied zwischen Sicherheitsbaustein und Notgroschen

Der Sicherheitsbaustein deines Portfolios ist nicht zu verwechseln mit dem Notgroschen, dem Reservepolster aus mindestens drei bis vier Nettomonatsgehältern. Den solltest du am besten auf einem Tagesgeldkonto parken und in jedem Fall separat, um Notgroschen und Sicherheitsbaustein nicht zu vermischen. Der Notgroschen ist für unvorhergesehene Ausgaben gedacht, und du solltest ihn bereits aufgebaut haben, bevor du mit dem Investieren anfängst. Wohingegen der Sicherheitsbaustein ein Teil deiner Investition ist. Er dient dazu, das Gesamtrisiko deines Portfolios zu verringern.

Wie funktioniert der Sicherheitsbaustein?

Angenommen, du investierst in einen Aktien-ETF, der zwischenzeitlich um 20 Prozent an Wert verliert. Hast du dein gesamtes Kapital in diesem ETF angelegt (also in den Renditebaustein), verliert dein gesamtes Portfolio um 20 Prozent an Wert. Hast du aber nur 80 Prozent deines Kapitals in den Aktien-ETF investiert (dein Renditebaustein) und 20 Prozent auf einem Tages- oder Festgeldkonto geparkt (dein Sicherheitsbaustein), geht es mit dem Wert deines Gesamtportfolios nur um 16 Prozent nach unten (80 % × 20 % = 16 %). Die Schwankungen betreffen schließlich nur das Geld im Renditebaustein, also 80 Prozent deines Gesamtkapitals. Bei einer 50/50-Mischung betreffen dich die Turbulenzen nur zur Hälfte: Der Wert deines gesamten Portfolios sinkt gerade mal um 10 Prozent, wenn die Kurse in deinem Renditebaustein um 20 Prozent fallen.

Andersherum kannst du auch mit weniger Rendite rechnen, wenn du einen Teil deines Geldes in sichere Anlagen investierst. Legst du nur 60 Prozent deines gesamten Kapitals in einen Aktien-ETF an, der in einem Jahr um 8 Prozent steigt, steigt dein Portfoliowert insgesamt auch nur um 4,8 Prozent. Die restlichen 40 Prozent deines Kapitals hast du schließlich in Geldanlagen investiert, die von den Schwankungen nicht betroffen sind. Die Rendite gibt es deswegen nur auf 60 Prozent deines Gesamtportfolios (60 % × 8 % = 4,8 %).

Was ist die richtige Mischung für dich?

Wie du dein Portfolio aufteilst, ist deine ganz persönliche Entscheidung, es geht schließlich um dein individuelles Risikoempfinden Bist du nervenstark genug, bei Rückgängen von bis zu 50 Prozent – und in besonders starken Krisen auch mal mehr – einen kühlen Kopf zu bewahren, kann dein Portfolio auch komplett aus dem Renditebaustein bestehen. Mein eigenes Portfolio setzt sich zu 100 Prozent aus Aktien-ETFs zusammen, weil ich weiß, dass mich vorübergehende Schwankungen nicht aus der Ruhe bringen. Ich muss nicht fürchten, in Panik zu geraten und im Affekt Anteile zu verkaufen und somit möglicherweise Geld zu verlieren. Anders ist das bei einer Bekannten von mir, die erst vor Kurzem mit dem Investieren angefangen hat: Sie legt ganz bewusst nur 50 Prozent ihrer monatlichen Sparrate in Aktien-ETFs an, um sich erst einmal an die Schwankungen zu gewöhnen.

Wie viel Spannung du bei der Geldanlage aushalten kannst und möchtest, ist aber nicht allein entscheidend dafür, wie du die Balance zwischen Risiko und Sicherheit findest. Es gibt weitere wichtige Faktoren, die mit deiner persönlichen Situation zu tun haben.

Dein Alter: Als junger Mensch kannst du dir mehr Risiko leisten als im fortgeschrittenen Alter. Du hast in deinem Leben noch viel Zeit, um Geld zu verdienen. Man könnte auch sagen, du hast einen größeren Puffer, mit dem du falsche Finanzentscheidungen später kompensieren könntest. Kurz vor dem Ruhestand hast du deutlich weniger Möglichkeiten dazu. Dafür wird dein Vermögen aber vermutlich deutlich höher sein als das deiner studierenden Enkel. Manche Finanzberater oder -blogger raten älteren Menschen deswegen von Aktien, Immobilien oder anderen risikoreichen Anlagen ab. Sie klammern sich gern an eine alte Faustregel, die da lautet: 100 minus dein Lebensalter ergibt den prozentualen Anteil deines Vermögens, den du in den Renditebaustein investieren solltest. Bist du etwa wie ich beim Schreiben dieses Buchs 32 Jahre alt, solltest du demnach nur 32 Prozent deines Kapitals sicher anlegen und 68 Prozent in riskantere Anlagen investieren. Ich persönlich halte von dieser sehr vereinfachenden Faustregel nicht viel, da sie die ganz individuellen und emotionalen Eigenschaften außen vor lässt, die von Person zu Person variieren.

Was aber richtig ist: Je mehr Zeit dir zum Anlegen bleibt,

desto mehr Risiko kannst du rein objektiv im Hier und Jetzt eingehen, ohne Verluste fürchten zu müssen. Schließlich bleibt dir mehr Zeit, Börsentäler zu überstehen, je länger du investierst. Nach 20, 30 oder 40 Jahren wirst du nichts mehr von den Turbulenzen spüren, die dein Portfolio zwischendurch einmal durchgerüttelt haben.

Deine familiäre Situation: Als studentischer Single trägst du für gewöhnlich Verantwortung für dich selbst – und allenfalls noch für die Silberfischchen in deinem Badezimmer. Ganz anders, wenn du Kinder hast beziehungsweise es deine Familie beeinflusst, was mit deinem Vermögen geschieht.

Deine finanzielle Bildung: Wenn du weißt, dass das Risiko von Aktien als Anlageklasse positiv ist und sich aussitzen lässt, während du das schlechte Risiko von Aktien durch Diversifikation eliminieren kannst, verschafft dir das einen Vorteil. Du verlierst automatisch die Angst vor Schwankungen, wirst in Ausnahmesituationen rationaler handeln und kannst es dir dadurch eher leisten, etwas draufgängerischer zu investieren – also mehr Geld in den Renditebaustein zu stecken.

Wie solltest du also vorgehen? Stell dir eine tatsächliche Krisensituation vor: Die Kurse in deinem Depot brechen um 40 Prozent ein. Wie wirst du reagieren? Bleibst du cool, schaust einfach nicht mehr rein und ziehst unbeeindruckt weiter deinen Sparplan durch? Oder wirst du von Tag zu Tag unruhiger, kannst nicht mehr schlafen, bis du am Ende aussteigst? Sollte Letzteres der Fall sein, empfehle ich dir, einen größeren Teil deines Kapitals in den Sicherheitsbaustein zu investieren. Der prozentuale Anteil sollte so hoch und die Schwankungen damit so niedrig sein, dass du selbst bei heftigen Kursabstürzen von 40 oder 50 Prozent gelassen bleibst und weiter Buy and Hold betreibst. Das ist in der Theorie etwas schwierig zu beurteilen, wenn du die Turbulenzen am Aktienmarkt noch nie am eigenen Leib gespürt hast. Daher ist es sinnvoll, den Sicherheitsbaustein erst einmal etwas höher anzusetzen. Viele Anleger überschätzen ihre Risikotragfähigkeit und geraten dann bereits bei kleinen Schwankungen in Panik. Starte also lieber mit etwas mehr Sicherheit. Beim Renditebaustein kannst du später ja immer noch nachlegen.

Schritt 2:
So baust du dir dein Weltportfolio

Wenn du die perfekte Balance zwischen Rendite und Sicherheit für dich gefunden hast, geht es im nächsten Schritt darum festzulegen, wie du das Geld aus deinem Renditebaustein anlegen willst.

Mit der passiven Strategie möchtest du in so viele Wertpapiere wie möglich investieren, die sich am besten über den gesamten Globus verteilen. Das ist die Idee hinter dem sogenannten Weltportfolio, der Grundlage des Indexing. Natürlich gibt es nicht das eine Weltportfolio, sondern unendlich viele Varianten. Inzwischen existieren mehr als drei Millionen Aktien-Indizes und entsprechende ETFs, die alle unterschiedliche Märkte oder Teilmärkte abbilden. Die einen beschränken sich auf die größten Aktiengesellschaften in einem Land (wie der DAX) oder auf Unternehmen aus verschiedenen Industrieländern (wie der MSCI World). Andere repräsentieren ausschließlich kleine und mittelgroße Unternehmen aus Europa. Ein Index nimmt nur Großkonzerne aus den USA auf. Wieder ein anderer bildet Unternehmen ab, die in der Vergangenheit hohe Dividenden ausgeschüttet haben. Rein theoretisch könntest du unendlich viele Indizes in einem einzigen Portfolio miteinander kombinieren. Viele Anleger tun dies auch und bauen sich ein überaus komplexes Portfolio aus verschiedenen regionalen oder Branchenindizes, das dann mindestens fünf ETFs beinhaltet, manchmal auch aus 15 oder mehr besteht. Ich weiß das, weil uns viele Finanzfluss-Zuschauer immer mal wieder ihre Portfolios zuschicken – einige sind extrem ausgeklügelt und hochkomplex. Sich so viel Mühe zu machen ist aber gar nicht notwendig. Keep it simple, lautet die Devise beim Portfolioaufbau. Mit welcher Mischung du am Ende eines Jahres die reichste Ausbeute haben wirst, kannst du jetzt noch gar nicht wissen, und das musst du auch nicht. Die Renditeunterschiede zwischen einzelnen Weltportfolios sind am Ende gering.

Gewichtung nach Marktkapitalisierung oder Wirtschaftskraft?

Der MSCI World gewichtet – wie die meisten Weltmarktindizes – die in ihm enthaltenen Aktien nach Marktkapitalisierung. Das heißt, je wertvoller ein Unternehmen an der Börse ist, desto höher ist sein Anteil im Index. Die Marktkapitalisierung eines Landes ist die Summe der Kapitalisierungen aller Unternehmen, die in diesem Land börsengelistet sind. Im

weltweiten Vergleich sitzen die Aktiengesellschaften mit der höchsten Marktkapitalisierung in den USA – und dementsprechend präsent sind die Vereinigten Staaten in den meisten Weltindizes.
Einige wenige Indizes gewichten nach der Höhe des Bruttoinlandsprodukts (BIP). Sie räumen also den Unternehmen den größten Platz ein, die in Ländern mit dem höchsten BIP ansässig sind. Europäische und deutsche Unternehmen sind dort stärker gewichtet, denn die Wirtschaftskraft ist hierzulande doppelt so hoch wie die Marktkapitalisierung.[25]
Aus Renditesicht nehmen sich beide Arten der Gewichtung nicht viel. Von 1970 bis 2019 beispielsweise hätte ein Investment in einen ETF auf den MSCI World (gewichtet nach BIP) ein klein wenig mehr Rendite erzielt als in einen ETF auf den MSCI World, der klassisch nach Marktkapitalisierung priorisiert. Gleichzeitig waren die Schwankungen des BIP-Index aber auch höher, weil der Anteil kleinerer Unternehmen größer war, die für gewöhnlich volatiler sind.[26]
Kurzum: Wenn du einen Aktienfonds auswählst, der einen globalen Index abbildet, ist die Grundlage der Gewichtung dieses Fonds nicht entscheidend für deinen Anlageerfolg.

Fünf Wege, die Welt nachzubauen

Bevor du dich auf die Suche nach konkreten ETFs machst, solltest du also entscheiden, welche Indizes und damit welche Aktienmärkte du abdecken möchtest. Wie gesagt, gibt es hier unendlich viel Auswahl und unzählige Kombinationsmöglichkeiten. Wenig falsch machen kannst du mit den folgenden fünf Portfolios, die auch auf der nächsten Seite abgebildet sind. Mit jeder Variante investierst du sehr breit diversifiziert, beziehst aber je nach Vorliebe zum Beispiel auch Immobilien und Rohstoffe mit ein oder erhöhst den Anteil an europäischen Unternehmen in deinem Depot. Gehen wir alle fünf Möglichkeiten nacheinander durch.

All-in-One – ein Index für die ganze Welt:
Die mit Abstand simpelste Lösung ist ein Weltportfolio, das auf einem einzigen Index basiert, der Unternehmen aus sehr vielen unterschiedlichen Ländern und Sektoren abbildet. Ein All-in-One-Portfolio also. Einige Indizes, darunter auch der MSCI World, bilden lediglich Aktien aus Industrieländern ab (wie Deutschland, USA, Frankreich, Japan). Mit einem solchen Index streust du dein Geld bereits ziemlich breit, es geht aber noch breiter. Denn manche Indizes enthalten darüber hinaus auch Schwellenländer, also Staaten, die technologisch weit entwickelt sind und einige aufstrebende Weltkonzerne beheimaten, insgesamt aber wirtschaftlich weniger entwickelt sind als Industriestaaten (zum Beispiel China, Indien, Mexiko, Brasilien, Südkorea). Entsprechend sind dort auch sehr viel mehr Aktien versammelt. Ein Beispiel für einen solchen Welt-Index ist der FTSE All World vom Anbieter FTSE (Financial Times Stock Exchange), der insgesamt mehr als 4.000 verschiedene Unternehmen aus Industrie- und Schwellenländern beinhaltet – wenn auch die Industriestaaten mit Abstand den größeren Anteil haben (90 Prozent). Ein anderes Beispiel für einen sehr breit diversifizierten Welt-Index ist der MSCI ACWI. Wie der MSCI World wird er vom Anbieter MSCI herausgegeben,

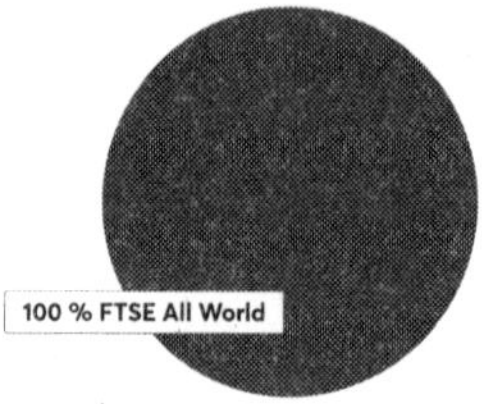

Abbildung 15: Dein Weltportfolio mit einem ETF

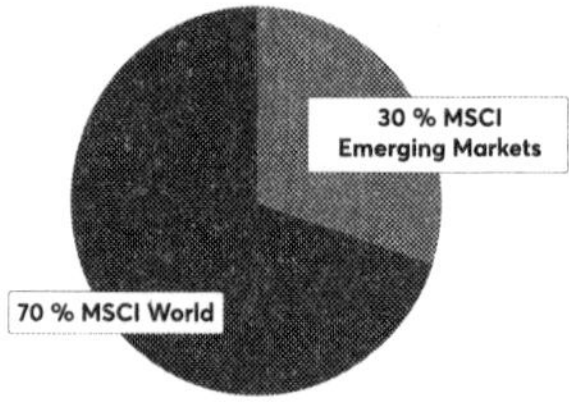

Abbildung 16: Die Welt mit mehr Gewicht auf den Schwellenländern

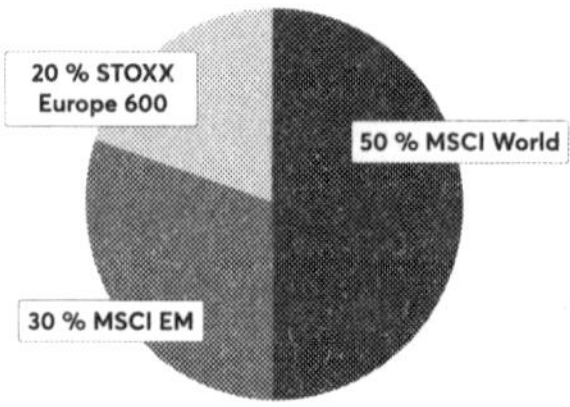

Abbildung 17: Weltportfolio mit stärkerem Gewicht auf Europa und Schwellenländern

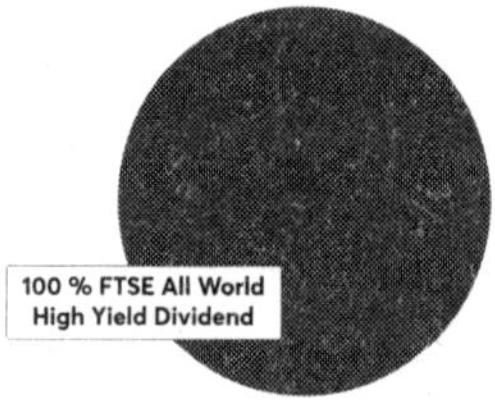

Abbildung 18: Das einfache Weltportfolio für Dividenden-Fans

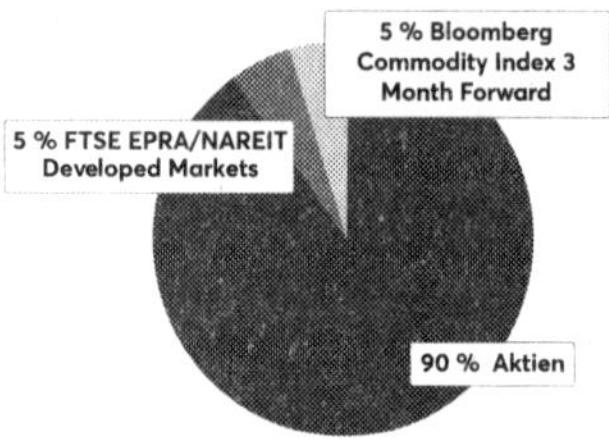

Abbildung 19: Weltportfolio mit Immobilienaktien und Rohstoffen

das Kürzel ACWI steht für »All Countries World Index«. Auch der MSCI ACWI repräsentiert Industrieländer und Schwellenländer, beinhaltet mit etwa 2.900 Positionen aber etwas weniger Aktien als der FTSE All World.

Mit einem All-in-One-Portfolio, das aus einem dieser Indizes besteht, kannst du nichts falsch machen – und es ist vor allem so einfach zu handhaben wie kein anderes Portfolio. Es lässt sich schließlich mit einem einzigen ETF abbilden.

Simpel und wirksam – die 70/30-Mischung:
Die Kombination von Industrie- und Schwellenländern kannst du alternativ auch selbst herstellen, indem du einen Industrieländer-Index und einen Schwellenländer-Index miteinander kombinierst. Genauso wie mit der All-in-One-Lösung würdest du damit so gut wie die gesamte Weltwirtschaft abdecken. Für die Industrieländer würde sich zum Beispiel der MSCI World Index eignen, der knapp 1.600 Unternehmen repräsentiert, die in 23 Industrieländern ansässig sind, darunter Deutschland, die Niederlande, die USA und Schweden. Schwellenländer-Indizes erkennst du immer daran, dass sie den Zusatz »EM« im Namen tragen. Das ist das Kürzel für Emerging Markets (zu Deutsch: Schwellenländer). Auch in diesem Fall gibt es einen entsprechenden Index von MSCI, den MSCI EM. Er enthält rund 1.400 Aktien. In welchem Verhältnis du beide Regionen abbildest, ist dir überlassen. Viele Anleger nutzen die 70/30-Mischung, bei der 70 Prozent des Kapitals in einen ETF auf den MSCI World und 30 Prozent in einen ETF auf den MSCI EM fließen. Eine Alternative zum normalen MSCI EM wäre der MSCI EM IMI, der ebenfalls kleine Unternehmen einschließt.

Große, mittlere oder kleine Unternehmen?

Die meisten Weltindizes – zum Beispiel auch der MSCI World – bilden ausschließlich große und mittelgroße Unternehmen ab (auf Englisch: Large- und Mid-Caps). Es gibt aber auch Indizes, die kleine Unternehmen einbinden. Der MSCI Emerging Markets IMI ist so einer. »IMI« steht für »Investable Market Index«, womit »investierbare Unternehmen« in Schwellenländern verschiedener Größenklassen gemeint sind. Der Index zeichnet die Entwicklung von mehr als 3.000 Aktien aus Schwellenländern nach (EM – Emerging Markets) und enthält neben großen und mittelgroßen Unternehmen auch kleine Unternehmen – also Unternehmen mit einer vergleichsweise geringen Marktkapitalisierung. Weil auch der MSCI EM IMI nach Marktkapitalisierung gewichtet, ist der Anteil kleiner Firmen allerdings verschwindend gering.

Mehr Europa – die 50/20/30-Mischung:
In den bisher genannten Welt-Indizes spielen Unternehmen vom europäischen Kontinent eine eher untergeordnete Rolle, während die USA sehr stark vertreten sind. Vielleicht möchtest du zum Ausgleich etwas mehr Europa in dein Portfolio bringen. Dann könntest du dir zum Beispiel neben einem Index aus Industrieländern und einem aus Schwellenländern zusätzlich einen Index ins Portfolio holen, der nur europäische Aktien abdeckt. Gewichten könntest du die drei Indizes beispielsweise im Verhältnis 50/20/30. Die Hälfte deines Kapitals würde in einen ETF

auf den MSCI World Index (1.600 Aktien) fließen, 30 Prozent in den Schwellenländer-Index MSCI Emerging Markets (1.400 Aktien) und 20 Prozent in den Stoxx Europe 600. Das ist ein Index, der vom Schweizer Anbieter Stoxx herausgegeben wird und die 600 größten Unternehmen des europäischen Wirtschaftsraums (EWR) repräsentiert. Dazu gehören neben den 27 Mitgliedstaaten der EU auch Island, Liechtenstein, Norwegen, Großbritannien und die Schweiz. Aktuell sind darunter Firmen wie der Softwarekonzern SAP, der irische Chemie-Konzern Linde oder das britische Unternehmen Unilever.

So ein Portfolio mit Extra-Europa-Anteil ist eine Option, um den hohen Anteil von US-Werten etwas abzumildern, wie er in den meisten globalen Indizes vorhanden ist. Der MSCI World beispielsweise besteht zu mehr als 50 Prozent aus US-amerikanischen Unternehmen. Das kann man insofern bedenklich finden, als dass hierdurch eine Art Klumpenrisiko entsteht. Angenommen, die US-amerikanische Wirtschaft gerät in die Krise, würde dein Portfolio (wenn auch nur übergangsweise) recht deutliche Verluste erleiden. Unbedingt notwendig ist es aber nicht, dieses USA-Übergewicht auszugleichen und stattdessen europäische Firmen stärker zu gewichten. Schon der MSCI World bildet die wertvollsten europäischen Firmen ab, wenn auch weniger stark gewichtet. Dein Europa-Anteil läge mit einem zusätzlichen Europa-ETF also bei mehr als 20 Prozent.

Passives Einkommen mit dem Dividenden-Portfolio:
Mit einem Weltportfolio kannst du dein Geld auch speziell in solche Unternehmen investieren, die für gewöhnlich hohe Dividenden an ihre Aktionäre ausschütten. Deine Ren-

diteerwartung wirst du damit letztlich nicht erhöhen, vielleicht gefällt dir aber der Gedanke, ein paar Mal im Jahr eine kleine Summe ausgezahlt zu bekommen. Die einfachste Lösung für so ein Dividenden-Portfolio wäre wieder ein ETF auf einen einzelnen Index, beispielsweise auf den FTSE All World High Yield Dividend Index (*High Yield* = hohe Rendite). Das ist praktisch die kleine Schwester des FTSE All World, den wir im ersten Portfolio schon betrachtet haben. Er bildet die Entwicklung von 1.600 Aktien aus Industrie- und einigen Schwellenländern ab, die (in der Regel) überdurchschnittliche Dividenden zahlen.

Der Vorteil einer solchen Dividendenstrategie ist, dass es sich gut anfühlt. Regelmäßig einen Betrag ausgeschüttet zu bekommen, kann sehr motivierend sein – führt langfristig aber nicht zu mehr Rendite, als wenn du ganz einfach in alle Aktien investieren würdest, also nicht nur in starke Dividendenzahler. Denn wird eine Dividende nicht an die Aktionäre ausgeschüttet, dann behält sie die Firma ein und investiert das Geld stattdessen in neue Produkte oder Innovationen – wodurch langfristig der Kurswert steigt. Davon profitierst du als Anleger ebenfalls.

Von Nachteil ist, dass auf Dividenden genau wie auf Aktiengewinne prinzipiell Steuern anfallen. Es gibt zwar Freibeträge, überschreitest du diese jedoch, musst du einen Teil deiner Dividenden wieder an den Fiskus abtreten. Es bleibt somit weniger Geld in deinem Depot – und je weniger Kapital du für dich arbeiten lässt, desto geringer werden in 20, 30 oder 40 Jahren auch deine Gewinne sein.

Zudem kannst du nie sicher sein, ob und wie viel Dividende du einmal oder mehrmals im Jahr erhalten wirst, die Zahlung ist schließlich freiwillig und schwankt mit den

Gewinnen, die die Unternehmen einfahren. In Krisenzeiten passiert es häufig, dass Unternehmen, die immer Dividenden ausgeschüttet haben, plötzlich auf die Gewinnbeteiligung verzichten oder diese stark reduzieren müssen.

Allein aus Renditesicht würde ich dir von der Dividendenstrategie also eher abraten.

Nicht nur Aktien? Immobilien und Rohstoffe als Beimischung:
Du kannst dein Geld auch über mehrere Anlageklassen streuen. Eine Möglichkeit wären Immobilien und Rohstoffe, da sich diese zeitweise ganz anders als klassische Aktien von Unternehmen entwickeln können. Dahinter steht der Gedanke, eventuelle Schwankungen aufzufangen oder gar mehr Rendite einzufahren als mit einem reinen Aktieninvestment. Eine mögliche Portfolio-Aufteilung ist die 90/5/5-Mischung.

In diesem Modell fließen 90 Prozent deines Geldes in einen oder mehrere Aktien-ETFs, wie wir es in den vorherigen Varianten gezeigt haben. Die restlichen 10 Prozent verteilen sich auf Immobilien und Rohstoffe. Im Falle von Immobilien sind hier Immobilienaktien gemeint. Wie schon angesprochen, sind Immobilienaktien eine gute Möglichkeit, die Branche bei der Geldanlage miteinzubeziehen, ohne in einem langwierigen und teuren Prozess in Beton zu investieren. Mithilfe von ETFs kannst du Anteile an mitunter mehreren Hundert Immobilien-AGs auf einmal erwerben. Solche ETFs sind im Gegensatz zu klassischen Immobilienfonds liquide und in der Regel deutlich günstiger. Ein Investment in Immobilienaktien ist damit die bequemste und günstigste Variante für Anleger, die gern zusätzlich in den

Immobiliensektor investieren, aber den Direktkauf umgehen möchten. Als Basis für einen ETF käme zum Beispiel ein Index wie der FTSE NAREIT Developed Markets infrage, der die 100 größten Immobilienaktien aus entwickelten Märkten (Industriestaaten) abbildet. Wirklich notwendig ist das aber nicht, denn Immobilienaktien sind in Aktien-Weltindizes wie dem FTSE All World oder dem MSCI World ohnehin schon enthalten.

Rohstoffe deckt dagegen der Bloomberg Commodity Index ab (Commodity = standardisierter Rohstoff). Er versammelt 20 verschiedene Rohstoffgruppen, darunter Edelmetalle, Agrarprodukte und Energie-Rohstoffe wie Öl und Gas. Rohstoffindizes schwanken für gewöhnlich stärker als ein weltweit gestreuter Aktienindex. Der Diversifikation im Portfolio kann es dennoch zuträglich sein, einen kleinen Teil, also maximal 5 Prozent des Kapitals, in Rohstoffe zu investieren, ein Muss ist es aber nicht.

Möchtest du beide Anlageklassen dennoch beimischen, solltest du nicht mehr als 10 Prozent deines Renditebausteins in Rohstoffe und Immobilien investieren, da du ansonsten die Rendite des weltweiten Aktienmarktes nicht voll ausschöpfen wirst.

Dein Weltportfolio: Einfachheit zahlt sich aus

In einem Jahr dominieren US-amerikanische Tech-Werte den Markt, in einem anderen verzeichnet die europäische Pharma-Branche hohe Gewinne. Es werden immer einzelne Regionen, Sektoren oder Unternehmen besser oder schlechter als der Gesamtmarkt performen. Du könntest nun alle paar Monate die Gewichtung in deinem Portfolio entsprechend ändern. Mit einer passiven Anlagestrategie hat das aber nicht mehr viel zu tun, sondern ist mit dem Stockpicking von einzelnen Aktien vergleichbar. Nach der perfekten Verteilung zu suchen und das Portfolio ständig aufs Neue zu optimieren wird dir viel Mühe und Kosten bescheren, nicht aber höhere Renditen. Zumal das ständige Hin und Her zur Folge hat, dass du Steuern zahlen musst, die du dir eigentlich hättest sparen können. Um dein Portfolio abzuändern, musst du schließlich jedes Mal Anteile verkaufen – und die Gewinne versteuern. Du solltest auf den Aufwand verzichten und die Nerven lieber schonen, indem du dich für eine möglichst einfache Variante des Weltportfolios entscheidest. Denn hier gilt: Einfachheit zahlt sich aus.

Zocken solltest du in einem anderen Depot

Es wäre wahrscheinlich ziemlich naiv von mir zu glauben, dass jeder Leser dieses Buches anschließend zum mustergültigen Passiv-Investor wird und sich nicht zumindest einmal im Leben auf den Nervenkitzel einlassen und Einzelaktien oder Sektor-ETFs kaufen wird. Auch wenn es dir auf lange Sicht vielleicht nicht gelingen wird, besser als der Markt zu sein, gehört so eine Erfahrung manchmal zum Lernprozess dazu. Ich selbst hatte vor vielen Jahren eine Phase, in der ich einzelne Aktien gekauft und wieder verkauft habe. Das war, bevor ich mich überhaupt mit dem passiven Investieren beschäftigt und mir einige der wissenschaftlichen Studien angesehen habe, die zu dem Thema existieren und allesamt dieselbe The-

se untermauern: Auf einzelne Aktien zu setzen, ist vertane Liebesmüh. So habe ich auch schnell wieder davon abgelassen.
Einen einzigen Tipp zum Thema Einzel-Investment gebe ich dir trotzdem: Willst du neben dem passiven Investieren doch einmal ein wenig spekulieren, dann solltest du das in einem separaten, zweiten Depot tun – und niemals in demselben, das für dein Weltportfolio reserviert ist. So gerätst du gar nicht erst in Versuchung, deine wohlüberlegten ETF-Positionen aufzulösen, selbst wenn dich der Übereifer einmal packt. Nutze dafür nie das Geld, welches für das Erreichen deiner finanziellen Ziele vorgesehen ist!

Schritt 3: Finde die passenden ETFs für dein Weltportfolio

Vielleicht hast du jetzt schon eine Idee, wie die Welt in deinem Portfolio aussehen könnte. Der erste Schritt ist damit getan. Jetzt fehlen dir nur noch die passenden Finanzprodukte, mit denen du deine Strategie umsetzen kannst. Das ist ein bisschen wie mit der Urlaubsreise: Steht das Reiseziel fest, brauchst du noch den Zug und das Hotel, um das Ganze durchzuziehen. Bezogen auf dein Portfolio: Du benötigst ETFs, die deine gewählten Indizes abbilden.

Für jeden Index gibt es jedoch nicht nur einen, sondern mitunter bis zu 20 verschiedene ETFs. Möchtest du zum Beispiel in einen ETF auf den MSCI World Index einsteigen, hast du (Stand Anfang 2023) die Wahl zwischen 22 unterschiedlichen Produkten. Sich für eines davon zu entscheiden erscheint auf den ersten Blick wie ein Ding der Unmöglichkeit, denn ETFs haben heute immer noch genau die gleichen mechanisch klingenden Namen wie vor 30 Jahren, als sie für institutionelle Großinvestoren erfunden wurden. Woher soll man als normaler Kleininvestor wissen, ob sich nun der »SPDR MSCI ACWI UCITS ETF EUR Hedged Acc« oder der »Vanguard FTSE All-World High Dividend Yield UCITS ETF« besser eignet? Oder ob es nicht doch lieber der »Xtrackers MSCI World UCITS ETF 1C« sein soll?

Welche Infos im ETF-Namen stecken

Keine Sorge, ETF-Namen sind gar nicht so schwer zu entschlüsseln, wenn man die wichtigsten Abkürzungen kennt. Gehen wir das Ganze anhand eines Beispiels (Abbildung 20) durch.

Abbildung 20: Die Bestandteile eines ETF-Namens am Beispiel des XTrackers MSCI Emerging Markets ESG UCITS ETF 1C

Ganz am Anfang steht der Name des ETF-Anbieters, in diesem Fall Xtrackers, eine Tochterfirma der Deutschen Bank. Sie ist einer der größten ETF-Anbieter Europas, genauso wie iShares, eine Marke des Vermögensverwalters Black-

Rock. UBS, Vanguard, Amundi und Lyxor sind ebenfalls bekannte Namen, die dir bei der ETF-Suche unterkommen könnten.

Zweiter Bestandteil eines jeden ETF-Namens ist der Index, auf dem er basiert, hier der MSCI Emerging Markets. Die drei Buchstaben ESG (Environmental, Social and Corporate Governance) weisen darauf hin, dass es sich um einen nachhaltigen ETF handelt, der nach bestimmten ökologischen, ethischen und sozialen Standards investiert. Das Kürzel UCITS (Undertakings for Collective Investments in Transferable Securities) bedeutet, dass der ETF bestimmte Sicherheitsstandards erfüllt, die in den UCITS-Regeln der EU festgelegt sind und dem Anlegerschutz dienen. Zum Beispiel darf der ETF nicht mehr als 20 Prozent in einen einzigen Vermögenswert investieren. ETF-Anbieter sind unter anderem verpflichtet, eine gewisse Mindeststreuung des Kapitals zu garantieren. An dem UCITS-Kürzel erkennst du außerdem, dass dein angelegtes Geld als Sondervermögen verwahrt wird und damit selbst bei einer Insolvenz des Anbieters nicht verloren geht. Die drei Buchstaben ETF weisen ganz einfach darauf hin, dass es sich um einen ETF handelt.

Im letzten Teil des Namens wird häufig auf weitere Merkmale des Indexfonds hingewiesen. In unserem Beispiel endet der ETF mit dem Kürzel »1C«, was bedeutet, dass der ETF thesaurierend ist, dein angelegtes Geld also direkt wieder reinvestiert wird. Zu den besonderen Merkmalen aber später mehr.

Wichtige Kriterien bei der ETF-Suche

Glücklicherweise kannst du bei der Auswahl deines ETFs wenig falsche Entscheidungen treffen, denn die unterschiedlichen Produkte auf ein und denselben Index ähneln sich sehr stark. Kein Wunder, sie verfolgen schließlich alle dasselbe Ziel: den Index möglichst genau nachzubilden.

Es gibt einige Online-ETF-Vergleichsportale, die dir alle in Deutschland zugelassenen ETFs von verschiedenen Anbietern anzeigen. So auch auf unserer Website unter finanzfluss.de/informer/etf/suche/, wo du nach deinen Wunschkriterien filtern und ETFs miteinander vergleichen kannst – etwa Kosten und Rendite. En detail kannst du dann noch mal im sogenannten Factsheet nachlesen, was genau in dem ETF steckt, in den du investieren möchtest.

Das Factsheet ist ein meist zweiseitiges PDF, das dir die wichtigsten Informationen zu einem ETF liefert – zum Beispiel, wie sich der Indexfonds genau zusammensetzt, in welche Aktien, Länder oder Sektoren er investiert und wie hoch die Kosten sind. Ähnlich wie auf der Rückseite von Lebensmittelverpackungen steht in so einem Factsheet alles, was du zu dem Produkt wissen musst. Und genau wie bei der Zutatenangabe vom Bio-Tofu werden dir dort ebenfalls zig Begriffe begegnen, die du noch nie in deinem Leben gehört hast. Schauen wir uns zuallererst die Informationen an, die für deine ETF-Suche wirklich relevant sind.

Das Fondsvolumen ist die Summe aller im Fonds enthaltenen Vermögenswerte. Es umfasst das von allen Anlegern zusammen investierte Kapital, wobei Kursgewinne und -verluste immer berücksichtigt sind. Sobald jemand in den

Fonds investiert oder sich der Kurs verändert, steigt oder fällt also das Fondsvolumen. Für dich als Anleger gilt: Je größer das Volumen, desto besser. Denn ein großes Fondsvolumen bedeutet meist, dass der Anbieter des ETFs geringere Kosten zu tragen hat und mit dem ETF Gewinne einfährt. Und so kann der Anbieter den ETF seinen Kunden auch günstiger anbieten. Als Richtschnur für große Welt-ETFs empfehle ich immer ein Mindest-Fondsvolumen von 100 Millionen Euro. Das weisen die allermeisten Fonds aber bereits auf.

Fondsauflegung: Dieses Datum gibt an, seit wann der ETF existiert. Drei Jahre sollten es meiner Meinung nach schon sein – dann kannst du relativ sicher sein, dass es sich dabei um ein etabliertes Produkt handelt.

Die Kosten: Verglichen mit anderen Finanzprodukten sind ETFs ohnehin schon sensationell günstig, Kostenunterschiede zwischen den einzelnen Produkten gibt es dennoch. Je günstiger, desto besser. Orientieren kannst du dich an der **Total Expense Ratio** (TER). Diese Gesamtkostenquote benennt die Gebühren, die Anleger jährlich an den Anbieter für die Zusammenstellung der im ETF enthaltenen Einzelaktien bezahlen. Die TER wird jedes Jahr prozentual auf dein investiertes Kapital erhoben und liegt für ETFs zwischen 0,1 und 0,5 Prozent. Für einen ETF auf den MSCI World beträgt sie meist um die 0,2 Prozent. Hast du also 10.000 Euro in deinen ETF investierst, belaufen sich deine Fondsverwaltungskosten pro Jahr auf 20 Euro. Die TER wird direkt vom Fondsvolumen abgezogen – also nicht von deinem Konto abgebucht oder aus dem Depot entnommen. Die TER setzen sich aus Verwaltungs- und Vermarktungs-

sowie Lizenzgebühren zusammen, die der ETF-Anbieter an den Index-Anbieter zahlen muss und auf die Investoren umlegt. Will beispielsweise der Fondsanbieter iShares einen ETF auf den MSCI World Index herausgeben, muss er dem Indexanbieter MSCI dafür eine Gebühr bezahlen, um die Indexdaten zu erhalten und den Indexnamen tragen zu dürfen.

Die Tracking Difference: ETFs kopieren einen Index nahezu perfekt, aber nie zu 100 Prozent genau. In den meisten Fällen entwickelt sich der ETF ein klein wenig anders als der Index, den er nachbildet. Bei dieser Differenz zwischen ETF- und Index-Rendite spricht man von der Tracking Difference, die entweder positiv sein kann (der ETF läuft schlechter als der Index) oder negativ (der ETF läuft besser als der Index).

Wieso weichen ETFs vom Index ab?

Dass sich ein ETF anders entwickelt als sein Vergleichsindex, kann mit den jährlichen Verwaltungsgebühren (TER) zusammenhängen, die von der Performance abgezogen werden, aber auch mit zeitlichen Verzögerungen bei der Abbildung. Eine Abweichung kann auch dadurch zustande kommen, dass der ETF weniger Steuern zahlt als vom Index errechnet. Wir erinnern uns: Ein Index misst nur, er investiert nicht selbst in die Aktien, die er repräsentiert. Er zahlt also auch keine Steuern, nimmt aber einen theoretischen Steuersatz an, der für den Kauf der enthaltenen Wertpapiere anfallen würde. Liegt der tatsächliche Steuersatz des ETF nun unter dieser theoretischen Annahme des Index, bleibt für den ETF nach Steuern mehr Kapital übrig. Ergo schneidet er besser ab als sein Vergleichsindex. Dass ein ETF besser abschneidet als sein Index, kann auch darin begründet sein, dass der Fondsanbieter nebenher zusätzliche Gewinne erwirtschaftet und diese Einnahmen on top in das Fondsvolumen fließen.

Einige ETFs geben in ihrem Factsheet an, wie sich ETF und Index im Vergleich entwickelt haben. Das sieht dann zum Beispiel so aus:

	1 Jahr	3 Jahre	5 Jahre	10 Jahre	Seit Auflage
Fonds	35,16 %	14,57 %	14,37 %	11,09 %	10,98 %
Vergleichsindex	35,07 %	14,49 %	14,29 %	11,05 %	11,06 %

Abbildung 21: Performance-Vergleich von iShares Core MSCI World ETF und MSCI World Index (Quelle: iShares.de)

Die Tracking Difference ist eine interessante Kennzahl, doch die wenigsten ETF-Anbieter publizieren sie.

Dagegen ist jeder Fondsanbieter verpflichtet, die TER anzugeben. Die Gesamtkostenquote ist daher die einfachere Art, einen ETF zu beurteilen. Hinzu kommt, dass sich die Tracking Difference von Jahr zu Jahr ändert. Die angegeben Werte beziehen sich stets auf die Vergangenheit und sind kein eindeutiger Indikator dafür, wie genau die Index-Abbildung zukünftig sein wird.

Worauf du achten kannst – aber nicht musst

Was tun mit den Gewinnen? Einige Unternehmen schütten Dividenden an ihre Aktionäre aus. Was passiert mit diesen zusätzlichen Gewinnen? Je nachdem, ob du dich für einen ausschüttenden oder thesaurierenden ETF entscheidest, passiert Folgendes mit deinen Dividenden:

- **Ausschüttender ETF**: Du bekommst die angesammelten Dividenden einmal oder mehrmals im Jahr ausgeschüttet. Dabei fließen die Dividenden aus dem Fonds heraus in dein Depot. Wenn du möchtest, kannst du sie dir auszahlen lassen. Sie landen dann auf dem Konto, das mit deinem Depot verknüpft ist (im besten Fall ein Tagesgeldkonto).
- **Thesaurierender ETF:** Du verzichtest auf die Auszahlung, und die Dividende bleibt automatisch im Fonds. Bekommst du beispielsweise 65 Euro Dividende pro Jahr, werden diese 65 Euro gar nicht aus dem Fonds entnommen, sondern bleiben investiert. Der Fonds kauft damit neue Anteile für dich, und das Fondsvolumen wächst. Deine ETF-Anteile gewinnen entsprechend an Wert.

Die Wahl zwischen einem ausschüttenden und einem thesaurierenden ETF ist eher eine Geschmacksfrage. Ein Besser oder Schlechter gibt es nicht. Beide Methoden haben gewisse Vorzüge.

Thesaurierende ETFs, die deine Gewinne direkt wieder reinvestieren, lohnen sich vor allem dann, wenn dein Geld noch für 20, 30 oder 40 Jahre angelegt bleiben wird. Weil von den Gewinnen mehr Anteile am Fonds gekauft werden, wächst dein Vermögen stärker, als wenn du dir die Gewinne jedes Mal direkt ausschütten lässt. Außerdem musst du dann auch erst ganz am Ende Steuern auf die Gewinne zahlen.

Ausschüttende ETFs eignen sich zum Beispiel für Anleger, die sich ab und zu etwas Geld auszahlen lassen möchten, um nebenbei eine Art passives Einkommen zu generieren. Lässt du dir Gewinne ausschütten, werden diese in der Regel direkt versteuert. Das kann dann finanziell attraktiv sein, wenn du mit deinen Gewinnen nicht über den geltenden Freibetrag kommst. Im Kapitel »Investieren und Steuern« (siehe Seite 226) gehen wir auf solche Steueraspekte genauer ein.

Manchmal erkennst du bereits am Namen des ETFs, ob dieser ausschüttet oder nicht. Die Kürzel ACC oder *C* stehen für »accumulating« (zu Deutsch: ansammeln, anhäufen) und damit für thesaurierende Fonds. Die Kürzel DIST oder DIS (distributing) bedeuten auf Deutsch »verteilen« und weisen auf einen ausschüttenden ETF hin.

Physisch oder synthetisch replizierend? Es gibt grundsätzlich zwei Wege, wie ein ETF einen Index abbildet. Bei der physischen Replikation (Nachbildung) werden die im Index enthaltenen Aktien tatsächlich von dem ETF gekauft. Manche Indizes werden aber auch »künstlich« abgebildet beziehungsweise synthetisch. Die im Index enthaltenen Aktien werden nicht tatsächlich gekauft. Es wird ein Kreditinstitut zwischengeschaltet, das die Anteile für den Fondsanbieter erwirbt, der die Aktien so praktisch indirekt erwirbt. Für dich als Anleger macht das aus Renditesicht keinen Unterschied: Steigt der Index um 2 Prozent, steigt auch dein ETF um 2 Prozent.

Es wird häufig kritisiert, dass bei den synthetisch replizierenden Fonds eine weitere Instanz neben dem ETF-Anbieter involviert ist, mit deren Hilfe die Aktien künstlich abgebildet werden. Diese Instanz könnte rein theoretisch insolvent gehen und dir als Anleger Verluste bescheren. In der Praxis hat der ETF-Anbieter für solche Eventualitäten aber Sicherheiten hinterlegt, trotzdem besteht ein solches theoretisches Risiko. Solltest du zwischen beiden Methoden wählen können, würde ich dir deswegen zur physischen Variante raten.

Im Factsheet heißt es häufig nur »physisch« oder »synthetisch«, wenn es um die Art der Nachbildung geht. Teilweise ist auch von einer »direkten Replikation« (DR; *direct replication*) die Rede, was für eine physische Replikation steht.

Was du vernachlässigen kannst

Die ETF-Währung: Keine Rolle bei der Auswahl spielt die Währung, in der der ETF geführt wird (im Factsheet: Fondswährung). Investierst du in einen ETF und erzielst Gewinne, bekommst du diese immer automatisch in deiner Heimatwährung ausgeschüttet, also in Euro. Daher ist es egal, ob der Kurs deines ETF in US-Dollar, Euro oder Schweizer Franken angegeben ist. Am Ende wird deine deutsche Depotbank in Euro umrechnen.

Was du sonst noch im Factsheet erfährst

WKN/ISIN: Jeder ETF ist einzigartig – und besitzt deshalb je eine nationale und eine internationale Kennnummer: die deutsche Wertpapierkennnummer (WKN) und die länderübergreifende ISIN (International Securities Identification

Number). Falls du nähere Infos zu einem ETF suchst oder später in diesen investieren möchtest, können dir ISIN oder WKN behilflich sein. Du findest sie im Factsheet oder auf unserem ETF-Vergleichsportal.

Benchmark: Im Factsheet wird der Vergleichsindex, auf dem der jeweilige ETF basiert, häufig als Benchmark bezeichnet – oder ganz einfach als Index.

Positionen: In wie viele Unternehmen investiert der ETF, und um welche handelt es sich dabei konkret? In einigen Factsheets ist dies detailliert dargestellt. Andere veröffentlichen zumindest eine Liste der Top-10-Positionen sowie deren Gewichtung im Index. Das sieht dann beispielsweise so aus wie in Abbildung 22.

Top-10-Positionen

APPLE	4,15 %
MICROSOFT	3,46 %
AMAZON COM	2,41 %
FACEBOOK	1,45 %
ALPHABET A	1,37 %
ALPHABET C	1,35 %
TESLA	0,89 %
NVIDIA	0,82 %
JPMORGAN CHASE & CO	0,79 %
JOHNSON & JOHNSON	0,77 %
SUMME TOP 10	17,46 %

Abbildung 22: iShares Core MSCI World ETF Top-10-Positionen mit prozentualem Gewicht (Quelle: iShares)

Aufteilung nach Sektoren und Regionen: In so gut wie jedem Factsheet ist angegeben, in welche Wirtschaftssektoren und Regionen der ETF investiert und zu welchem Anteil, ähnlich wie in Abbildung 23.

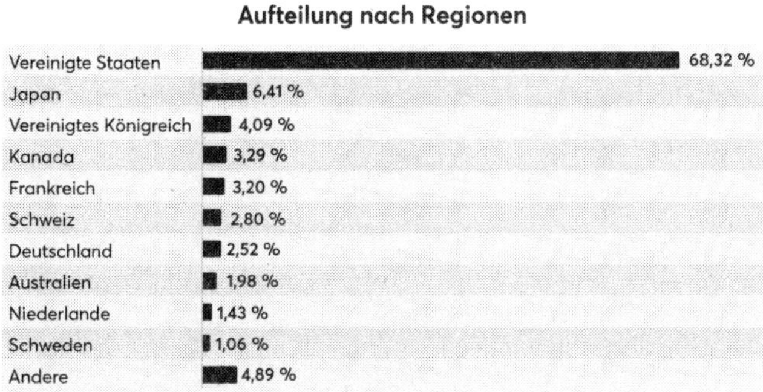

Abbildung 23: Länderverteilung iShares Core MSCI World UCITS ETF (Quelle: iShares)

Auf geht's!

Hast du den einen oder mehrere ETFs gefunden, die genau deinen Vorstellungen entsprechen und in die du investieren möchtest, notiere dir am besten die WKN (Wertpapierkennnummern), damit du deine Produkte später auch wiederfindest und dir nicht den kryptischen ETF-Namen merken musst. Um das Finanzprodukt nun tatsächlich zu kaufen, fehlt dir nur noch ein Depot.

Schritt 4: Eröffne dein Depot für dein Weltportfolio

Was ist ein Depot?

Ein Wertpapierdepot ist dein Zugang zum Kapitalmarkt und Voraussetzung dafür, dass du überhaupt Finanzprodukte wie ETFs kaufen kannst. Du kannst es dir vorstellen wie einen digitalen Tresor, in dem deine Wertpapiere liegen. Gleichzeitig mit dem Depot eröffnest du in der Regel ein zusätzliches Konto, ein sogenanntes Verrechnungskonto. Von dort werden anfallende Gebühren abgezogen sowie alle Verkaufserlöse verbucht. Im 3-Konten-Modell, das wir in Kapitel 2 eingeführt haben, ist das Verrechnungskonto das Konto Nummer 3 (siehe Seite 68).

Depot oder Broker?

Die Begriffe Depot und Broker werden häufig synonym verwendet. Streng genommen beschreiben sie zwei unterschiedliche Dinge: Der Broker ist eine Art Börsenmakler, der für seine Kunden Transaktionen durchführt. Er ist also der Dienstleister, der zwischen dir und der Börse vermittelt. Die allermeisten Broker bieten dir aber ebenfalls an, deine Wertpapiere zu verwahren (über eine Depotbank). Im allgemeinen Sprachgebrauch meinen beide Ausdrücke also meist das Gleiche.

Wo solltest du dein Depot eröffnen?

Das hängt davon ab, was dein Broker können soll, mit welchen Finanzprodukten du zum Beispiel handeln willst und wie häufig. Denn nicht bei jedem Depotanbieter bekommst du die gleiche Auswahl, die gleichen Konditionen oder die gleiche Preisstruktur. Folgende Fragen solltest du dir bei der Depotsuche deswegen stellen:

Sind deine ETFs sparplanfähig? Bevor du dein Depot eröffnest, solltest du also prüfen, ob deine gewünschten ETFs sich bei dem jeweiligen Anbieter auch besparen lassen, bestenfalls gratis. Einige Anbieter haben weniger als 100 sparplanfähige ETFs im Angebot, während anderswo mehr als 1.000 ETFs kostenlos bespart werden können.

> **Welcher Broker bietet was?**
> **Unser ETF-Sparplan-Vergleich klärt dich auf**
>
> In unserem ETF-Sparplan-Vergleich findest du schnell und übersichtlich heraus, welche Depotanbieter welche Konditionen anbieten. Du kannst vergleichen, wie viele kostenlos besparbare ETFs die einzelnen Broker im Angebot haben und welche weiteren Gebühren für Transaktionen oder Depotführung erhoben werden. Wir bemühen uns, die Informationen immer auf dem neuesten Stand zu halten: www.finanzfluss.de/vergleich/etf-sparplan/

Worin möchtest du investieren? Möchtest du vorrangig in ETFs investieren, bietet sich ein Broker mit einer größeren

Auswahl an ETFs an. Umgekehrt gibt es Anbieter, die richten sich eher an aktive Trader und bieten eine Vielzahl an unterschiedlichen Einzelaktien, beschränken sich aber auf nur wenige ETF-Anbieter und entsprechend wenige sparplanfähige ETFs. Möchtest du auch mit anderen Anlageklassen wie Anleihen und Rohstoffen oder mit komplexeren Finanzprodukten handeln, hat das ebenfalls Einfluss auf deine Broker-Wahl, denn das geht nicht bei jedem.

Je nachdem, welche Art von Wertpapieren du handeln möchtest, spielen auch die Handelsplätze eine Rolle, die der Broker im Angebot hat. In Deutschland gibt es neben dem elektronischen Börsenplatz Xetra eine Reihe weiterer Börsen. Einige Online-Broker sind nur mit einem einzigen Handelsplatz verknüpft. Möchtest du ETFs auf bekannte Indizes handeln und eine simple passive Strategie fahren, ist das aber völlig ausreichend. Wer dagegen auch exotische Nischen-Aktien handeln möchte, braucht häufig Zugang zu speziellen Regional- oder Auslandsbörsen.

Ist dein Broker steuereinfach? Dein Broker sollte fällige Kapitalertragssteuer automatisch an dein zuständiges Finanzamt abführen, im Fachjargon also »steuereinfach« sein. Das ist sehr viel bequemer. Steuereinfach ist grundsätzlich jeder in Deutschland ansässige Broker. So kümmern sich auch alle in unserem Sparplan-Vergleich aufgeführten Anbieter um die Abführung der Steuer. Bei einigen ausländischen Brokern ist das nicht der Fall, hier musst du deine Erträge selbst über deine Steuererklärung dem Finanzamt mitteilen.

Smartphone oder Desktop? Ob du auf dein Depot vom Smartphone aus zugreifen möchtest oder lieber vom PC aus, ist reine Geschmackssache. Die meisten Online-Broker bieten inzwischen sowohl eine App als auch eine Desktop-Version an.

Wo ist es am günstigsten? Eines vorweg: Die Depotkosten sind nicht zu verwechseln mit den Produktkosten, die wir vorhin bei der ETF-Auswahl in Form der TER gesehen haben. Hier gilt natürlich auch: Je weniger du an deinen Anbieter bezahlst, desto mehr Geld kannst du letztlich investieren. Glücklicherweise kostet weltweites Investieren mit ETFs in Deutschland mittlerweile fast gar nichts mehr und ist damit so günstig wie in kaum einem anderen Land. Vor allem das Aufkommen der sogenannten Neobroker hat einen Preiskampf losgetreten, der die Kosten der Depot-Anbieter auf ein Minimum gedrückt hat. Neobroker sind moderne Online-Broker, die sich vor allem durch ihre schlanken Benutzeroberflächen, hübschen Apps und günstigen Preise von älteren Broker-Generationen unterscheiden. Sie haben in der Regel keine eigene Banklizenz und arbeiten daher im Hintergrund mit klassischen Depotbanken zusammen. Der durch die Neobroker losgetretene Preiskampf um das beste ETF- und Aktienangebot kommt uns Privatanlegern entgegen. Doch von vorne: Welche Kosten fallen beim Depot an? Man unterscheidet zwischen Depotgebühren und Transaktionsgebühren:

- **Depotführungsgebühren** erheben einige Anbieter, wenn auch inzwischen nur noch wenige. Sie fallen in der Regel als fixer Betrag an. Die günstigsten belaufen sich auf rund 10 Euro pro Jahr, die teuersten kosten bis zu 50 Euro jährlich – das ist inzwischen aber eher die Ausnahme. Vorsicht: Es gibt auch Broker, die erheben Negativzinsen auf das Geld, das auf dem verknüpften Verrechnungskonto geparkt ist. In den Konditionen ist oft von einem »Verwahrentgelt« die Rede, das dann prozentual von dem nicht investierten Geld auf dem Verrechnungskonto abgezogen wird. Solche zusätzlichen Kosten solltest du und kannst du genau wie die Depotführungskosten ziemlich gut umgehen, da sie nur von einer Minderheit der Broker erhoben werden.

- **Transaktionskosten** sind die Gebühren, die pro Kauf, Verkauf oder Sparplan-Ausführung anfallen. Bei diesem Auftrag zum Kaufen oder Verkaufen, den du deinem Broker erteilst, spricht man auch von einer Order. Viele der neuen Broker haben die Transaktionskosten mittlerweile auf einen Euro begrenzt oder für ETFs komplett abgeschafft. Einige klassische Depotanbieter verlangen nach wie vor Transaktionsgebühren, teilweise bis zu 2,5 Prozent Aufschlag pro Ausführung. Besparst du also beispielsweise einen ETF mit 250 Euro pro Monat, wären das 6,25 Euro pro Ausführung und damit im Jahr 75 Euro. Auch solche Kosten solltest und kannst du dir leicht sparen, denn insbesondere für ETF-Investoren gibt es viele günstige und zum Teil eben auch kostenlose Angebote.

Es lohnt sich also, die Kosten der einzelnen Broker zu vergleichen, bevor du dich für einen Anbieter entscheidest. Da die Konditionen sich ständig ändern, sind die genannten Gebühren allerdings nur eine Momentaufnahme.

Zu den Transaktionskosten gehört indirekt auch der sogenannte **Spread**. Das ist die Spanne zwischen dem Geld- und Briefkurs. Angenommen, du möchtest ein Wertpapier an der Börse verkaufen, erhältst du dafür den Geldkurs: Das ist der Preis, den ein Käufer maximal bereit ist, dir für dein Wertpapier zu bezahlen. Willst du dagegen einen ETF-Anteil oder eine Aktie kaufen, dann zahlst du dafür den Briefkurs: Das ist der Preis, den ein Verkäufer mindestens für sein Wertpapier haben möchte. Nun kommt es manchmal vor, dass dieser Briefkurs deutlich über dem Geldkurs liegt, also ein Spread entsteht: Würdest du ein Wertpapier kaufen und direkt wieder verkaufen, hättest du dafür mehr bezahlt, als du anschließend wieder dafür bekommen würdest. Ein höherer Spread bedeutet für dich als Anleger also stets ein schlechteres Geschäft – egal, ob du kaufen oder verkaufen möchtest.

Es gibt mehrere Faktoren, die die Höhe des Spreads beeinflussen. Je liquider ein Wertpapier beispielsweise ist, also je mehr es gehandelt wird und je höher sein Börsenumsatz

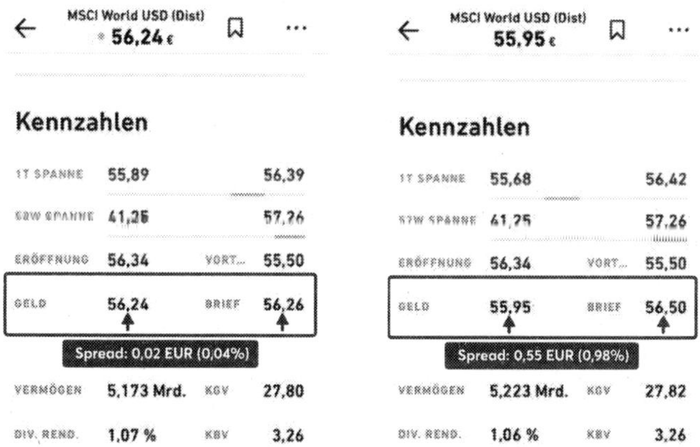

Abbildung 24: Beispiel für den Spread an einem normalen Handelstag (links) im Vergleich zum Wochenende (rechts) (Quelle: Trade Republic App)

ist, desto geringer ist meist der Spread. Ein Rolle spielen auch der Wochentag und die Uhrzeit, zu denen du handelst: Wenn du außerhalb der offiziellen Börsenzeiten kaufst und verkaufst, wie es viele der neuen Online-Broker ihren Kunden anbieten, ist der Spread höher, wie in Abbildung 24 dargestellt. Kaufst du beispielsweise um 21 Uhr einen ETF, musst du mit einem höheren Spread rechnen. Bei einem ETF auf den MSCI World können das schon mal 0,5 Prozent sein. Bei einem Invest von 10.000 Euro würdest du also 50 Euro mehr für deine ETF-Anteile zahlen als während der offiziellen Handelszeiten von 9 bis 17:30 Uhr.

Investierst du langfristig per Sparplan in einen Indexfonds, musst du dir über den Spread keine Gedanken machen, denn die Transaktionen werden automatisch während der offiziellen Handelszeiten durchgeführt, wenn die Börsen liquide und die Spreads somit sehr niedrig sind.

Wie eröffnest du dein Depot?

Nach den ganzen Vorüberlegungen kann es jetzt endlich losgehen: Du eröffnest dein erstes Depot. Das ist heute zum Glück viel leichter als noch vor ein paar Jahren. Du kannst dein Wertpapierdepot sogar vom Sofa aus mit dem Smartphone eröffnen. Das funktioniert ganz ähnlich wie bei einem neuen Konto und dauert insgesamt nicht länger als eine halbe Stunde.

Hast du dich erst einmal für einen Depotanbieter entschieden, ist das Prozedere dann immer gleich:

1. Wähle »Depot eröffnen« aus.
2. Gib deine Daten ein (E-Mail-Adresse, Alter, Beruf, Steu-

ernummer etc. – und mit welchem Konto das Depot verknüpft werden soll).
3. Verifiziere dich über ein Video- oder Post-Ident-Verfahren.
4. Fertig! Du kannst jetzt investieren.

Willst du gleich einen Sparplan anlegen, gehst du folgendermaßen vor:

1. Gib die WKN deines ETFs in die Suchfunktion des Brokers ein oder wähle direkt »ETF-Sparplan anlegen« aus und suche dir deinen gewünschten ETF heraus.
2. Lege ein Intervall fest, also in welchen Abständen dein Sparplan ausgeführt werden soll (zum Beispiel einmal im Monat, zweimal im Monat oder quartalsweise).
3. Sofern dir dein Broker verschiedene Optionen bietet, entscheide, wann der Sparplan ausgeführt werden soll (etwa Anfang, Mitte oder Ende des Monats).
4. Lege einen Sparbetrag für den ETF fest.
5. Dynamisierung gewünscht? Einige Broker bieten dir eine Dynamisierung an, also eine automatische Erhöhung deiner Sparrate. Zum Beispiel kannst du festlegen, dass deine Sparrate jedes Jahr um 5 Prozent steigen soll, um sich beispielsweise deinen Gehaltssteigerungen anzupassen.
6. Gib an, von welchem Konto deine Sparbeträge abgebucht werden sollen. Bei einigen Brokern geht das nur über ein Referenzkonto, von dem dann die Sparrate abgebucht wird. Einige Broker bieten hier das Lastschriftverfahren an, bei dem die Rate automatisch vom Girokonto abgebucht wird. Das Depot würde in diesem Fall dein Konto Nummer 3 aus dem 3-Kontenmodell bilden, also dein Vermögenskonto.

7. Fertig! Wähle »Sparplan anlegen« aus und lehne dich zurück.
8. Wiederhole diesen Vorgang für jeden ETF, den du für dein Weltportfolio besparen möchtest.

Ein Tipp für Unsichere: Wir bei Finanzfluss haben einige Videos zum Thema Depoteröffnung produziert, in denen wir den Auswahl- und Anmelde-Prozess Schritt für Schritt durchgehen. Den Weg zu den Tutorials findest du im Anhang (siehe Seite 281).

Wie du dein Portfolio in Balance hältst

Je nachdem, wie sich die Kurse am Aktienmarkt entwickeln, wird sich im Laufe der Zeit die ursprüngliche Aufteilung in deinem Portfolio verändern. Gewisse Märkte werden besser laufen als andere, daher schneller wachsen und somit einen prozentual größeren Teil in deinem Weltportfolio einnehmen. Verändern wird sich auch dein Mix aus Rendite- und Sicherheitsbaustein: Der Renditebaustein wird langfristig stärker wachsen als der Sicherheitsbaustein. Und damit wächst auch ungewollt das Risiko deines Gesamtportfolios. In regelmäßigen Abständen solltest du deswegen ein sogenanntes Rebalancing durchführen, um deine ursprüngliche Aufteilung wiederherzustellen. Beachtest du die folgenden Punkte, bleibst du deinem gut durchdachten Plan treu.

Rebalancing von Rendite- und Sicherheitsbaustein: Das Geld in deinem Sicherheitsbaustein, also beispielsweise auf einem Tagesgeld- oder Festgeldkonto, ist keinen Wertschwankungen unterworfen. Ganz anders das Kapital im

Renditebaustein: Steigen deine Aktien-ETFs in ihrem Wert, erhöht sich entsprechend dein Vermögen im Renditebaustein. Dein geplantes Verhältnis aus Sicherheit und Rendite gerät damit eventuell aus dem Gleichgewicht. Aus einem Mix von 80 Prozent Rendite und 20 Prozent Sicherheit könnte beispielsweise ein 90/10-Verhältnis werden. Das Risiko deines Gesamtportfolios würde dadurch steigen. Um die ursprüngliche 80/20-Gewichtung wiederherzustellen, könntest du entweder eine Zeit lang deine ETF-Sparpläne pausieren und die Sparrate in den Sicherheitsbaustein investieren. Du könntest aber auch einen Teil der ETF-Anteile verkaufen und das Geld auf dein Tagesgeld- oder Festgeldkonto überweisen.

Sollten die Kurse in deinem Weltportfolio gefallen sein, müsstest du es genau umgekehrt machen: Von deinem Tages- oder Festgeldkonto ziehst du etwas Kapital ab und stockst damit deine Aktien-ETFs auf. Es erfordert vermutlich etwas Mut nachzukaufen, wenn die Kurse gerade gesunken sind. Langfristig zahlt sich das aber aus. Im Abschnitt zum Thema »Crash« spielen wir ein solches Szenario noch einmal genauer durch (siehe Seite 236).

Rebalancing deines Weltportfolios: Besteht dein Renditebaustein, also dein Weltportfolio, aus mindestens zwei ETFs, wirst du es ebenfalls ab und zu neu ausbalancieren müssen, um bei deinem angedachten Mix zu bleiben. Steigt ein ETF um 5 Prozent in seinem Wert, erhöht sich dein dort investiertes Kapital um 5 Prozent. Gleichzeitig rutscht vielleicht ein anderer ETF um 3 Prozent ins Minus, und dein dort investiertes Vermögen wird weniger. Du wirst also zum Beispiel irgendwann keine glatte 70/30-Mischung mehr haben, sondern vielleicht einen 80/20- oder 63/37-Mix. Aber warum solltest du hier regelmäßig eingreifen? Ganz einfach: Mit einem Rebalancing im Weltportfolio erhöhst du deine Renditechancen. Auf jede Hochphase folgt tendenziell eine Tiefphase und umgekehrt (Stichwort »Regression zum Mittelwert«). Du solltest die Verteilung in deinem Weltportfolio also immer mal wieder in Balance bringen. Dazu hast du zwei Möglichkeiten:

- **Den Sparplan anpassen:** Besparst du deine ETFs, kannst du deine Sparrate auf den »Gewinner«-ETF einfach für eine Zeit stoppen und zur gleichen Zeit die Sparrate auf jenen ETF etwas erhöhen, der in deinem Portfolio prozentual an Gewicht verloren hat. Das machst du so lange, bis deine ursprüngliche Gewichtung wiederhergestellt ist.
- **Teilverkäufe:** Hast du keinen Sparplan angelegt oder hat sich die Gewichtung sehr stark verändert, kannst du Teilverkäufe vornehmen, um zu rebalancen. Du entnimmst dabei etwas Geld aus dem ETF, der besonders gut gelaufen ist, und investierst es in die ETFs, deren Kurse gefallen sind.

Wie oft solltest du rebalancen? Einmal im Jahr solltest du prüfen, ob dein Gesamtportfolio (Rendite und Sicherheitsbaustein) und dein Weltportfolio (Aktien-Depot) noch im Gleichgewicht sind oder sich die Gewichtungen verschoben haben. Sollte die Abweichung mehr als 5 Prozent betragen, kann ein Rebalancing sinnvoll sein. In turbulenten Zeiten, wenn es mit den Kursen um mehr als 10 Prozent hinuntergeht, solltest du ebenfalls in Erwägung ziehen, ein gesondertes Rebalancing durchführen.

Auf den Punkt:
So wirst du zum Investor in 6 Schritten

- Teile dein Portfolio in einen Rendite- und einen Sicherheitsbaustein auf, um selbst zu bestimmen, wie viel Schwankung du haben möchtest.
- Das Geld in deinem Renditebaustein investierst du in Aktien-ETFs, die große Welt-Indizes abbilden.
- Um dir dein Weltportfolio zu bauen, suchst du dir zunächst Indizes, die die verschiedenen Regionen der Welt abbilden.
- Anschließend machst du dich auf die Suche nach passenden ETFs, die diese Indizes nachstellen. Achte dabei z. B. auf ein ausreichend hohes Fondsvolumen, die Art der Ausschüttung, die Kosten, und ob dein ETF sparplanfähig ist.
- Im nächsten Schritt suchst du dir einen Depot-Anbieter. Relevant sind vor allem die Kosten und die Auswahl an sparplanfähigen ETFs.
- Fertig! Du kannst jetzt investieren.

8

Was du schon immer wissen wolltest

Du hast jetzt das Handwerkszeug, um mit dem Investieren anzufangen, und könntest ohne Probleme in dieser Sekunde dein Depot eröffnen und deinen ersten Sparplan aufsetzen. Die meisten Fragezeichen in deinem Kopf dürften sich inzwischen also aufgelöst haben, nichtsdestotrotz kannst du dein Wissen natürlich immer vertiefen. In diesem Kapitel bekommst du Antworten auf Fragen, die uns bei Finanzfluss täglich erreichen – und die du dir vielleicht auch stellst.

Wann ist der richtige Zeitpunkt loszulegen?

Ein Leben dauert in Deutschland im Schnitt 81 Jahre. Und in einem dieser Jahre kannst du mit dem Investieren anfangen. Stellt sich nur die Frage: Wann ist der beste Zeitpunkt dafür? Mit Beginn der Ausbildung, wenn das erste Gehalt eingeht? Wenn du den Job gefunden hast, den du dauerhaft ausüben willst? Wenn die Kinder aus dem Haus sind? Oder solltest du womöglich abwarten, bis die nächste

Finanzkrise über die Welt gerollt ist und die Kurse niedriger sind als heute?

Nach dem richtigen Einstiegszeitpunkt kannst du lange suchen – doch wirst du ihn erst mit Blick in den Rückspiegel erkennen, wenn es schon zu spät ist. Viel besser ist es deswegen, einfach mit dem Investieren anzufangen. Am besten heute. Denn je länger du zögerst, desto geringer wird dein Vermögen am Ende vermutlich sein. Schließlich hat dein Geld so weniger Zeit, Gewinne für dich zu erwirtschaften.

Bist du zu jung zum Investieren?

Du kannst deswegen gar nicht jung genug sein, um mit dem Anlegen anzufangen.

Beginnst du mit 25 Jahren, regelmäßig 300 Euro pro Monat in einen ETF zu investieren, wirst du bei einer realistischen Wertentwicklung von 5 Prozent pro Jahr (nach Inflation) mit 65 Jahren ein Vermögen von knapp 400.000 Euro nach Steuern aufgebaut haben.

Startest du mit 30 Jahren mit dem Anlegen, müsstest du jeden Monat knapp 400 Euro investieren, um mit 65 auf diese Summe zu kommen. Fängst du erst mit 50 Jahren an, wären es sogar 1.650 Euro. Je später du anfängst, desto höher müsste also deine Sparrate sein, um die gleichen finanziellen Ziele zu erreichen wie jemand, der sehr viel früher angefangen hat – und den Zinseszinseffekt voll ausnutzt (zum Zinseszinseffekt siehe Seite 55). Je früher du anfängst, desto besser.

Bist du zu alt zum Investieren?

»Der beste Zeitpunkt, einen Baum zu pflanzen, war vor 20 Jahren. Der zweitbeste ist heute«, lautet ein altes chinesisches Sprichwort – das man auch gut auf die Geldanlage anwenden kann. Auch im Alter von 50 Jahren lohnt es sich noch, mit dem Investieren anzufangen. Sogar mit dem Eintritt in den Ruhestand. Jedenfalls dann, wenn dein Anlagehorizont mindestens 15 Jahre beträgt und dir genügend Zeit bleibt, Schwankungen am Markt auszusitzen. Dann ist die Wahrscheinlichkeit hoch, dass du deine Geldanlage am Ende mit Gewinnen verkaufen wirst. Du wirst auch vom Zinseszinseffekt profitieren. Nur fällt dieser Effekt schwächer aus, je kürzer du dein Geld investiert lässt.

Bei einer Anlagedauer von 15 Jahren kann es sinnvoll sein, den Sicherheitsbaustein im Portfolio etwas höher anzusetzen und dafür den Renditebaustein etwas herunterzuschrauben. So wird dein Portfolio weniger Schwankungen ausgesetzt sein – du läufst also weniger Gefahr, dich von schlechteren Marktphasen aus der Ruhe bringen zu lassen und überstürzt zu verkaufen.

Warte nicht auf fallende Kurse

Einige Anleger zögern, weil sie erst einmal auf den nächsten Kurssturz warten möchten, um Anteile am Aktienmarkt günstiger einzukaufen. Ein solches »Crash-Timing« klingt schlüssig – ist aber unsinnig.

Den besten Einstiegszeitpunkt wirst du nämlich höchstens zufällig finden. Gehen wir zurück ins Jahr 2003: Der

Hype um die neuen Internet-Firmen war damals bereits verpufft und die Kurse im Zuge der DotCom-Krise ziemlich tief gefallen. Manch ein Anleger ärgert sich bis heute, dass er sich damals nicht mit Aktien eingedeckt hat – schließlich klingt es aus heutiger Sicht nur logisch: Die Kurse waren niedrig, man hätte also einfach kaufen müssen. Vor 20 Jahren aber war das überhaupt nicht logisch – genauso gut hätten die Kurse nämlich auch weiter fallen können. Ähnlich war es in den Jahren nach der Finanzkrise 2007 und 2008: Es war nicht vorherzusehen, dass die Kurse schon 2009 wieder ansteigen würden.

Durch die Warterei auf den richtigen Moment verpasst du kostbare Renditechancen. Und diese versäumten Gewinne wirst du auch nicht wieder kompensieren, wenn du nach fünf Jahren des Zögerns dann doch zu einem recht günstigen Kurs einsteigst.

Investierst du per monatlichem Sparplan, ist es völlig irrelevant, ob du zu niedrigen oder zu hohen Kursen einsteigst. Du investierst jeden Monat einen festen Betrag – in jeder Marktlage und das über Jahrzehnte hinweg. Du teilst dein Vermögen also über zig verschiedene Einstiegszeitpunkte, über »schlechte« wie »gute«. Bei welchem Kurs deine erste Sparrate investiert wurde, ist dadurch am Ende egal.

Alles auf einmal oder scheibchenweise investieren?

Vielleicht hast du bereits eine Summe angespart, vielleicht 5.000, 10.000 oder 50.000 Euro. Oder es liegt ein höherer Betrag auf deinem Konto, weil du gerade geerbt hast. Willst du sie investieren, hast du zwei Optionen:

- **Einmalanlage:** Du investierst die gesamte Summe auf einen Schlag.
- **Schrittweiser Einstieg:** Du teilst dein Kapital in mehrere kleine Häppchen und legst diese Stück für Stück an. Das würde zum Beispiel bedeuten, dass du eine Summe von 60.000 Euro in mehrere gleich große Teile splittest – und beispielsweise jeden Monat 5.000 Euro investierst. So würdest du den Einstieg über ein Jahr strecken.

Mit der Einmalanlage ist dein Endvermögen wahrscheinlich höher

Schaut man sich langfristige Statistiken an, hat die Einmalanlage passiven Anlegern in der Vergangenheit im Schnitt höhere Gewinne beschert als solchen, die ihr Geld tranchenweise investiert haben.[27] Weil Aktien langfristig eine positive zu erwartende Rendite haben, lohnt es sich, gleich den ganzen für die Anlage reservierten Betrag zu investieren.

Selbst wenn du einsteigst, kurz bevor die Kurse fallen, wirst du davon Jahrzehnte später in deinem Depot nicht mehr viel spüren und dennoch Gewinne mit deinen Aktien erzielt haben. Aber du brauchst Geduld und Nerven, denn es kann dauern, bis sich der Markt wieder berappelt.

Schrittweise einsteigen fühlt sich besser an? Dann mach es so

Investierst du schrittweise, ist die Wahrscheinlichkeit hoch, dass deine Rendite geringer ausfallen wird als bei der Einmalanlage. Denn die Menge an investiertem Kapital wird erst allmählich ansteigen – es ist also zu Anfang weniger Geld vorhanden, das Gewinne für dich erwirtschaften kann. Gleichzeitig hältst du damit aber auch die psychische Belastung in Grenzen. Und das ist mindestens genauso wichtig, du sollst dich mit deiner Investition schließlich wohlfühlen und nicht von Panikschüben überwältigt werden (auch wenn diese bei einer langen Anlagedauer unbegründet sind).

Investieren und Steuern: Angst vor dem Finanzamt?

Häufig stelle ich fest, dass Menschen zögern, mit dem Investieren loszulegen, weil ihnen die steuerlichen Aspekte nicht bekannt sind und sie Angst haben, hier einen Fehler zu machen. Es stimmt: Der Fiskus ist bei Kapitalmarktgeschäften mit von der Partie – durch die geltenden Freibeträge musst du aber unter Umständen überhaupt keine Steuern zahlen. Außerdem kümmert sich deine Depotbank um die richtige steuerliche Erfassung. Aber der Reihe nach.

Wann musst du Steuern zahlen?

Verdienst du im Jahr weniger als den allgemeinen Grundfreibetrag von 9.744 Euro, kannst du alle deine Einkünfte komplett behalten und musst überhaupt nichts an den Fiskus abgeben. Liegen deine Einnahmen über dem Freibetrag, musst du auf diese zusätzlichen Einnahmen Steuern zahlen. Und zu diesen Einnahmen zählen auch Gewinne, die du mit deiner Geldanlage machst, sogenannte Kapitalerträge. Die zählt das deutsche Steuergesetz nämlich ebenfalls als Einkünfte. Je nachdem, ob du in Einzelaktien, ETFs, Kryptowährungen oder Immobilien investierst, sieht die Besteuerung etwas anders aus.

Dazu noch ein Hinweis:
Alle Zahlen, Fakten und Beispiele in diesem Kapitel sollen dir einen groben, allgemeinen Überblick über die Steuergesetze geben. Bei komplexeren steuerlichen Angelegenheiten oder wenn du dir unsicher bist, empfehle ich dir, dich an einen Steuerberater zu wenden.

Welche Steuern musst du zahlen?

Jeder Mensch hat einen persönlichen Steuersatz – abhängig von der Höhe seines Einkommens. Verdienst du 9.000 Euro im Jahr und liegst damit unter dem Grundfreibetrag, beträgt dein Steuersatz 0 Prozent, denn du musst gar nichts versteuern. Beträgt dein zu versteuerndes Jahreseinkommen beispielsweise 40.000 Euro (also dein Bruttoeinkommen abzüglich Grundfreibetrag, Kirchensteuer, Beiträgen zur Altersvorsorge, Kinderfreibeträgen etc.), musst du darauf jedes Jahr 21 Prozent Steuern zahlen, bei 64.000 Euro sind es 28 Prozent.[28]

Dieser persönliche Einkommensteuersatz gilt auch für einige Geldanlagen. Aktien und ETFs zählen nicht dazu, sie werden anders (und für dich günstiger) besteuert. Doch dazu kommen wir gleich. Mit deinem Einkommensteuersatz werden jedenfalls folgende Gewinne versteuert:

Vermietung und Verpachtung von Immobilien: Auf Einnahmen aus Vermietung und Verpachtung von Immobilien fällt Einkommensteuer an. Beträgt dein persönlicher Steuersatz zum Beispiel 30 Prozent, musst du die jährlichen Mieteinnahmen ebenfalls mit 30 Prozent versteuern. Zumindest das, was noch übrig bleibt, wenn du Aufwendungen wie Renovierungskosten, Grundsteuer oder Maklerkosten von der Steuer abgesetzt und die geltenden Freibeträge ausgenutzt hast. Was die Besteuerung von Einnahmen aus Immobilien betrifft, gibt es unzählige Sonderregelungen.

Kryptowährungen und Gold: Bei Kursgewinnen, die du mit dem Handel von Kryptowährungen wie Bitcoin oder Gold (in physischer Form als Barren oder Münzen) erzielt hast, greift ebenfalls dein individueller Steuersatz. Es gilt dabei eine Freigrenze von 600 Euro – überschreitest du diese in einem Jahr mit deinen Gewinnen, musst du den vollen Betrag versteuern. Eine Ausnahme gibt es für Gold oder Kryptowährungen, die länger als ein Jahr gehalten werden: In dem Fall sind deine Gewinne steuerfrei, denn dann ist die Spekulationsfrist überschritten.

Der Unterschied zwischen Freibetrag und Freigrenze

Gilt ein steuerlicher Freibetrag, musst du nur jene Einnahmen versteuern, mit denen du eben diesen Freibetrag überschreitest. Bei einem Jahreseinkommen von 50.000 Euro und einem Freibetrag von 9.000 Euro also beispielsweise nur 41.000 Euro. Überschreitest du mit deinen Einnahmen dagegen eine Freigrenze, fallen auch auf die gesamte Summe deiner Einkünfte Steuern an. Angenommen, du nimmst in einem Jahr 800 Euro ein und die Freigrenze liegt bei 600 Euro, musst du die vollen 800 Euro Gewinn versteuern lassen.

Private Renten- und Lebensversicherung: Für Verträge, die vor 2005 abgeschlossen wurden und in die mindestens zwölf Jahre eingezahlt wurde, fallen bei Kapitalausschüttung überhaupt keine Steuern an. Bei jüngeren Verträgen musst du einen Teil der lebenslangen Rentenzahlungen ans Finanzamt abführen, den sogenannten Ertragsanteil. Seine Höhe hängt davon ab, in welchem Alter du dir zum ersten Mal eine Rente auszahlen lässt. Es gilt: Je älter du bist, desto niedriger ist auch der zu versteuernde Anteil. Wählst du die einmalige Kapitalausschüttung, musst du den erzielten Gewinn zur Hälfte versteuern. Das ist die Summe, die übrig bleibt, wenn du von der gesamten Rentenausschüttung deine bisherigen Einzahlungen abziehst.

Aktien, ETFs, Anleihen und Co.: So werden Kapitalerträge besteuert

Alle anderen Gewinne aus Geldanlagen gelten als Kapitalerträge, sie müssen deswegen mit der Kapitalertragsteuer versteuert werden. Die beträgt pauschal 25 Prozent für jeden, ganz unabhängig vom sonstigen Einkommen. Auf die Kapitalertragsteuer werden zusätzlich noch einmal 5,5 Prozent Solidaritätszuschlag angerechnet. Beides zusammen summiert sich auf 26,375 Prozent Steuern auf deine Kapitalerträge. Noch etwas mehr wird sich der Fiskus einbehalten, wenn du Mitglied der Kirche bist. Wohnst du in Bayern oder Baden-Württemberg, erhöht sich der Steuersatz auf 27,82 Prozent. In jedem anderen Bundesland auf 27,99 Prozent. Folgende Erträge zählen als Kapitalerträge:

Zinsen: Hierzu zählen Guthabenzinsen, wie du sie eventuell für dein Tages- oder Festgeld erhältst, aber auch (Kupon-) Zinsen, die du mit Anleihegeschäften einnimmst.

Dividenden: Schütten Aktienunternehmen Dividenden aus, gelten diese Gewinnbeteiligungen als Kapitalerträge. Dividenden bekommst du sowohl beim Kauf von Einzelaktien als auch über Fonds und ETFs ausbezahlt.

Realisierte Kursgewinne: Steigen die Kurse deines ETFs an der Börse, bedeutet das für dich als Investor einen Kursgewinn. Verkaufst du einen ETF mit Gewinn, musst du auf diesen Gewinn Kapitalertragsteuer zahlen. Bei thesaurierenden ETFs, die Gewinne direkt reinvestieren, verschiebt sich die Versteuerung in die Zukunft.

Die Vorabpauschale bei thesaurierenden ETFs

Zumindest einen sehr kleinen Teil deiner Gewinne, die du mit einem thesaurierenden ETF erzielt hast, musst du seit 2018 ebenfalls versteuern lassen. Denn seither greift die sogenannte Vorabpauschale: Erwartete Gewinne sollen im Voraus versteuert werden, um den Stundungseffekt zu verhindern.

In der Realität sind die Abgaben aber in Zeiten von Niedrig- oder Negativzinsen sehr gering. Ein Beispiel: Hättest du 2020 mit einem Anfangskapital von 10.000 Euro mit einem thesaurierenden ETF 50 Euro Gewinn durch Kurssteigerungen erzielt, hätte deine Vorabpauschale gerade einmal 90 Cent betragen.

Wenn du dich näher mit dem Thema beschäftigen willst, kannst du auch unseren Rechner nutzen, um die Vorabpauschale in ein paar Beispielsszenarien zu ermitteln: finanzfluss.de/rechner/vorabpauschale-berechnen/

1.000 Euro Kapitalerträge kannst du jedes Jahr steuerfrei einnehmen

Kommen wir zur guten Nachricht. Als Privatanleger musst du oft überhaupt keine Steuern auf deine Kapitalerträge abführen. Denn dafür musst du erst einmal über deinen Freibetrag kommen – den sogenannten Sparerpauschbetrag. Dieser beträgt pauschal 1.000 Euro pro Person. Er gilt für alle Kapitalerträge, die du erzielst – sei es mit Festgeld, Aktien oder anderen Anlageklassen. Steuern zahlen musst du also nur auf Gewinne, die den Freibetrag von 1.000 Euro überschreiten. Außerdem werden Erträge erst in dem Moment versteuert, in dem sie entstehen. Also etwa, sobald du Anteile an einem ETF verkaufst. Wie lange du die Wertpapiere vorher gehalten hast, ist dabei unerheblich.

Ein Beispiel: Du hast vor drei Jahren in einen ETF investiert, und dieser hat dir bis heute 1.500 Euro Gewinn eingebracht. Du verkaufst den ETF und lässt dir den Gewinn ausschütten. Weil es sich um einen Aktienfonds handelt, musst du erstens nur 70 Prozent deines Gewinns versteuern lassen, also 1.050 Euro. Das hat mit der sogenannten Teilfreistellung zu tun, zu der wir gleich noch kommen werden. Weil du außerdem 1.000 Euro pro Jahr steuerfrei an Kapitalerträgen einnehmen darfst, musst du nur auf die restlichen 50 Euro Steuern zahlen. Dein Steuersatz beträgt (ohne Kirchensteuer) 26,375 Prozent, du musst also 13 Euro ans Finanzamt zahlen, wenn du den ETF verkaufst.

Die Steuererklärung ist kein Muss

Die Kapitalertragsteuer ist eine Quellensteuer, das heißt, sie wird direkt an der Quelle einbehalten. Solltest du mit deinen Anlagegewinnen tatsächlich über den Freibetrag kommen, wird die zu entrichtende Steuer automatisch von deiner Depotbank einbehalten und für dich ans Finanzamt überwiesen. Die Kapitalertragsteuer wird daher auch häufig als Abgeltungssteuer bezeichnet, weil die Steuerschuld so direkt »abgegolten« ist. Das Bequeme daran: Du musst deine Kapitalerträge weder in der Steuererklärung angeben noch sonst wie aktiv werden, um nicht aus Versehen den Fiskus übers Ohr zu hauen.

Achtung: Vergiss nicht, den Freistellungsauftrag einzurichten

Der Freibetrag von 1.000 Euro ist eine feine Sache. Du nutzt ihn aber nicht automatisch, sondern musst bei deinem Depotanbieter einen Freistellungsauftrag einrichten. Andernfalls wird die Depotbank die Kapitalertragsteuer ganz einfach automatisch abführen, ganz egal, ob du mit deinen Gewinnen nun unter oder über dem Freibetrag liegst. Einen Freistellungsauftrag kannst du inzwischen mit ein paar Klicks in der Broker-App oder in deinem Online-Depot einrichten. Zu viel gezahlte Steuern kannst du dir notfalls auch noch mit der nächsten Steuererklärung zurückholen, was allerdings etwas aufwendiger ist.

Im Zweifel für den Anleger: die Günstigerprüfung

Der Steuersatz auf Kapitalerträge ist für alle Bürger derselbe. Wer 30.000 Euro verdient, muss genau den gleichen Prozentsatz pro Jahr abgeben wie jemand mit 300.000 Euro Jahreseinkommen. Für Menschen mit einem geringen Einkommen, also beispielsweise Studenten, Rentner oder Teilzeitbeschäftigte, liegt dieser Steuersatz von 26,375 Prozent (inklusive Soli) aber über ihrem persönlichen Steuersatz, der bei ihrer Einkommensteuer angewendet wird. Liegt dein zu versteuerndes Jahresgehalt beispielsweise bei 15.000 Euro, beträgt dein Grenzsteuersatz 24 Prozent. Das heißt, auf jeden Euro, den du zusätzlich zu deinen 15.000 Euro Gehalt erhältst, zahlst du 24 Prozent Einkommensteuer – und das ist weniger als die 26,375 Prozent Kapitalertragsteuer plus

Soli, die du auf deine Gewinne aus Aktien zahlen würdest. In einem solchen Fall kannst du eine Günstigerprüfung beantragen. Das Finanzamt prüft dann, mit welcher Art von Steuer du finanziell besser aufgestellt bist, und du zahlst – falls sich das für dich lohnt – in diesem Jahr deinen persönlichen Einkommensteuersatz auf Kapitalerträge. Die Freibeträge gelten weiterhin, du musst also nur versteuern, was über dem Freibetrag von 1.000 Euro liegt.

Geringverdiener zahlen überhaupt keine Steuern: Anleger, deren gesamte Einkünfte unter dem Grundfreibetrag von 9.744 Euro liegen, müssen überhaupt nichts an den Fiskus abgeben, sie zahlen dann auch keine Kapitalertragsteuer. Angenommen, du studierst und verdienst im Jahr 6.000 Euro, hast aber trotzdem ein üppiges Aktiendepot, das dir pro Jahr 3.000 Euro Gewinn beschert, kannst du dir diese 3.000 Euro steuerfrei ausschütten lassen, denn dein Gesamteinkommen beträgt nur 9.000 Euro.

ETF-Anleger zahlen noch weniger Steuern

Selbst wenn du den Freibetrag von 1.000 Euro mit deinen Kapitalerträgen überschreitest, bieten Anlagen in ETFs zusätzliche Steuerersparnisse: Fließt dein Geld in einen ETF, der zu mindestens 50 Prozent in Aktien investiert, musst du laut Steuergesetz die Gewinne oberhalb des Freibetrags nämlich nur teilweise versteuern – genauer gesagt: Du machst ganz automatisch von der Teilfreistellung Gebrauch, mit der der Gesetzgeber Fondsanleger steuerlich entlastet. 30 Prozent der Gewinne nimmst du automatisch steuerfrei ein, nur die restlichen 70 Prozent sind steuerpflichtig.

Effekt der Teilfreistellung

	ETF (mit Teilfreistellung)	**Einzelaktien** (ohne Teilfreistellung)
Kapitaleinkünfte vor	15.000 €	15.000 €
Abgeltungssteuer & Solidaritätszuschlag	-2.375 €	-3.500 €
Kapitaleinkünfte nach Steuern	12.625 €	11.500 €

Abbildung 25: Steuerbelastung von Aktien ETF im Vergleich zu einem direkten Einzelaktieninvestment

Ein Beispiel: Du hast über fünf Jahre Geld angelegt und bis zum Jahr 2021 insgesamt 15.000 Euro Gewinn erzielt, die du dir auf einmal ausschütten lässt. Je nachdem, ob du dein Geld in ETFs oder in einzelne Aktien investiert hast, sieht deine Steuerlast unterschiedlich aus. Das zeigt Abbildung 25.

Steuergesetze können sich jederzeit ändern

Was wir uns hier auf den letzten Seiten angeschaut haben, ist eine Momentaufnahme – denn die Steuergesetze ändern sich ständig. Freibeträge und Steuersätze werden angepasst, Belastungen für einige Einkommensklassen komplett abgeschafft und für andere neu eingeführt. Bis 2009 galt beispielsweise noch eine Spekulationsfrist für Aktien, ab einer Haltedauer von einem Jahr waren Gewinne also komplett steuerfrei. Anfang der 2000er mussten Dividenden nur zur Hälfte besteuert werden, und in den 1990er-Jahren konnten Anleger sogar bis zu 6.000 DM mit Aktien steuerfrei einnehmen. Früher oder später werden sich die Leitlinien für Anleger also wieder ändern. Und so wirst du bis zu deiner Rente vermutlich noch die ein oder andere Reform miterleben. Deswegen ist es wichtig, dass du dich in Sachen Steuern auf dem Laufenden hältst. Bei Veränderungen zu deinen Ungunsten greift übrigens meistens der Bestandsschutz, für bisher investiertes Kapital gelten dann häufig weiterhin die alten Regeln.

Eine Sache aber hast du gesehen: Es gibt keinen Grund, das Investieren wegen der anfallenden Steuern auf ewig zu vertagen. Insbesondere als ETF-Anleger wird deine Steuerlast vergleichsweise gering ausfallen, und du musst nicht fürchten, deine Rendite durch die Abgaben an den Fiskus wieder zu ruinieren.

Was tun beim Crash?

Es gibt kein Thema, das in Finanz- und Wirtschaftsmedien bislang mehr ausgeschlachtet wurde als dieses: die Angst vor dem großen Crash, vor dem Börsenkrach, der großen Depression, dem Weltsystemkollaps. In den Weiten des Internets und auf den Spiegel-Bestsellerplätzen existieren Hunderte Publikationen, in denen abgewogen wird, ob der »Crash des Jahrhunderts« kommt und, wenn ja: wann? Wie man sich denn am besten auf ein solches Schreckensszenario vorbereitet, welche Portfolio-Aufteilung den Schaden am geringsten hält und wie man »sein Vermögen jetzt noch retten kann«. Und sollte wirklich eintreten, was Finanz-Demagogen am laufenden Band prophezeien: wann man am besten alles verkauft. Zumindest in einer Sache haben sie recht: Der nächste Crash wird kommen – davon bin auch ich überzeugt. Nur ist so ein Börsenkrach nichts, wovor du dich als Anleger fürchten musst. Im Gegenteil, ein Crash kann sogar ein überaus nützliches Ereignis sein, wenn du ein Vermögen aufbauen möchtest.

Die Angst vor dem Crash ist unbegründet

Mit großer Wahrscheinlichkeit wirst du als Anleger mindestens einen Börsenkrach miterleben. Das ist nichts Außergewöhnliches, denn Krisen und Abstürze gehören zur Wirtschaftsentwicklung ganz einfach dazu. Wann sie passieren, kann niemand vorhersehen.

Und ja, dein Portfolio wird in einer Finanzkrise temporär starke Verluste erleiden, um nicht zu sagen: Die Kurse werden einbrechen, und du wirst vielleicht sogar über Jahre in deinem Depot rote Zahlen sehen. Zahlreiche Unternehmen werden sich nach einer Finanzkrise nicht mehr erholen und nach dem Kurssturz in der Bedeutungslosigkeit versinken. Wettest du auf einzelne Aktien und hast dein Kapital lediglich auf eine Handvoll Aktien verteilt, sollte dich der Gedanke an einen Börsencrash also tatsächlich beunruhigen.

Hast du dagegen dein Geld mithilfe von ETFs breit gestreut und dir dein Weltportfolio aufgebaut, kannst du dich entspannt zurücklehnen, denn du weißt: Irgendwann steigen die Kurse wieder – du musst nur lange genug dabei bleiben. Letztlich hast du die Wahl: Entweder lässt du den Börsencrash zum Horrorszenario werden – oder du betrachtest ihn als Möglichkeit, um deine Rendite zu steigern. Als Anleger kannst du Kursrückgänge nämlich für deine Zwecke nutzen, indem du einfach weiter investierst und weiter Anteile kaufst, die du während eines Crashs entsprechend günstiger bekommst – sozusagen zum Sonderpreis.

Der Crash als Sprungbrett für dein Vermögen

Angenommen, du investierst jeden Monat 300 Euro in einen ETF-Sparplan. Der ETF-Kurs liegt seit ein paar Wochen relativ stabil bei 150 Euro, du bekommst für deine 300 Euro also jeden Monat zwei Anteile. Bis der Kurs einbricht und der ETF-Anteil nur noch 100 Euro an der Börse kostet. Lässt du deinen Sparplan unverändert weiterlaufen, kauft dein Broker automatisch statt der zwei nun drei Anteile von deinen 300 Euro. Steigt der ETF-Kurs ein paar Monate später wieder auf 150 Euro, sind deine drei Anteile zusammen 450 Euro wert.

Diese Art von Sonderangebot ist der Grund dafür, dass du als langfristig orientierter Anleger den nächsten Crash eher herbeisehnen solltest, statt ihn zu fürchten. Je heftiger er ausfällt, desto besser. Mit großer Wahrscheinlichkeit wird dein Endvermögen also höher sein, wenn du einen Crash miterlebst, als wenn du die ganze Ansparphase hindurch »unversehrt« bleibst. Das ist auch der Grund, warum ich selbst im März 2020, als der Beginn der Corona-Krise einen Krater in mein Depot gerissen hat, all mein Geld zusammengekratzt und in meine ETFs investiert habe. Diese Schnäppchen wollte ich mir schließlich nicht entgehen lassen.

Bei niedrigen Kursen mehr investieren

Einen Crash kannst du ausnutzen, indem du das Gleichgewicht aus Sicherheits- und Renditebaustein in deinem Portfolio wiederherstellst. Denn fallen die Kurse, wird sich deine Gewichtung wahrscheinlich verschieben (siehe Abbildung 26). Angenommen, du hast 80.000 Euro in einen ETF investiert und

20.000 Euro auf dem Festgeldkonto liegen. Fällt der Kurs deines ETFs um 50 Prozent, werden aus den 80.000 Euro dann 40.000 Euro – die 20.000 Euro auf dem Tagesgeldkonto verändern sich nicht. Du hast also nicht mehr die anfängliche Portfolio-Verteilung von 80 Prozent Renditebaustein und 20 Prozent Sicherheitsbaustein, sondern nur noch 66 Prozent im Renditebaustein. Um die 80/20-Balance wiederherzustellen (und um im Crash günstig einzukaufen), könntest du jetzt 8.000 Euro aus deinem Sicherheitsbaustein in den Renditebaustein übertragen, also in dein ETF-Depot investieren. Somit wäre die neue Aufteilung: 12.000 Euro (20 Prozent) auf dem Festgeldkonto und 48.000 Euro (80 Prozent) in ETF. Irgendwann wird der Wert deiner ETFs auch wieder steigen. Du kannst auf diesem Wege also vom Crash profitieren, ohne die Sparrate erhöhen oder anderweitig Geld zum Investieren auftreiben zu müssen.

Portfolio vor Crash		100.000 €
	Sicherheits-Baustein	Rendite-Baustein
Ursprungsaufteilung	20 % 20.000 €	80 % 80.000 €
Veränderung durch Crash	0 %	50 %
Neue Portfolio Werte (in %)	20.000 € 33,33 %	40.000 € 66,67 %
Abweichung zur Ursprungsgewichtung	**13,33 %**	**-13,33 %**
Neue Aufteilung	12.000 €	48.000 €
Abweichung	-8.000 €	8.000 €

Abbildung 26: Veränderung der Aufteilung im Portfolio durch einen Crash im Renditebaustein

Das größte Risiko bist du selbst, nicht der Crash

Hast du dein Investment breit gestreut, musst du den Crash einfach nur aussitzen. Denn solange du nicht in Panik gerätst und verkaufst, wirst du auch keine Verluste »realisieren«, also deine Anteile tatsächlich zu einem schlechteren Kurs verkaufen und Geld verlieren. Das einzige Risiko an der Börse bist also du selbst, oder besser gesagt: deine Emotionen.

Wie du in Abbildung 27 siehst, haben sich die Kurse bislang nach jeder Krise auch wieder erholt. Die Kurse am Aktienmarkt sind keine Rolltreppe, die in gleichbleibender Geschwindigkeit ohne Pause nach oben fährt. Eher gleichen sie

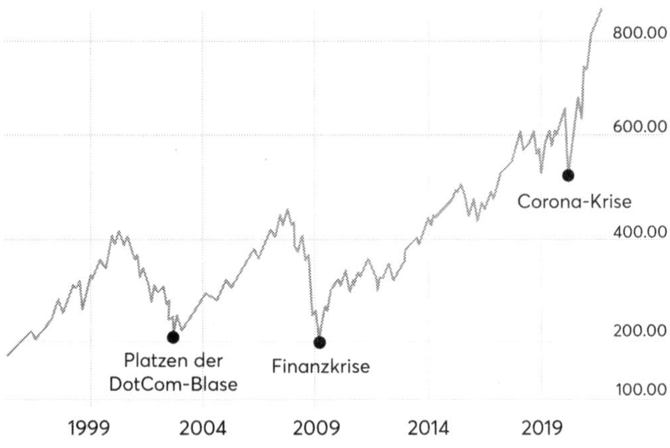

Abbildung 27: Entwicklung des MSCI All Countries World Index (1995 bis 2021)

einer Bergwanderung, auf der man auch mal ein paar Meter ins Tal laufen muss, um auf dem richtigen Pfad zu bleiben.

Auch wenn Crashs aus dieser Perspektive nur noch wie kleine Rückschläge erscheinen, können sie sich im Moment des Geschehens doch dramatisch anfühlen. Ein kleiner Tipp, mit dem du dein Gemüt in solchen Zeiten besänftigen kannst: Statt auf die Minuszahlen im Depot zu schauen, sieh dir lieber die Anteile deiner ETFs an, die du bereits gekauft hast. Und wie daraus mehr und mehr Anteile werden – denn das ist alles, worauf es ankommt.

Die Schwankungen sind dir zu heftig?
Passe deine Risikogewichtung an

Sollte dir die Angst während der Krise den Schlaf rauben, kannst du auch überlegen, nach der Krise deine Risiko-Gewichtung anzupassen. Indem du deinen Renditeteil reduzierst und stattdessen mehr Geld in deinen Sicherheitsteil investierst, also in Anlagen wie sichere Staatsanleihen oder ein Tages- oder Festgeldkonto, wird dein Gesamtportfolio in Krisenzeiten weniger stark an Wert verlieren.

Nicht zu investieren ist riskanter

Dass wir uns vor Krisen und Crashs fürchten, ist übrigens ganz natürlich. Denn wir Menschen messen Verlusten prinzipiell viel mehr Bedeutung bei als Gewinnen. Zum Beispiel ärgern wir uns viel stärker über einen schlechten Tag bei der Arbeit, als wir uns über einen guten freuen. Der Wissenschaftler Daniel Kahneman hat dafür den Begriff

»Verlustaversion« geprägt. Beim Thema Finanzen führt diese Angst vor dem Scheitern dazu, dass wir die Sache mit dem Geld anlegen lieber gleich sein lassen. Dass wir dadurch in Wahrheit viel mehr Chancen verpassen und uns Rendite entgehen lassen, übersehen wir – und machen am Ende ein schlechteres Geschäft. Dabei ist die Rendite von Aktien unsere Belohnung dafür, dass wir auch mal ungemütliche Zeiten durchstehen und nicht direkt das Handtuch werfen.

Staatsanleihen für den Sicherheitsbaustein?

In Kapitel sieben haben wir uns mit der Aufteilung deines Portfolios in einen Rendite- und einen Sicherheitsbaustein beschäftigt. Um einen Teil deines Geldes risikoarm anzulegen und damit die Schwankungen im Gesamtportfolio abzumildern, eignet sich ein Festgeldkonto derzeit am besten. Aber was ist mit sicheren Staatsanleihen oder Staatsanleihen-ETFs – kannst du dein Geld dort nicht auch ziemlich gut und sicher parken?

Prinzipiell schon. Staatsanleihen in Euro, die von maximal kreditwürdigen Staaten wie Deutschland, den Niederlanden oder Luxemburg ausgegeben werden, sind eine sehr risikoarme Geldanlage – denn es ist überaus unwahrscheinlich, dass der deutsche Staat in Zahlungsschwierigkeiten geraten und nicht mehr in der Lage sein wird, dir deine Einlagen zurückzuzahlen. Du könntest das Geld in deinem Renditebaustein also beispielsweise in einen ETF auf deutsche Staatsanleihen investieren. Das Problem dabei ist: Es würde derzeit ein Minusgeschäft für dich bedeuten. Deutschland als Schuldner wird von den Rating-Agenturen als so kreditwürdig eingestuft, dass ein Investment in Bundesanleihen extrem risikoarm ist. Hinzu kommt, dass das gesamte Zinsumfeld ohnehin schon niedrig ist. Die Renditen von Bundesanleihen liegen dadurch inzwischen sogar im Minus. Im September 2021 lag die Durchschnittsrendite für eine zehn Jahre laufende deutsche Staatsanleihe bei –0,22 Prozent.[29] Du würdest also jedes Jahr dafür zahlen, dass du dem deutschen Staat dein Geld leihst. Und höher verzinste Staatsanleihen von Ländern mit geringerer Bonität, die dir vielleicht 3 oder 4 Prozent pro Jahr versprechen, kommen für den Sicherheitsbaustein nicht infrage. Schließlich würde sich so dein Risiko erhöhen, was nicht das Ziel des Sicherheitsbausteins ist.

In der aktuellen Lage würde ich dir daher eher zum Festgeldkonto für den Sicherheitsbaustein raten. So kommst du nicht in Versuchung, schnell mal auf das Geld zurückzugreifen wie bei einem Tagesgeldkonto oder gar den Sicherheitsbaustein einfach aufzulösen. Außerdem bewegst du dich mit den Zinsen Stand jetzt zumindest im Plusbereich.

Eine Ausnahme gilt für Anleger, die mehr als 100.000 Euro in den Sicherheitsbaustein investieren möchten. Die deutsche Einlagensicherung, die dein Geld im Insolvenzfall der Bank schützt, greift bekanntlich nur bis zu dieser Höhe. Überschreitest du die Grenze, kannst du tatsächlich überlegen, ob du das Geld nicht besser in Euro-Staatsanleihen bester Bonität anlegst. Das ist übrigens auch der Grund, warum große institutionelle Investoren wie Lebensversicherer oder Pensionskassen in sichere Staatsanleihen investieren müssen, wenn sie das Geld ihrer Kunden sicher anlegen wollen; es gibt schlichtweg kein Festgeldkonto für solche großen Geldbeträge.

Investierst du dein Geld in Anleihen-ETFs, zählt dieses, genauso wie bei Aktien-ETFs, als Sondervermögen in unbegrenzter Höhe.

Grün investieren: Wie geht Geldanlage mit gutem Gewissen?

Ist es ethisch verwerflich, Aktien zu kaufen? Trage ich mit meinem Investment zur Klimakrise bei oder treibe ich gar den Verfall moralischer Werte voran, wenn ich mein Geld den Umweltsündern und Rüstungsriesen dieser Welt hinterherwerfe?

Solche Fragen stellen sich immer mehr Menschen und bewahren lieber Abstand zu Aktien. Ganz unberechtigt sind die Bedenken nicht: Vor allem beim passiven Investieren geht es ja darum, ohne viel eigenes Zutun in eine Masse von Unternehmen zu investieren. Die Kontrolle komplett abzugeben ist komfortabel und überaus effektiv, denn passive Produkte wie ETFs bringen ganz automatisch jene Unternehmen in dein Portfolio, die dir die reichsten Gewinne einbringen. Nur handelt es sich dabei nicht immer um lupenreine Öko-Pioniere, sondern mitunter um Streubomben-Hersteller, Casino-Betreiber oder Ölgiganten, die in einem Jahr mehr CO_2 ausstoßen als Deutschland und Frankreich zusammen.[30] Kurzum: Firmen, die deinen persönlichen Vorstellungen von Moral, Nachhaltigkeit und Gerechtigkeit vielleicht komplett entgegenlaufen. Möchtest du solche Aktien nicht in deinem Depot haben, kannst du dein Geld nachhaltig anlegen.

Was ist nachhaltiges Investieren?

Es existieren inzwischen mehrere »grüne« Geldanlagen, darunter nachhaltige ETFs, die gewisse Branchen komplett ausschließen oder gezielt auf nachhaltige Sektoren setzen. Solche ETFs erkennst du daran, dass sie entweder das Akronym ESG oder SRI im Namen tragen. Dahinter verbergen sich Kriterien, die ein Unternehmen erfüllen muss, um als nachhaltig, ethisch und sozial zu gelten.

ESG steht für Environment, Social, Governance, zu Deutsch: Umwelt, Soziales, Unternehmensführung:

- **Environment**: Meint den effizienten Umgang mit Ressourcen, eine umweltfreundliche Produktion durch geringe CO_2-Emissionen oder die Förderung sauberer Technologien wie Wind- und Solarkraft, um die Energiewende voranzutreiben.
- **Social**: Steht für die Einhaltung der allgemeinen Menschenrechte wie zum Beispiel die Glaubensfreiheit sowie faire, menschenwürdige Arbeitsbedingungen und Löhne und die Sicherstellung der Gesundheit am Arbeitsplatz. Ein Bergbauunternehmen beispielsweise muss dafür Sorge tragen, dass die Arbeiter unter Tage nicht zu Schaden kommen – ein Hersteller von chemischen Substanzen muss seinen Mitarbeitern ausreichende Schutzkleidung zur Verfügung stellen. Der soziale Aspekt schließt auch den Verzicht auf Kinder- und Zwangsarbeit ein.

- **Governance**: Meint eine nachhaltige Unternehmensführung und -kultur, in der etwa Wert auf Transparenz, Diversität, sichere Arbeitsbedingungen und die gezielte Vermeidung von Korruption gelegt und entsprechende Maßnahmen etabliert werden.

SRI – Socially Responsible Investment, zu Deutsch: sozialverantwortliches Investieren. SRI wird häufig als Synonym von ESG benutzt. Beide Kürzel stehen für Nachhaltigkeit – die SRI-Kriterien sind aber häufig etwas strenger gefasst als die ESG-Kriterien. Als »nicht SRI-konform« gelten zum Beispiel auch Unternehmen, die Gentechnik einsetzen oder im Glücksspiel-Sektor tätig sind – die in vielen ESG-Indizes nicht ausgeschlossen sind.

Wie entsteht ein nachhaltiger Index?

»Grüne« Indizes werden von Ratinggesellschaften zusammengestellt, die oftmals unter dem Dach großer Indexanbieter arbeiten. Die Indizes werden nicht komplett neu geschaffen, sondern entstehen, indem ein konventioneller Index wie beispielsweise der MSCI World nach bestimmten Nachhaltigkeitskriterien gefiltert wird. Der Index-Anbieter übernimmt also nur eine Auswahl jener Aktien, die im klassischen Index, dem »Mutter-Index«, enthalten sind.

Um ein Unternehmen auf seine Nachhaltigkeit zu prüfen, sammeln die Ratingagenturen Daten der Unternehmen, befragen Vorstände oder durchleuchten Geschäfts- oder Nachhaltigkeitsberichte. Beispielsweise prüfen sie, wie hoch der CO_2-Verbrauch ist, wie viel Müll jedes Jahr entsteht, welchen Gesundheitsrisiken die Mitarbeiter ausgesetzt sind, und vergeben auf dieser Basis einen ESG-Score, also eine Art Nachhaltigkeits-Note.

Wer darf rein? Das kommt auf den Index an

Ob ein Unternehmen in einen nachhaltigen Index aufgenommen wird, hängt von den Kriterien für den jeweiligen Index und von der Methodik seiner Zusammenstellung ab.

Der MSCI World SRI und der MSCI World ESG Leaders (beides Tochter-Indizes des konventionellen MSCI World) werden etwa nach der »Best-in-Class«-Methode entwickelt. Unternehmen aus bestimmten Branchen schaffen es von vornherein nicht in den Index – darunter Hersteller von Nuklear- und Chemiewaffen, Unternehmen aus der Tabakindustrie oder Firmen, die mindestens 5 Prozent ihres Gesamtumsatzes mit dem Abbau von Kohle erzielen. Dann wird nochmals gefiltert: Denn pro Branche schaffen es nur die nachhaltigsten Unternehmen am Ende in den Index, also »die Besten ihrer Klasse«. So verbleiben nach dem Filtern nach SRI-Kriterien im MSCI World SRI nur knapp 370 Unternehmen – das konventionelle Pendant, also die Mutter, besteht aus 1.600 Werten.

Andere Indizes schließen lediglich Unternehmen aus einzelnen Branchen aus und heißen dann beispielsweise FTSE ex Fossil Fuels (ohne fossile Brennstoffe), S&P 500 ex Tobacco oder MSCI Global ex Controversial Weapons (ohne kontroverse Waffen). Letzterer klammert zum Beispiel bereits Firmen aus, die mehr als 20 Prozent Anteile an Waffenunternehmen besitzen – also auch Firmen, die gar nicht selbst im Rüstungsgeschäft tätig sind.

Indizes wie der MSCI Global Environmental bilden Unternehmen ab, die aktiv daran arbeiten, die Welt besser zu machen. Zum Beispiel, indem sie Produkte oder Dienstleistungen entwickeln, die Umweltverschmutzung reduzieren. Der MSCI Women Leadership ist auf Geschlechtergleichheit fokussiert und enthält nur Unternehmen, deren Vorstand und Aufsichtsrat aus einer Mindestanzahl an Frauen bestehen. Unter die Kategorie SRI fällt auch das Investieren unter Berücksichtigung religiöser Werte. Der MSCI World Islamic enthält nur Aktien, die den Grundsätzen der Sharia entsprechen, schließt also auch Branchen wie Glücksspiel und Pornografie oder die Zigaretten- und Alkoholproduktion aus.

Das sind nur ein paar wenige Beispiele für nachhaltige Indizes und ETFs – dabei wird deutlich, wie komplex der Kosmos der nachhaltigen Geldanlage schon ist.

Manch ein nachhaltiger Index ist nichts weiter als eine Wette auf eine bestimmte Branche oder ein aktuelles Trendthema. Der Solactive Hydrogen Economy Index etwa bildet 15 Unternehmen ab, die im Bereich Wasserstoff tätig sind. Darunter sind Firmen, die Technologien zur Herstellung von Wasserstoff entwerfen, alternative Kraftstoffe produzieren oder Hybrid-Autos entwickeln. Von einem passiven Investmentansatz kann man bei solchen Indizes nicht mehr sprechen. Die Zahl der enthaltenen Unternehmen ist viel zu gering, als dass man von Diversifikation sprechen könnte. Und das ist eine zentrale Problematik von nachhaltigen ETFs.

Die Nachteile nachhaltiger Indizes

Weniger Aktien, weniger Diversifikation: Je strenger die Nachhaltigkeitskriterien eines ETFs sind, desto riskanter ist es in aller Regel auch, in ihn zu investieren. Nicht, weil umweltfreundliche Unternehmen weniger solide wirtschaften, sondern weil ETFs weniger diversifiziert sind. Sie bilden immer einen geringen Teil der Unternehmen ab, die im »Mutter-Index« enthalten sind. Verteilst du dein Risiko über wenige Aktien, steigt die Wahrscheinlichkeit, dass du mit deinem Investment Geld verlierst – denn Verluste und Gewinne können sich gegenseitig nicht ausreichend ausgleichen. Das gilt insbesondere dann, wenn du auf eine einzelne (Trend-)Branche setzt.

Je strenger die Regeln und Ausschlüsse eines ETFs, desto weniger Aktien befinden sich darin. Möchtest du dagegen lediglich einen Sektor ausschließen, zum Beispiel den Bereich Rüstung, verteilt sich dein Risiko entsprechend breiter.

Nachhaltig ist nicht gleich nachhaltig: Wer es wirklich ernst meint mit der Nachhaltigkeit, sollte nicht allein auf die Kürzel ESG oder SRI achten, sondern zusätzlich recherchieren. Bislang gibt es nämlich kein einheitliches Klassifizierungssystem mit verbindlichen Kriterien. Jede Ratingagentur setzt andere Maßstäbe bei der Bewertung an. Und so kommt es vor, dass ein Unternehmen in einem Index als ESG-freundlich gilt, aus einem anderen aber aussortiert wird, weil es die Mindeststandards nicht erfüllt. Kurzum: Nirgendwo ist geregelt, wann eine Aktie eine nachhaltige Aktie ist.

Ein positiver Einfluss von ESG-Investments ist nicht messbar: Mache ich die Welt mit meinem ESG-Investment wirklich besser? An dieser zentralen Frage scheiden sich die Geister. Skeptiker meinen, Anleger hätten allein durch Kaufen oder Verkaufen von Aktien keinerlei Einfluss darauf, welche Entscheidungen ein Unternehmensvorstand künftig trifft. Denn die allermeisten Aktien sind ja bereits im Umlauf. Kaufst du eine Aktie, dann wechselt diese lediglich den Besitzer, was an der Bilanz einer Firma nichts ändert. Optimistische Stimmen halten dagegen: Durch grüne Geldanlagen wachse das Bewusstsein für Themen wie Umweltschutz und soziale Verantwortung. Schon jetzt habe ein Unternehmen, das nachhaltig wirtschaftet, gegenüber der Konkurrenz einen Wettbewerbsvorteil, allein aus Imagegründen – und das gelte auch für den Finanzmarkt. Weil das Angebot an nachhaltigen ETFs noch sehr neu ist, gibt es zu dieser Frage noch keine belastbaren Studien.

Nachhaltig investieren – so geht's

Um nachhaltig zu investieren, gehst du so ähnlich vor wie schon bei der herkömmlichen Geldanlage. Du kannst dich an den folgenden drei Schritten orientieren.

Schritt 1: Finde einen oder mehrere nachhaltige Indizes

- Informiere dich auf den Webseiten der großen Indexanbieter, welche nachhaltigen Indizes zu deinen Vorstellungen passen (z. B. bei MSCI, FTSE oder S&P).
- Im Factsheet liest du, welche Werte der Index enthält und nach welchen Kriterien er zusammengestellt wurde.

Schritt 2: Finde einen oder mehrere passende ETFs

- Suche in einem ETF-Portal oder direkt auf den Webseiten der ETF-Anbieter (iShares, Xtrackers, Amundi, Vanguard etc.) nach einem ETF, der zu deinem gewählten Index passt, oder:
- Überspringe die Index-Suche und filtere direkt in einem ETF-Portal nach deinen Kriterien.
- Im Factsheet des ETFs findest du weitere Infos zur Zusammensetzung und Methodik.

Schritt 3: Wie viel ESG soll es sein?

- Um nachhaltig zu investieren, könntest du die gleiche Anlagestrategie fahren wie mit einem konventionellen Investment (z.B. 70 Prozent MSCI World ESG und 30 Prozent FTSE Emerging Markets ESG).

> **Deinen Favoriten-Index gibt es nicht in ESG?**
>
> Nicht von jedem Index existiert bislang eine ESG-konforme Variante. Möchtest du langfristig nachhaltig investieren, hast dich aber für einen Index entschieden, den es nur in konventioneller Form gibt, empfehle ich dir, erst einmal in die »normale« Variante zu investieren und nebenbei den Markt im Auge zu behalten. Sollte eines Tages die ESG-Alternative herauskommen, könntest du fortan in diesen investieren.

Auf den Punkt:

- Du bist nicht zu jung oder zu alt, um mit dem Investieren anzufangen – entscheidend ist, dass du mindestens 15 Jahre Zeit hast.
- Hast du bereits Geld gespart, kannst du über eine Einmalanlage nachdenken. Falls es sich für dich besser anfühlt, kannst du auch scheibchenweise investieren.
- Wie dein normales Gehalt müssen auch Kapitalerträge versteuert werden, wenn gewisse Freibeträge überschritten werden. Im Fall von Aktien und ETFs erledigt dein Broker das automatisch für dich. (Denke an den Freistellungsauftrag!)
- Speziell Aktien-ETF-Anleger genießen einige Steuervergünstigungen.
- Vor einem Crash solltest du dich nicht fürchten, sondern ihn als Kaufgelegenheit sehen. Wann ein Crash passiert, kannst du nicht vorhersehen, du solltest also nicht auf ihn warten.
- Mit ESG- oder SRI-ETFs kannst du dein Geld nach ökologischen und ethischen Kriterien anlegen. Die Welt der nachhaltigen Geldanlagen ist (noch) ziemlich undurchsichtig und der direkte Einfluss bislang nicht messbar. Sicher ist aber: Je strenger die ESG-Regeln, desto geringer deine Diversifikation.

9

Geld ist nicht die Welt? Was Finanzen mit Glück, Freiheit und Selbstverwirklichung zu tun haben

Beginnen wir mit einer guten Nachricht: Du weißt jetzt, wie du dein Geld anlegen kannst, um es zu vermehren. Vielleicht hast du schon festgelegt, wie viel du von jetzt an jeden Monat zurücklegen möchtest – vielleicht hast du schon überflüssige Versicherungen gekündigt oder sogar dein Depot eröffnet. Eventuell ist dir beim Lesen aber auch der ein oder andere zweifelnde Gedanke gekommen in die Richtung: Ist das, was ich hier mache, wirklich der richtige Weg? Klar, mehr Geld hätte ich schon gerne, und ich würde gerne sicher in die Zukunft blicken können – und dafür braucht es nun mal finanzielle Mittel. Aber gleichzeitig ist es ist ja auch nur Geld, das darf doch nicht das Wichtigste in meinem Leben sein. Ist es auch nicht. Es ist ein Mittel zum Zweck. Schauen wir uns das zum Abschluss genauer an und klären, warum du das hier alles tust.

Geld macht glücklich

Wie bitte? Dabei gilt es doch als ausgemacht, dass man »kein Geld braucht, um glücklich zu sein« oder »es die wichtigsten Dinge im Leben umsonst gibt«. Der Publizist Marcel Reich-Ranicki bemerkte einmal: »Geld allein macht nicht glücklich, aber es ist besser, in einem Taxi zu weinen als in der Straßenbahn.«

Obwohl lange daran gezweifelt wurde, macht Geld sehr wohl glücklich. Das haben unter anderem die Wirtschaftswissenschaftler Justin Wolfers und Betsey Stevenson in einer Studie herausgefunden. Auch stellten die Forscher fest, dass das Glücksgefühl keineswegs nach oben hin gedeckelt ist. Zwar fällt die Freude über mehr Geld weniger berauschend aus, je mehr man schon hat. Trotzdem wächst das Wohlbefinden weiterhin – egal, in welche Höhen das Einkommen auch steigen mag.[31]

Warum das so ist? Weil unsere finanzielle Situation einen großen Einfluss auf unser Wohlbefinden hat. Es sichert die Existenz und ist die Voraussetzung dafür, sozial und wirtschaftlich mitzuhalten – sofern man sich nicht gerade für ein Aussteiger-Dasein im Wald entschieden hat. Klar, es wird immer Menschen geben, die wenig Geld haben und dennoch viel zufriedener sind als andere – weil sie gesünder sind, ihre Berufung gefunden haben oder ganz einfach mit einer positiven Einstellung durchs Leben gehen. Doch sie sind nicht glücklicher, *weil* sie weniger Geld haben, sondern *obwohl* sie weniger Geld haben. Denn auf das Glücksgefühl haben neben der Vermögenssituation unzählige andere Faktoren ebenfalls einen Einfluss. Vermutlich hast auch du schon einmal in einem Land deinen Urlaub verbracht, wo die Menschen einen Bruchteil von dem verdient haben, was du jeden Monat überwiesen bekommst. Und doch erschienen sie dir irgendwie glücklicher, ausgelassener, fröhlicher. Ich persönlich habe diese Erfahrung während eines Auslandssemesters in Indien gemacht. Die Sache ist: Würde sich das Vermögen dieser Menschen erhöhen und alle anderen Faktoren blieben unverändert (die Umgebung, der Beruf, der Freundeskreis, das Wetter), dann wären diese Menschen im Schnitt ebenfalls glücklicher.

Nein, ein gut gefülltes Konto allein reicht nicht aus, um ein erfülltes Leben zu führen. Und in gewisser Weise stimmt es auch, dass sich »die wirklich wichtigen Dinge im Leben« nicht kaufen lassen: Eine gute Freundschaft gibt es nicht für 420 Euro bei Ebay. Und doch verbessert Geld die Chancen, dass du freier und gesünder durchs Leben gehst, zufrieden und mit dir im Reinen bist. Bedingungen, die sich wiederum positiv auf deine Beziehung zu deinen Mitmenschen auswirken.

Geld bedeutet Freiheit

Als »geprägte Freiheit« hat der russische Schriftsteller Fjodor Michailowitsch Dostojewski einmal das Geld bezeichnet. Seine Definition trifft heute ebenso zu wie vor 200 Jahren – auch wenn wir inzwischen nicht mehr so häufig mit Münzgeld bezahlen. Denn Geld macht unabhängig. Es löst Zwänge und Verpflichtungen auf, gleichzeitig öffnet es neue

Türen. Geld gibt uns die Möglichkeit, die Zeit viel mehr nach unseren Vorstellungen zu verbringen – und nicht, wie andere es von uns erwarten. Ein finanzielles Polster bedeutet: können, aber nicht müssen.

Zweifellos: In Ländern wie Deutschland, Österreich, der Schweiz und einigen anderen Teilen Europas genießen wir schon jetzt nahezu maximale Freiheit. Sie ist unter anderem manifestiert durch unser Grundgesetz, in dem das Recht auf freie Wahlen und freie Meinungsäußerung, Religions-, Bildungs- und Bewegungsfreiheit festgeschrieben sind. Wir können so viel reisen, wie wir wollen – innerhalb der EU, ohne dass wir Grenzen überqueren oder Gründe dafür nennen müssten. Derartige Grundrechte sind auch Privilegien – und doch begreifen wir sie nicht selten als Selbstverständlichkeiten, obwohl sie für unsere nicht allzu entfernten Vorfahren undenkbar waren.

Mir persönlich wird das immer wieder bewusst, wenn ich mich mit meiner Mutter über meine Großeltern unterhalte, deren Wurzeln in dem deutsch-französischen Grenzgebiet Elsass-Lothringen liegen. Eine Region, die zwischen 1870 und 1945 fünf Mal die nationale Identität wechselte. 1911 unter dem deutschen Kaiserreich geboren und 1973 als Franzose gestorben, erlebte mein Großvater zwei Weltkriege. Seine Kindheit war vom Ersten Weltkrieg geprägt, sein eigener Vater erlebte die Grausamkeiten der Schlacht um Verdun als junger Soldat. Im November 1918 kehrte das Gebiet nochmals zu Frankreich zurück, mein Großvater kam in ein Internat bei Reims in der Champagne. Er verstand und sprach kein Wort Französisch. Seine eigentliche Muttersprache, das »lothringische Deutsch«, galt als verpönt und stand sogar unter Strafe. Wenn es gesprochen wurde, dann nur noch heimlich im Kreis der lothringischen Familien. Die Entwurzelung hinterließ tiefe Spuren.

Ab 1940 besetzte die Wehrmacht das Gebiet, und mein Großvater wurde wie Millionen anderer Soldaten gegen seinen Willen in den Zweiten Weltkrieg eingezogen. Freiheiten zu haben hätte damals bedeutet, nicht als Soldat kämpfen und nicht flüchten zu müssen, sondern stattdessen die Ideen umzusetzen, die man als junger Mensch so entwickelt. Es hätte bedeutet, seine Muttersprache sprechen zu dürfen, ohne dafür den Tod oder andere Formen der Züchtigung fürchten zu müssen. Geld, so hat es meine Mutter mir erzählt, war für meine Familie nicht das große Problem. Genützt hat es zu diesen schweren Zeiten nicht viel, denn Freiheiten konnten sie sich damit nicht erkaufen. Und das ist heute und hierzulande anders.

Mittlerweile ist die europäische Gesellschaft so offen und frei wie nie zuvor. Und eine der wenigen Variablen, die uns in unserer Freiheit beschränkt, ist das Geld. Allein von unserer finanziellen Situation hängt es noch ab, ob wir tun und lassen können, was wir wollen. Zwar haben wir auch in finanzieller Hinsicht heute deutlich mehr Optionen als noch vor einem halben Jahrhundert. Eine Reise mit dem Flugzeug war bis in die 1960er-Jahre im Wesentlichen Geschäftsleuten und Filmstars vorbehalten – inzwischen ist sie selbstverständlich. Und der Fernseher, das Smartphone oder ein Schrank voller Kleidung für den Großteil der Gesellschaft ebenso. Und doch beschränkt ein geringes oder nicht existentes Vermögen die Handlungsfähigkeit. Sei es, weil wir auf bestimmte Dinge verzichten müssen. Oder weil es uns zwingt, die Zeit anders zu verbringen, als wir eigentlich möchten.

Dagegen schenkt uns ein Vermögen Optionen. Das bedeutet, zwischen verschiedenen Möglichkeiten wählen zu können. Das fängt in der Arbeitswelt an: Längst nicht jeder Arbeitnehmer ist mit seinem Job zufrieden, ein Teil empfindet ihn sogar als völlig nutzlos, wie Umfragen immer wieder ergeben.[32] Eine Kündigung kommt für die meisten dennoch nicht infrage – zu groß ist die Abhängigkeit von den monatlichen Gehaltsschecks, ohne die Miete, Lebensmittel und Leasingraten nicht bezahlt werden könnten. Frei zu sein würde bedeuten, den Job zu machen, den man machen möchte – unabhängig von der Sicherheit und Höhe des Gehalts. Es könnte auch heißen, dem Chef die Kündigung in die Hand zu drücken und für ein halbes Jahr im Ausland zu leben, neue Erfahrungen zu machen, sich kulturell weiterzuentwickeln oder auf die Suche nach einer Aufgabe zu gehen, für die man gern jeden Tag aufsteht. Kurzum: sich die Bedingungen zu schaffen, die einen wirklich zufriedenstellen.

Finanzielle Optionen zu haben bedeutet nicht nur, sich selbst viele Dinge zu erlauben, sondern auch mal anderen einen Gefallen zu tun: den Eltern eine gemeinsame Reise zu schenken, die sie sich selbst nicht leisten können, die Firmenidee des besten Freundes zu unterstützen oder den Partner in schlechteren Zeiten finanziell zu entlasten, indem man die Miete eben für eine Zeit allein bezahlt. Oder dem eigenen Nachwuchs Dinge zu ermöglichen, die dessen Entwicklung positiv beeinflussen können – und etwas kosten.

Es gibt ein geflügeltes Wort, das diesen Gedanken von »Geld ist Freiheit« aufgreift. Die Rede ist vom sogenannten »Fuck You Money«, wie es in Finanzkreisen liebevoll genannt wird. Was irgendwie obszön klingt, bedeutet in Wahrheit nichts weiter, als so viel Geld auf der hohen Kante zu haben, dass man sich nach niemandem mehr richten muss. Nicht nach dem Chef, der einem eine unliebsame Aufgabe nach der nächsten zuschiebt, ohne ein lobendes Wort zu verlieren. Nicht nach der Bank, die einem den Kredit bewilligen muss. Auch nicht nach dem Ex-Partner, der einen finanziell unterstützt hat. Nein, es geht nicht darum, der ganzen Welt den Mittelfinger zu zeigen. Das »Fuck You Money« könnte man zuallererst als Polster begreifen, das es einem jederzeit ermöglichen würde, noch mal neu anzufangen. Mit einer finanziellen Sicherheit im Rücken trauen wir uns eher, etwas Neues zu wagen, neue Erfahrungen zu machen, Dinge auszuprobieren. Denn selbst wenn es schiefgehen sollte, sich die Idee für ein eigenes Unternehmen als Flop erweist oder der neue Job doch nicht die erhoffte Glückseligkeit bringt: Es ist in Ordnung, das Leben geht weiter, und der Lebensstandard bleibt der gleiche. Denn die Existenz ist gesichert.

Aber wie hoch muss das Vermögen überhaupt sein, um von dem legendären »Fuck You Money« sprechen zu können? Reichen bereits 10.000 Euro? Oder eher 100.000 Euro? Oder müssen es gar fünf Millionen sein? Dafür gibt es keinen allgemeingültigen Betrag – auch, weil Unabhängigkeit je nach Situation und Ziel unterschiedlich viel kostet. Die häufig beschworene finanzielle Freiheit ist wohl von allen Formen der Unabhängigkeit das ambitionierteste Ziel. Denn um beispielsweise mit 40 Jahren in die Rente zu starten, wären schließlich mindestens mehrere Hunderttausend Euro notwendig – je nachdem, wie man denn leben möchte, versteht sich.

Das ist finanzielle Freiheit

Der Begriff finanzielle Freiheit begegnet einem immer wieder, und die eine allgemeingültige Definition dafür gibt es nicht. In meiner Lesart ist ein finanziell freier Mensch eine Person, die genug Vermögen besitzt, um bis an ihr Lebensende allein von den Erträgen leben zu können, die sie damit erzielt – also von Kapitalerträgen. Mit anderen Worten: Sie müsste nicht mehr arbeiten gehen.

Du kannst die Welt ein bisschen besser machen

Jeder entscheidet selbst, wie er sein Geld einsetzt – und ob er es auch verwendet, um zum Wohl der Allgemeinheit beizutragen. Doch hast du mehr Geld zur Verfügung, gibt dir das zumindest die Möglichkeit, die Welt ein Stück weit besser zu machen. Du hast tendenziell mehr Optionen, rücksichtsvoll mit der Umwelt umzugehen und ressourcenschonender zu leben. Es ist teurer, dem Bauern einen fairen Preis für seine Milch zu bezahlen und das Fleisch von Tieren zu essen, die kein Dasein in Infrarot-bestrahlten Käfigen fristen. Es kostet mehr, sich von dem alten Benziner zu verabschieden und auf ein umweltfreundlicheres Gefährt umzusteigen – oder ab und zu das teurere Zugticket zu kaufen, statt den 20-Euro-Billig-Flug zu nehmen. Selbstredend: Nicht jeder Sehr-gut-Verdiener ist automatisch ein Weltverbesserer, in der Realität ist eher das Gegenteil der Fall. Studien zufolge sind die reichsten zehn Prozent der Gesellschaft zum Beispiel für mehr als die Hälfte aller weltweiten CO_2-Emissionen verantwortlich.[33] Aber deine finanziellen Mittel können dir dabei behilflich sein, diese Tendenz umzukehren, und ökologisch bewusster zu leben. Jeder Mensch setzt sein Geld anders ein. Aber was immer andere auch tun – es gibt dir die Möglichkeit, die Welt ein Stück weit besser zu machen.

Du lebst (vermutlich) länger

Geldknappheit ist nicht nur ärgerlich oder unbequem. Sie verkürzt sogar das Leben, wie Gesundheitsforscher immer wieder feststellen. Zu dieser Erkenntnis kam unter anderem das Robert-Koch-Institut in einer Studie. Wer seit der Geburt von Armut bedroht ist, lebt im Schnitt 9,5 Jahre weniger als jemand, der mindestens 50 Prozent mehr als das Durchschnittsgehalt verdient.[34]

Maßgeblich verantwortlich dafür ist seelische Belastung, die ein Leben in Armut verursacht. Ein höheres Einkommen dagegen kommt laut Glücksforschern der Psyche zugute. Denn wer weniger als 60 Prozent des mittleren Einkommens verdient (momentan sind das etwa 35 000 Euro brutto im Jahr), lebt mit einem höheren Risiko, an chronischen Erkrankungen wie Herzinsuffizienz, Bluthochdruck, Arthrose oder Depressionen zu erkranken, wie Wissenschaftler festgestellt haben. Und das liegt in erster Linie daran, dass Zukunftssorgen, Ängste oder Stress auf der Psyche lasten.[35]

Mittellos zu sein prägt schon im Mutterleib, wie unter anderem eine Studie aus dem Jahr 2017 ergeben hat: Haben Mütter während der Schwangerschaft mit psychischen Belastungen wie Existenzängsten zu kämpfen, verlangsamt das die Entwicklung der Kinder, kann zu Frühgeburten führen und macht sie anfälliger für die Entwicklung psychischer Erkrankungen wie Depressionen.[36]

Menschen mit finanziellen Problemen nehmen tendenziell auch weniger am gesellschaftlichen Leben teil – es wird sich weniger verabredet, weniger eingeladen und weniger besucht.[37] Man könnte auch sagen: Geldnot macht einsamer. Auch das ist gesundheitsschädlich.

Nun ist es nicht so, dass jeder Gutverdiener ein entspanntes Leben führt. Auch Millionäre verspüren Ängste, Druck und Stress. Und doch sind es vor allem einkommensschwache Menschen, deren Gesundheit nachweislich unter der seelischen Dauerbelastung leidet. Weniger Geld zu besitzen heißt, finanziell abhängiger von anderen zu sein und beispielsweise gezwungen zu sein, einen Job auszuführen, der körperlich (oder psychisch) überlastet und mit den Jahren krank macht. Finanziell sorglos zu sein bedeutet dagegen, sich nicht einschränken zu müssen, etwa bei der Ernährung. Je besser die finanzielle Situation, desto eher kann man sich gesund ernähren. Frisches Bio-Gemüse ist nun einmal teurer als Weißbrot und Billigwurst. Natürlich entscheidet unsere monetäre Situation auch darüber, welche medizinischen Behandlungen und Annehmlichkeiten wir uns im Laufe des Lebens leisten können. In Deutschland garantiert zwar die gesetzliche Krankenversicherung jeder Einkommensschicht eine nahezu gleiche medizinische Grundversorgung. Wer schwer krank ist und mit einem Schlaganfall ins Krankenhaus eingeliefert wird, bekommt auch eine Behandlung. Wer finanziell besser dasteht, kann sich mehr leisten, um das Leben gesünder oder ganz einfach komfortabler zu verbringen. So gibt es eine Reihe von Maßnahmen und Leistungen, die von den meisten Krankenkassen als »medizinisch nicht notwendig« deklariert werden – und die der Patient folglich selbst bezahlen muss. Auch Behandlungen wie die Zahnreinigung oder zusätzliche Impfungen für den Urlaub kosten Geld. Gleiches gilt für Vorsorgeuntersuchungen wie einen regelmäßigen Ganzkörper-Check-up. Solche Zusatzleistungen können die Chancen erhöhen, dass man ein gesundes Leben führt. Ganz schön ins Geld gehen können wiederum Eingriffe wie eine Augenlaser-OP, für die die Kosten nicht selten im vierstelligen Bereich liegen – und die Patienten im Normalfall komplett selbst bezahlen.

Du kannst in dich selbst investieren

Eine der wichtigsten Investitionen, die du in deinem Leben tätigen kannst, ist die in dich selbst.

Beginnen wir ganz rational und pragmatisch: Investitionen in die eigene Person sind aus finanzieller Sicht wichtig, weil sie den Wert deiner Arbeitskraft und damit deine Verdienstchancen steigern. Das funktioniert, indem du dir Fähigkeiten aneignest, die in der Arbeitswelt nützlich und nachgefragt sind. Neben Berufserfahrung, die du im Laufe deines Arbeitslebens automatisch erwirbst, gibt es eine Reihe weiterer Fertigkeiten und Eigenschaften, die sich wirtschaftlich verwerten lassen: der eigene Bildungsstand beispielsweise, technische Fertigkeiten oder Fähigkeiten in einem Spezialgebiet, Interesse und Engagement, Leidenschaft für eine Sache oder besondere Talente – aber auch Selbstbewusstsein, soziale Kompetenzen wie Teamfähigkeit oder die Kunst zu netzwerken.

Je mehr solcher Fähigkeiten du dir im Laufe des Lebens aneignest, desto besser. Denn sie alle steigern den Wert deiner Arbeitskraft, sie machen dich innovativer und produktiver und damit letztlich interessanter für potenzielle Arbeitgeber oder Kunden. Aber wie investiert du am besten in dich selbst? Zum Beispiel über eine Fachausbildung oder ein Studium, und indem du dir Zeit nimmst, viel zu lesen, um auf dem Stand zu bleiben und aktuelle Entwicklungen besser zu verstehen. Das Erlernen einer neuen Sprache kann dir neue Berufsfelder erschließen, genauso wie der Austausch mit anderen Menschen, die du neu kennenlernst. Alles, was deinen Horizont erweitert, ist eine Investition in dich selbst. Sie macht dich – ganz unromantisch gesagt – zu einem begehrteren Mitarbeiter oder Geschäftspartner. Viele dieser Fähigkeiten lassen sich leichter aneignen, wenn du finanzielle Rücklagen gebildet hast. Sei es die sechswöchige Marketing-Schulung, der zusätzliche Master-Abschluss im Ausland, der intensive Sprachkurs oder die Online-Weiterbildung zum Programmierer. Wieder anderes kostet zumindest Zeit, Energie und Ressourcen. Und damit in den meisten Fällen ebenfalls Geld. Denn auch ein kostenloser Excel-Kurs oder Abendkurse an der Volkshochschule verlangen zumindest, dass du genügend Zeit dafür hast – und dich vielleicht auch mal für eine Zeit unbezahlt freistellen lassen kannst.

In dich selbst zu investieren verschafft dir nicht nur eine bessere Position auf dem Arbeitsmarkt, sondern steigert zudem die Lebenszufriedenheit. Sehr eindrücklich zeigt das schon die berühmte Bedürfnispyramide, die der US-amerikanische Psychologe Abraham Maslow vor rund 80 Jahren entworfen hat. In seinem Schema stellt er dar, welche Bedürfnisse gestillt sein müssen, damit sich überhaupt einem neuen Begehren gewidmet werden kann. Die Selbstverwirklichung bildet nach seinem Modell das oberste zu erreichende Ziel eines jeden Menschen. Maslow versteht darunter so viel wie: die Beschäftigung mit den eigenen Talenten, kreatives Ausleben oder ganz einfach die berühmte Suche nach dem Sinn des Lebens. Um sich auf eine solche zu begeben, müssen vorher allerdings eine Reihe andere Verlangen gestillt sein. An erster Stelle stehen die physiologischen Bedürfnisse wie Nahrung, Schlaf, Atmung und Fortpflanzung. Es folgen das Verlangen nach Sicherheit und sozialen Aspekten wie zwischenmenschlichem Kontakt oder überhaupt Gesellschaft. Erst wenn derartige Bedürfnisse erfüllt sind, wird der Mensch den Drang verspüren, sich selbst zu verwirklichen – indem er in sich selbst investiert. Der Punkt ist: Um so weit zu kommen und die ganz fundamentalen Stufen der Pyramide erklimmen zu können, braucht es finanzielle Ressourcen. Selbstverwirklichung kostet Geld.

Der Historiker und Autor Rutger Bregman hat sich einmal in einem TED-Vortrag ausführlicher mit dem Zusammenhang zwischen Armut und Zukunftschancen beschäftigt. Er meint: Arme Menschen treffen dumme Entscheidungen. Nicht aber, weil sie weniger intelligent als andere Einkommensschichten wären, sondern weil sie in einer Situation leben, in der jeder dumme Entscheidungen treffen würde. Weil es an Geld, Zeit und Ressourcen mangelt, um strategisch zu denken und zu handeln. Ist das Geld knapp, ist man gezwungen, kurzfristige Entscheidungen zu treffen: Woher bekomme ich die 350 Euro, um mein Auto durch den TÜV zu bekommen? Wie gebe ich mein Geld aus, um am Ende des Monats die Miete überweisen zu können? Langfristige, vorausschauende Überlegungen dagegen, welche Weiterbildung sich lohnen würde oder wie man die eigenen Ersparnisse vermehren könnte, rücken in den Hintergrund – denn die gesamte mentale Energie ist darauf ausgerichtet, den Mangel zu verwalten. Geldsorgen blockieren.

Das zeigen immer wieder auch Pilotprojekte zum Bedingungslosen Grundeinkommen. Beispielhaft sei hier ein Experiment in der kanadischen Kleinstadt Dauphin erwähnt: In den 1970er-Jahren startete die Regierung dort einen Feldversuch und zahlte den Einwohnern ein jährliches Einkommen, das die Existenz sichern sollte.[38] Eine durchschnittliche Familie bestehend aus vier Personen erhielt beispielsweise 3.800 kanadische Dollar pro Jahr – was heute (2020) einem Wert von knapp 18.000 Dollar entspräche, also 1.500 Dollar monatlich für eine vierköpfige Familie. Jegliche Bedenken, es würde niemand mehr arbeiten und überhaupt die gesamte Stadt den Bach runtergehen, sollten sich als unbegründet erweisen: Nicht nur die Gesundheitsdaten verbesserten sich bei den Testpersonen signifikant. Die Menschen waren auch deutlich leistungsbereiter und erfolgreicher. Nur knapp 3 Prozent der Bevölkerung arbeiteten weniger, die meisten Menschen aber investierten das dazugewonnene Geld in Weiterbildungen, Arbeitsmittel wie Schreibmaschinen oder Autos, die sie leistungsfähiger arbeiten ließen. Teenager gingen länger zur Schule, die Zahl der erfolgreichen Schulabschlüsse stieg rasant.

Der Fall Dauphin bestätigt: Erst wenn die elementaren

Bedürfnisse gestillt und das tägliche Auskommen gesichert sind, ist ein Mensch überhaupt in der Lage, über die Zukunft nachzudenken – sich sinnvolleren und wirklich erfüllenden Aufgaben zu widmen – oder gar sich selbst zu verwirklichen.

Die erfreuliche Nachricht bei dem Ganzen ist: Du bist ohne Hilfe von außen dazu in der Lage, dir deine eigene finanzielle Basis zu schaffen, die dir Freiheit und Sicherheit gibt und dich dazu befähigt, in dich selbst zu investieren. Das ist es, was dir letztendlich nicht nur ein besseres Einkommen, sondern vor allem Zufriedenheit einbringen wird. Und dabei haben wir dir hoffentlich mit diesem Buch ein bisschen geholfen.

Das war's auch schon

Richtig gelesen, du bist am Ende dieses Buches angelangt. Und deswegen möchte ich dir jetzt erst einmal eines sagen: Meine Hochachtung. Du hast dich gerade intensiv mit deinen Finanzen beschäftigt, eine Menge über die Welt des Geldes und vermutlich auch über dich selbst gelernt. Du hast deine Finanzen in die eigenen Hände genommen, und das ist großartig. Vielleicht hast du gemerkt, dass das ganze Thema gar nicht so kompliziert ist, wie es einem anfangs vorkommt. Hat man einmal die Grundlagen und ein paar zentrale Zusammenhänge verstanden, ist das schon die halbe Miete.

Nimm dir ruhig deine Zeit, das Gelesene zu verarbeiten, blättere zurück oder vertiefe den ein oder anderen Punkt durch eigene Recherche. Und dann fang an und leite konkrete Schritte ein – falls du nicht schon damit begonnen hast. Anschließend ist es ganz allein deine Sache, wie viel Zeit du im Monat oder im Jahr mit deinen Finanzen verbringst. Ob du noch tiefer in die Materie eintauchst oder es lieber so simpel wie möglich hältst. Wie du es auch machst, deinem Vermögensaufbau steht ab sofort nichts mehr im Weg. Und das kannst du jetzt ruhig erst mal feiern.

Ich persönlich bin dir sehr dankbar, dass du mir dein Vertrauen geschenkt hast, und hoffe, dass dir dieses Buch eine wirkliche Hilfe ist.

P.S.: Auf den letzten Seiten findest du ein Glossar mit Erklärungen aller möglicher Begrifflichkeiten und Fachwörter, von denen dir das ein oder andere sicher einmal unterkommen wird.

Glossar

Aktie Ein Anteil an einer Aktiengesellschaft. Erwirbst du eine Aktie, erhältst du ein Anrecht auf eine Beteiligung an einer Gewinnausschüttung und in der Regel auch ein Stimmrecht, das du bei der Hauptversammlung des Unternehmens einsetzen kannst.

Anleihe Ein verzinsliches Wertpapier, das mit einer vorher festgelegten Laufzeit herausgegeben wird. Kaufst du eine Anleihe, hast du Anspruch auf Rückzahlung deines investierten Kapitals sowie einen jährlichen Zins. Anleihen werden von Staaten und Unternehmen zur Finanzierung genutzt.

Asset und Assetklasse Asset ist das englische Wort für Vermögenswert. Eine Assetklasse ist eine Anlageklasse, also eine Gruppe an Vermögenswerten wie beispielsweise Aktien, Anleihen oder Immobilien.

Asset Allocation bezeichnet die Struktur deines Portfolios, also die Verteilung deines Geldes über verschiedene Vermögenswerte (→ Assets).

Börse Ein Handelsplatz, auf dem Käufer und Verkäufer von Finanzprodukten zusammentreffen und in Sekundenschnelle miteinander handeln können. Aufgabe der Börse ist es, auf Basis von Angebot und Nachfrage den Preis eines Wertpapiers zu bestimmen.

Broker Ein Vermittler zwischen dir und der Börse. Möchtest du beispielsweise Anteile an einem ETF kaufen oder verkaufen, führt der Broker die Transaktion für dich aus.

Bundesanleihen Ist ein anderes Wort für deutsche Staatsanleihen mit einer Laufzeit von vielen Jahren. Damit gemeint sind also Schuldverschreibungen, die die Bundesrepublik herausgibt, um einen Teil ihrer Staatsausgaben finanzieren zu können.

Chart Eine grafische Darstellung vergangener Kursverläufe. Hier kannst du beispielsweise ablesen, wie sich ein ETF-Kurs bisher entwickelt hat und wie stark er geschwankt hat.

Crash Von einem Crash spricht man, wenn die Kurse am Aktienmarkt innerhalb von Tagen oder Wochen sehr stark fallen. Das können -30, -40 oder auch mal -50 Prozent sein.

Crowdinvesting Zusammen mit vielen anderen Anlegern stellst du Firmen, Organisationen oder Projektentwicklern Geld zur Verfügung. Im Gegenzug wirst du an Gewinnen beteiligt oder bekommst Zinsen ausgeschüttet. Crowdinvesting ist in den seltensten Fällen eine gute Anlage: Du kannst die Anteile nicht einfach verkaufen (illiquide), und die Risiken sind oft intransparent und sehr hoch. Auch können für Investoren hohe Kosten in Form von Gebühren entstehen. Crowdinvesting ist nicht zu verwechseln mit Crowdfunding, das rein auf Spenden basiert.

DAX Abkürzung für den Deutschen Aktienindex, der die 40 nach Marktkapitalisierung wertvollsten deutschen Aktiengesellschaften abbildet. Herausgegeben wird er von der Deutschen Börse AG (→ Marktkapitalisierung).

Derivate Riskante und spekulative Anlageinstrumente,

mit denen du auf die Wertentwicklung eines Basiswerts wetten kannst, ohne diesen selbst zu besitzen. Basiswerte können sein: Aktien, Rohstoffe, Zinsen oder Kryptowährungen.

Depot Eine Art »digitaler Safe«, in dem deine Aktien und andere Wertpapiere verwahrt werden.

Diversifikation (von lat. diversificare = verteilen) Das Verteilen des Vermögens über verschiedenen → Assets (also beispielsweise sehr viele Aktien) und verschiedene → Assetklassen (z.B. Aktien, Anleihen, Rohstoffe, Immobilien). Das Verlustrisiko der Geldanlage sinkt dadurch drastisch, nicht aber die Renditechancen.

Dividende Kann eine Aktiengesellschafte ausschütten, um ihre Aktionäre an Gewinnen zu beteiligen.

Einlagensicherung Eine staatliche Garantie, welche deine Bankeinlage (beispielsweise Guthaben auf dem Tagesgeld- oder Girokonto) bis zu einer Höhe von 100.000 Euro pro Person im Insolvenzfall dieser Bank vor dem Verlust schützt. Über diese Grenze hinaus solltest du daher nicht mehr Geld dort einlegen.

Einzelwertrisiko Das Risiko, welchem jedes einzelne Wertpapier (z.B. eine Aktie) ausgesetzt ist. Du kannst es in deinem Gesamtportfolio reduzieren, indem du stärker diversifiziert (→ Diversifikation) Manchmal wird das Einzelwertrisiko auch als unternehmensspezifisches Risiko bezeichnet.

ETF Exchange Traded Funds (ETFs) sind an der Börse gehandelte Indexfonds. Du kannst mit ihnen günstig und diversifiziert anlegen. Ihr Ziel ist es, einen Index nachzubilden.

Festgeld Eine festverzinste Bankeinlage mit vorher festgelegter Laufzeit. Hier kannst du den Sicherheitsbaustein deines Portfolios anlegen solange dieser unter 100.000 Euro beträgt (→ Einlagensicherung).

Fonds Sammelt Geld von Investoren ein und kauft davon Wertpapiere wie beispielsweise Aktien. Einige Fonds investieren in mehrere Tausend Wertpapiere gleichzeitig. Sie sind also eine gute Möglichkeit zu diversifizieren (→ Diversifikation).

Freigrenze und Freibetrag (bei Steuern) Alle Einkünfte unterhalb dieser Grenzen sind steuerfrei. Überschreitest du eine Freigrenze, wird der gesamte Betrag steuerpflichtig, bei einem Freibetrag nur der Teil, der über die Grenze hinausgeht.

Freistellungsauftrag (FSA) Den solltest du bei deiner Depotbank einrichten, um den steuerfreien Sparerpauschbetrag in Höhe von 1.000 Euro pro Jahr ausnutzen zu können. Ohne FSA führt die Depotbank automatisch Kapitalertragsteuer ab.

Gegenparteirisiko Ist das Risiko, dass ein Geschäftspartner bankrott geht und seinen Verpflichtungen nicht mehr nachkommen kann. Eine Gegenpartei könnte zum Beispiel der Herausgeber einer Lebensversicherung sein. Gibst du dieser Gesellschaft dein Geld, gehst du ein Gegenparteirisiko ein (auch genannt: Kontrahentenrisiko). Du läufst Gefahr, deine Einzahlungen im Fall eines Konkurses nicht wieder zu sehen.

Index Ein Barometer, an dem du ablesen kannst, wie sich eine Gruppe von Werten mit der Zeit entwickelt. Ein Aktienindex spiegelt zum Beispiel die Wertentwicklung einer Gruppe von Aktien wider.

Indexfonds Investmentfonds, die das Ziel haben, einen

Index nachzubilden. Einige Indexfonds sind zusätzlich an der Börse gelistet und werden dann als → ETFs bezeichnet.

Indexzertifikate Bilden wie Indexfonds die Wertentwicklung eines Index nach, jedoch ohne die enthaltenen Aktien tatsächlich zu kaufen. Zertifikate sind dadurch riskant, denn das Geldhaus als Herausgeber kann theoretisch insolvent gehen (→ Gegenparteirisiko). Anders als bei Fonds zählt dein investiertes Geld nicht als Sondervermögen, wird also nicht getrennt von dem Vermögen der Investmentgesellschaft verwahrt.

Inflation Bezeichnet den allgemeinen Anstieg der Verbraucherpreise. Man kann auch Geldentwertung dazu sagen. Denn wenn Lebensmittel, S-Bahn-Tickets, Strom, Benzin oder Miete teurer werden, kannst du dir von deinem Geld etwas weniger leisten – es verliert also an Gegenwert. Die jährliche Inflationsrate wird in Prozent angegeben und bezieht sich immer auf die Veränderung im Vergleich zum Vorjahr.

Kapitalertragsteuer Die Steuer, die du auf Kapitalerträge wie realisierte Kursgewinne, Zinsen oder Dividenden zahlst. Allerdings fällt sie erst an, wenn du mit deinen jährlichen Gewinnen den Sparerpauschbetrag von 1.000 Euro überschreitest (→ Freistellungsauftrag).

Lebensversicherung Lebens- und Rentenversicherungen sind Sparverträge, welche mit privaten Versicherungsgesellschaften abgeschlossen werden. Sie sind wenig rentabel, verursachen häufig hohe Kosten und haben ein nicht zu unterschätzendes → Gegenparteirisiko. Zum langfristigen Vermögensaufbau sind sie daher meist unbrauchbar. Zusätzlich zum Kapitalaufbau können sie noch Risiken wie Tod, Invalidität und Berufsunfähigkeit finanziell absichern.

Leerverkauf Der Handel mit Aktien, die einem gar nicht gehören, sondern nur ausgeliehen sind. Spekulanten nutzen Leerverkäufe unter anderem, um auf fallende Kurse zu wetten. Sie leihen sich eine Aktie und verkaufen diese (leer). Dann hoffen sie, dass der Kurs fällt. Sollte das passieren, kaufen sie die (jetzt billigere) Aktie erneut und geben sie dem Verleiher zurück.

Marktkapitalisierung Der Wert eines Unternehmens an der Börse. Sie errechnet sich, indem man den Aktienkurs mit der Anzahl an herausgegebenen Aktien multipliziert. Je höher die Marktkapitalisierung eines Unternehmens, desto mehr Gewicht besitzt sie in den meisten Indizes.

Marktrisiko Damit gemeint ist das Risiko, dass so ziemlich der gesamte Aktienmarkt zur gleichen Zeit Kursverluste verzeichnet. Das Marktrisiko trägt jedes Wertpapier zusätzlich zum → Einzelwertrisiko, und es lässt sich nicht durch Diversifikation reduzieren oder eliminieren.

MSCI World Einer der bekanntesten Welt-Indizes, in dem mehr als 1.600 Aktien abgebildet werden. Der Index bildet die größten Aktien aus 23 Industrieländern ab (→ Index).

Nachhaltiges Investieren Investieren unter Berücksichtigung von vorher festgelegten ethischen, ökologischen und sozialen Faktoren. So können beim nachhaltigen Investieren gewisse Unternehmen systematisch ausgeschlossen und andere stärker gewichtet werden.

Notgroschen Deine Notreserve, die für größere unvorhergesehene Ausgaben bereit liegt. Sie sollte drei bis vier Nettomonatsgehälter betragen und ist nicht da, um Rendite zu machen, sondern um zu verhindern, dass du in solch einem unvorhergesehenen Fall einen teuren Dispokredit in Anspruch nehmen muss.

Opportunitätskosten Sind keine echten Kosten, sondern eher verpasste Chancen. Zögerst du das Investieren lange heraus, können dir Gewinne dadurch entgehen, dass du nicht investiert warst. Dir sind also gute »Opportunitäten« entgangen.

Option Ist ein komplexes Finanzprodukt, mit dem du dir das Recht erkaufen kannst, bestimmte Basiswerte wie eine Aktie zu einem späteren Zeitpunkt zu einem vorher festgelegten Preis von jemand anderem zu erwerben oder zu verkaufen. Optionen sind → Derivate.

Passives Investieren Passiv zu investieren bedeutet, einem Index zu folgen (Indexing) und das Geld sehr lange investiert zu lassen (Buy and Hold). Dazu musst du dir keine aktive Marktmeinung bilden und auf einzelne Unternehmen oder Branchen setzen, sondern passiv einem oder mehreren Weltindizes folgen.

Rendite Die auf ein Jahr berechnete, prozentuale Wertsteigerung deiner Geldanlage. Da sich die Rendite immer auf ein Jahr bezieht, sollte man sie nicht mit der Performance, der gesamten Wertsteigerung über alle Zeitperioden hinweg, verwechseln. Die Rendite ermöglicht es, zwei Anlagemöglichkeiten miteinander zu vergleichen.

REITs (Real Estate Investment Trusts) Eine besondere Form von börsengelisteten Immobilienaktiengesellschaften. REITs machen Gewinn, indem sie Immobilien und Grundstücke vermieten, verpachten oder verkaufen. REITs genießen steuerliche Vorteile, im Gegenzug müssen sie gewisse regulatorische Auflagen erfüllen.

Risiko Im Aktien-Kontext ist hiermit in der Regel das Wertschwankungsrisiko gemeint. Es beschreibt, wie stark ein Wertpapier im Wert schwankt. Je größer die Ausschläge nach oben und unten, desto höher ist das Risiko.

Sicherheitsbaustein Er ist dazu da, die Schwankungen in deinem gesamten Portfolio abzumildern. Das Vermögen im Sicherheitsbaustein solltest du auf einem Tages- oder Festgeldkonto anlegen. Beträge über 100.000 Euro kannst du in sichere Staatsanleihen investieren (→ Einlagensicherung) oder auf einem zweiten Tagesgeldkonto bei einer anderen Bank verwahren.

Steuerstundungseffekt Steuern auf ETF-Gewinne fallen in der Regel erst dann an, wenn du deine ETFs mit Gewinn wieder verkaufst. Lässt du dein Geld für Jahrzehnte investiert, musst du auch erst am Ende der Laufzeit Steuern darauf zahlen. Die Steuern werden praktisch gestundet. Der Vorteil: Über die Jahre liegt das Geld in deinem Depot, statt beim Finanzamt und kann auch mehr Gewinne erwirtschaften.

Teilfreistellung Ist eine Steuervergünstigung, die der Gesetzgeber Anlegern gewährt, die in Fonds mit einer Aktienquote von mindestens 51 % investieren (also auch Aktien-ETFs). Sie sieht vor, dass Anleger 30 Prozent ihrer Gewinne, die sie mit einem Fonds erzielen, steuerfrei einnehmen dürfen.

Tracking Difference Die Abweichung der Wertentwicklung zwischen einem ETF und dem zugrunde liegenden Index, den er abbilden soll. Die ETF-Rendite kann über oder unter dem Index liegen. Dann ist die Tracking Difference entweder positiv oder negativ.

Trading Das kurzfristige Kaufen und Verkaufen von Wertpapieren mit dem Ziel, zu einem günstigen Kurs einzusteigen und anschließend gewinnbringend zu verkaufen. Spekulative Anleger versprechen sich vom Trading den schnellen Reichtum, was den meisten vor allem auf Dauer missglückt.

Weltportfolio Ein Portfolio aus Aktien-ETFs, das einen großen Teil der weltweiten Wirtschaft abbildet. Mit einem Weltportfolio streust du dein Geld nicht selten über einige Tausend Aktien.

Wertpapier Ein Wertpapier ist ein verbrieftes Vermögensrecht. Es bescheinigt einem Käufer einen Anspruch auf einen Wert wie beispielsweise einen Anteil an einem Unternehmen (Aktie) oder ein Recht auf Rückzahlung und Zinsen (Anleihe). Heute werden Wertpapiere nicht mehr »verbrieft«, also in Papierform ausgegeben, sondern digital.

Xetra Das elektronische Handelssystem der Deutschen Börse AG. Sie ist vermutlich der bekannteste, aber nicht der einzige Handelsplatz in Deutschland.

Zertifikate Zertifikate werden von Banken herausgegeben und sind eine Form von Derivaten. Du kannst mit ihnen darauf wetten, wie sich ein bestimmter Basiswert (eine Aktie, eine Anleihe, ein Index) entwickelt. Zertifikate sind sehr riskant, weil sie nicht standardisiert sind und es ein Kontrahentenrisiko gibt. Geht die Bank pleite, die das Zertifikat herausgibt, kann das mitunter den Totalverlust bedeuten. Tausenden Anlegern ist das so ergangen, als die Investmentbank Lehman Brothers, die sehr viele Zertifikate herausgegeben hatte, 2008 Insolvenz angemeldet hat.

Zinsen Sind der Preis für das Leihen von Geld. Investierst du beispielsweise in Anleihen oder leihst einer Bank

Geld, indem du dein Erspartes auf ein Tagesgeldkonto legst, erhältst du im Gegenzug Zinsen. Du wirst zum Kreditgeber.

Zinseszinseffekt Beschreibt einen exponentiellen Wachstumseffekt. Lässt du dein Geld über Jahre investiert, ohne dir Gewinne auszuschütten, erhältst du immer wieder Zinsen auf die Zinsen, die du vorher erwirtschaftest hast (Zinseszinsen). Dein Vermögen steigt dadurch schneller an, als wenn du die Zinsen (oder Kapitalerträge) jedes Mal ausschütten und verkonsumieren würdest.

Anmerkungen

1 www.iwkoeln.de/studien/judith-niehues-die-mittel
schicht-in-deutschland-322410.html

2 www.finanzfluss.de/rechner/rentenrechner/

3 www.sozialpolitik-aktuell.de/files/sozialpolitik-
aktuell/_Politikfelder/Alter-Rente/Datensammlung/PDF-
Dateien/abbVIII44d.pdf

4 https://de.statista.com/infografik/25320/verhaeltnis-von-
altersrentnern-zu-beitragszahlern-in-der-gesetzlichen-renten
versicherung/

5 Max Roder, Esteban Ortiz Ospina: »Literacy«, 20. September 2018. https://ourworldindata.org/literacy

6 Bundesbank: www.bundesbank.de/de/statistiken/geld-und-
kapitalmaerkte/zinssaetze-und-renditen/realzinssaetze-auf-
bankeinlagen/realzinssaetze-auf-bankeinlagen-772412

7 https://yougov.de/news/2020/09/15/die-deutschen-vertrauen-
zwar-banken-nicht-aber-dem/

8 www.vuma.de/vuma-praxis/vuma-berichtsband

9 Tanya Faude-Koivisto, Peter Gollwitzer: »Wenn-Dann-Pläne: eine effektive Planungsstrategie aus der Motivationspsychologie«. In: Bernd Birgmeier (Hrsg.): *Coachingwissen: denn sie wissen nicht, was sie tun?* Wiesbaden 2009. https://kops
uni-konstanz.de/bitstream/handle/123456789/17196/Faude-
Koivisto_171968.pdf

10 www.dominican.edu/sites/default/files/2020-02/gail
matthews-harvard-goals-researchsummary.pdf

11 www.finanzfluss.de/rechner/rentenluecke-berechnen/

12 www.finanzfluss.de/rechner/rentenrechner/

13 https://de.statista.com/statistik/daten/studie/166338/um
frage/anzahl-der-schuldner-in-deutschland-seit-2004/

14 www.gdv.de/de/themen/positionen-magazin/kontrollierte-risiken-wagen-fuer-mehr-chancen-in-der-altersvorsorge-67020

15 www.bundderversicherten.de/presse-und-oeffentlichkeitsarbeit/pressemitteilungen/stornoquoten-zeigen-altersvorsorge-per-lebensversicherung-ueberzeugt-nicht

16 www.finanzfluss.de/rechner/mieten-oder-kaufen/

17 www.finanzfluss.de/rechner/zinseszinsrechner/

18 Gerd Kommer: *Kaufen oder mieten. Wie Sie für sich die richtige Entscheidung treffen.* Frankfurt am Main 2021, S. 77

19 www.gerd-kommer-invest.de/instandhaltungskosten-von-immobilien/

20 Gerd Kommer: *Kaufen oder mieten. Wie Sie für sich die richtige Entscheidung treffen.* Frankfurt am Main 2021, S. 30

21 www.msci.com/end-of-day-data-search

22 www.spglobal.com/spdji/en/research-insights/spiva/

23 https://etfgi.com/news/press-releases/2021/04/etfgi-reports-assets-invested-etfs-and-etps-listed-globally-reach-new

24 www.zora.uzh.ch/id/eprint/105880/1/Gn %C3 %A4dinger %20Kleist %20SMF %202014.pdf###www.academia.edu/32148987/Regression_zur_Mitte

25 www.ceicdata.com/de/indicator/germany/market-capitalization--nominal-gdp

26 Markus Neumann: *Das ETF-Portfolio. Wie Sie ein fast unschlagbares Depot zusammenstellen und managen.* Berlin 2021, S. 81

27 www.morningstar.de/de/news/197737/einmalanlage-schl %C3 %A4gt-cost-averaging- %E2 %80 %93-in-fast-jeder-hinsicht.aspx

28 www.sozialpolitik-aktuell.de/files/sozialpolitik-aktuell/_Politikfelder/Finanzierung/Datensammlung/PDF-Dateien/abbIII21a.pdf

29 www.deutsche-finanzagentur.de/de/factsheet/sheet-detail/productdata/sheet/DE0001102564/

30 Dieses Beispiel basiert auf BP: 1,6 Milliarden Tonnen CO_2 pro Jahr – und hier CO_2-Ausstoß einzelner Regionen: https://edgar.jrc.ec.europa.eu/

31 www.nber.org/system/files/working_papers/w18992/w18992.pdf

32 yougov.de/news/2015/08/26/jeder-dritte-arbeitnehmer-halt-seinen-job-fur-sinn/#:~:text=Die %20Mehrheit %20der %20deutschen %20Arbeitnehmer,nicht %20jeder %20ist %20dieser %20Meinung.&text=Demnach %20halten %2024 %20Prozent %20der,Arbeitnehmer %20ihren %20Job %20f%C3 %BCr %20sinnlos

33 www.oxfam.de/presse/pressemitteilungen/2015-12-02-oxfam-reichsten-10-prozent-verursachen-haelfte-weltweiten

34 www.rki.de/DE/Content/Gesundheitsmonitoring/Gesundheitsberichterstattung/GBEDownloadsK/2010_5_Armut.pdf?__blob=publicationFile#:~:text=Die %20mittlere %20Lebenserwartung %20bei %20Geburt,die %20Differenz %20sogar %20elf %20Jahre

35 www.boeckler.de/de/boeckler-impuls-arme-sind-haeufiger-krank-9693.htm

36 www.pnas.org/content/114/26/6728

37 www.diw.de/de/diw_01.c.567289.de/armut_schwaecht_die_sozialen_beziehungen.html

38 www.researchgate.net/publication/222578698_A_failure_to_communicate_What_if_anything_can_we_learn_from_the_negative_income_tax_experiments#page=2&zoom=auto,-14,327

Weiterführende Informationen

Alle hier aufgeführten Links und weiterführende Informationen findest du unter folgendem Link: www.finanzfluss.de/links-zum-buch/

Oder scanne diesen QR-Code mit deinem Handy:

Finanzfluss-Universum

- Website: finanzfluss.de
- Unsere Finanzrechner zum Rumprobieren und selbst Rechnen: finanzfluss.de/rechner/
- Das Excel-Haushaltsbuch: finanzfluss.de/finanzfluss-haushaltsbuch/

- Finde das beste Depot für deine ETF-Sparpläne: finanzfluss.de/vergleich/etf-sparplan/
- Unser wöchentlicher Newsletter: finanzfluss.de/memo-sign-up/
- Youtube: youtube.com/c/Finanzfluss
- Youtube-Zweitkanal: youtube.com/channel/UCuw4-WfkLIBSCrHsQqN0bGw/
- Podcast (Spotify, iTunes etc.): finanzfluss.de/podcast/
- Instagram: instagram.com/finanzfluss/
- Discord: finanzfluss.de/discord/
- Onlinekurs (kostenpflichtig): finanzfluss-campus.de
- Alles rund um ETFs: finanzfluss.de/etf-handbuch/
- Tutorial: Depot eröffnen und Sparplan anlegen Schritt-für-Schritt: youtube.com/watch?v=rtGZGTjQfI0
- Tutorial: Nachhaltig Investieren: youtube.com/watch?v=6kIzjD_seLI

Empfehlenswerte Bücher

- Gerd Kommer: *Souverän investieren mit Indexfonds und ETFs. Wie Privatanleger das Spiel gegen die Finanzbranche gewinnen.* Frankfurt am Main 2018
- Gerd Kommer: *Kaufen oder mieten. Wie Sie für sich die richtige Entscheidung treffen.* Frankfurt am Main 2021
- Daniel Kahneman: *Schnelles Denken, langsames Denken.* München 2012
- Hans Rosling: *Factfulness. Wie wir lernen, die Welt so zu sehen, wie sie wirklich ist.* Berlin 2018
- Martin Weber: *Genial einfach investieren. Mehr müssen Sie nicht wissen – das aber unbedingt!* Frankfurt am Main 2007

Andere nützliche Online-Quellen

- www.finanzfluss.de/informer/etf/suche/
- www.trackingdifferences.com
- www.gerd-kommer-invest.de/blog/

LÄCHELT IHR GELD – ODER WEINT ES?

Geld verursacht oft Ärger und Ängste oder ruiniert Beziehungen. Der japanische Bestseller-Autor Ken Honda hilft uns, Frieden zu finden in unserer Beziehung zum Geld. Er verrät, wie wir uns von negativen Gefühlen befreien und in einen positiven Geldfluss geraten: Anerkennung, Dankbarkeit und Freude sind der Schlüssel – und nicht Fleiß, Neid oder die Gier nach immer mehr. So wie Marie Kondo die Haltung zu unseren Habseligkeiten revolutioniert hat, inspiriert Ken Honda zu einem ganz neuen Umgang mit unseren Finanzen. Er lehrt uns eine völlig andere Einstellung zu Geld – und dem eigenen Leben.

»Ken Hondas großartiges Buch hilft dabei, die Beziehung zu den eigenen Finanzen deutlich positiver zu gestalten. Absolut lesenswert!«
Thomas Kehl, Bestsellerautor und Gründer von FINANZFLUSS

Ken Honda
Happy Money
Der entspannte Weg zu Wohlstand und Glück

Aus dem Amerikanischen von Maria Zettner
Taschenbuch
Auch als E-Book erhältlich
www.ullstein.de